本成果受遵义师范学院博士基金项目"奈达翻译思想再研究"(遵师BS[2015]23)资助

杨司桂／著

Re-exam of Eugene Nida's Translation Thought

语用翻译观：奈达翻译思想再研究

（第2版）

四川大学出版社
SICHUAN UNIVERSITY PRESS

图书在版编目（CIP）数据

语用翻译观：奈达翻译思想再研究 / 杨司桂著. —2版. — 成都：四川大学出版社，2022.6
（译学新论）
ISBN 978-7-5690-4406-5

Ⅰ. ①语… Ⅱ. ①杨… Ⅲ. ①奈达（Nida, Eugene A. 1914-2011）－翻译理论－研究 Ⅳ. ①H059

中国版本图书馆CIP数据核字（2021）第015886号

书　　　名：	语用翻译观：奈达翻译思想再研究（第2版）
	Yuyong Fanyiguan: Naida Fanyi Sixiang zai Yanjiu (Di-er Ban)
著　　　者：	杨司桂
丛　书　名：	译学新论

丛书策划：侯宏虹　张　晶
选题策划：敬铃凌
责任编辑：敬铃凌
责任校对：余　芳
装帧设计：阿　林
责任印制：王　炜

出版发行：四川大学出版社有限责任公司
　　　　　地址：成都市一环路南一段24号（610065）
　　　　　电话：（028）85408311（发行部）、85400276（总编室）
　　　　　电子邮箱：scupress@vip.163.com
　　　　　网址：https://press.scu.edu.cn
印前制作：成都跨克创意文化传播有限公司
印刷装订：郫县犀浦印刷厂

成品尺寸：170mm×240mm
印　　张：17.75
字　　数：342千字
版　　次：2016年12月 第1版
　　　　　2022年6月 第2版
印　　次：2022年6月 第1次印刷
定　　价：88.00元

本社图书如有印装质量问题，请联系发行部调换

版权所有　◆　侵权必究

再版序

尤金·奈达（Eugene A. Nida，1914—2014）是美国当代著名的语言学家、文化人类学家和翻译理论家，其独具特色的翻译理论体系在世界范围内（尤其在中国译学界）产生了巨大影响，引发众多学者对其进行研究，研究成果不胜枚举，所形成的观点亦见仁见智。笔者多年来对奈达的翻译思想进行探赜，形成拙著一部《语用翻译观：奈达翻译思想再研究》，并于2016年12月由四川大学出版社付梓出版。

本书出版以来得到学界同仁较高的评价，2018年获得贵州省第十二次哲学社会科学优秀成果奖著作类二等奖；2019年《上海翻译》刊登了《作为知识再生产考察的奈达再研究——兼评〈语用翻译观：奈达翻译思想再研究〉》一文，充分肯定了这部著作的学术价值和理论意义。据笔者所知，《语用翻译观：奈达翻译思想再研究》被国内不少高校列入翻译专业学生的阅读书目，同时也是高校翻译方向学生（尤其是翻译专业研究生）的论文撰写重要参考文献之一。

本书得以再版，除借四川大学出版社将本书列入"译学新论丛书"之良机，还得益于奈达翻译理论的影响力以及该理论的实用性对我们的翻译实践具有很大的指导作用。朱志瑜教授曾把德国的功能主义、纽马克以及奈达的理论归为三大实用翻译理论，并特别强调："奈达的动态对等理论在翻译实践和口笔译教学当中的作用非常重要。"[1]自2016年本书出版以来，国内对奈达翻译理论的研究热度不减，主要体现在该理论对一些领域的翻译指导上，如字幕翻译、法律翻译、新闻翻译、景区或景点翻译、文学翻译、公示语翻译、矿业工程翻译等。在国内外语界有影响力的期刊，如《中国翻译》《上海翻译》《中国科技翻译》《天津外国语大学学报》《西安外国语大学学报》《广东外语外贸大学学报》等中，能见到不少与之相关的论文。

---

[1] 朱志瑜：《实用翻译理论界说》，《中国翻译》2017年第5期，第5页。

本书的再版对原书的框架和内容保持不变，从以下几个方面进行了修订：第一，更正了个别文献错误；第二，尽可能改正了个别字词标点之讹误；第三，修正了个别欠严谨的语言表达；第四，补充了一些国外著名专家学者的生卒年；第五，对4.5.1部分对奈达翻译思想误读误译中的典型个案部分内容进行夯实。

　　最后，笔者要对四川大学出版社的同志们表示深切的谢意，感谢他们为这本书的出版提供的帮助，同时，要特别感谢责任编辑敬铃凌女士为本书的再版付出了辛苦的劳动。

杨司桂

2022年5月于遵义师范学院

序 一

尤金·奈达（Eugene Nida，1914—2011）是杰出的美国语言学家，《圣经》翻译研究专家，极富开拓精神且成果丰硕的翻译理论家。在长达数十年的时间内，奈达凭借其深厚的语言功底和学识，对翻译进行了全面而系统的探究，形成了一套完备且独具特色的翻译理论体系，在世界范围内（尤其在中国译学界）产生了巨大的影响。奈达的翻译思想自20世纪70年代末80年代初引介到中国后，引发了国内众多学者对其进行研究，研究成果可谓恒河沙数，不可胜计。在此背景下，杨司桂把研究奈达的翻译思想作为其博士论文的选题，应该说具有很大的挑战性。但经过四年的精阅博览、探究考据和切磋专研，司桂的研究终于有了成果，而且该成果获得校内外众多同行专家的好评，并通过了学位论文答辩。如今，司桂的研究成果即将付梓出版，作为他的指导老师，我为司桂所取得的成就表示祝贺，祝贺之余，将一些感想略记如下。

我曾在拙文《当代西方翻译理论引介过程中的误读倾向》（2005）中用若干实例指出，我国在引介当代西方翻译理论的过程中有一种误读倾向，并呼吁中国学者不仅要借鉴当代西方的理论，还要借鉴当代西方学者那种严谨的治学态度和治学方法。其后我在《中国译学研究须加强逻辑思维》（2016）一文中又指出："在当今中国译学界，不少理论书籍和文章都存在着概念模糊、词语歧义、属种不分、过度概括、以偏概全、妄下结论等逻辑错误。"而在以往众多学者对奈达翻译思想的研究中，此类误读和逻辑错误也并不鲜见。对此，司桂的博士论文选取了国内若干流传甚广且影响极大的有关奈达翻译思想研究的逻辑错误进行考辨。例如，针对有国内学者认为奈达的翻译思想是索绪尔结构主义语言学主导下的翻译思想这一问题，作者先对什么是结构主义语言学以及有什么样的特点进行说明，然后阐明奈达的语言观，并与索绪尔的语言学观进行对照研究，最后得出结论，就现有国外文献来看，没有谁把奈达翻译思想归于结构主义语言学的翻译流派。当然，作者也指出，奈达的翻译思想在早期受到结构主义思想的影响，但不能以偏概全，武断地认为奈达的翻译思想就是一种"没有考虑语用维度、语用意义和文本的社会与文化语境"的僵化的、机械的结构主义翻译观。又如,作者对奈达的"翻译科学"之内涵也进行了一番认真的考辨,然后指出:奈达所说的翻译科学指的是尝试性地把翻译过程(即分析原文、信息传译、译文重组以及译文检验)科学化,而不是把翻译实践本身当成科学,奈达反复强调——翻译实践本身是艺术性的或技术性的。国内有学者把奈达的"翻译科学"作为"翻译是科学"的论据,这其实也是在研究奈达翻译思想时所犯的"概念模糊""词语歧义"等逻辑错误。此外,作者还就译学界对奈达其他一些翻译思想的误读进行了探究及辨析。如,奈达的翻译论是比较论还是过程论,奈达是否属于归化派的典型代表,奈达是否只研究过《圣经》翻译,以及把"functional equivalence"译为"功能对等"是否恰当。

当今的中国译学界存在不少因学风浮躁、急功近利等原因而产生的不真实、不正确的所谓学术创见,而由于高校文科(尤其是外语和翻译专业)大多没有开设逻辑课程,很多学生缺乏最基本的逻辑思维训练,致使一些不难证伪的谬论也在青年学子中以讹传讹,结果许多研究生写出的学位论文都是鹦鹉学舌,人云亦云,可以说缺乏思考,毫无创见。司桂读书却不盲信,而是勤于思考,用心推敲,大胆质疑,小心求证,并在其博士论文中大胆呈现了自己的如下观点。

一、首次运用语用学相关知识对奈达的翻译思想进行了较为系统的阐述。司桂指出:在过去,尤其是近20年以来,国内很多学者认为奈达的翻译思想是索绪尔结构主义语言学主导下的译学思想,属于结构主义译学理论,因而"以科学主义的思想统治了翻译活动,把翻译活动变成一种纯语言的操作,忽视了其人文性与社会性的一面……并没有真正地走出文本,走向读者,他(指奈达)的分析与研究仍集中在语言层面的转换上"(吕俊,2001:9);或认为奈达理论"没有考虑语用维度、语用意义和文本的社会与文化语境"(曾文雄,2006:195)。针对这些看法,司桂在认真研读奈达原著的基础上,首次运用语用学相关知识对其进行了较为系统的阐述,指出奈达的翻译思想主要为语用属性,其翻译观应该是语用翻译观。

二、从文化人类学的视角对奈达翻译思想的来源进行梳理及阐述。司桂指出,在过去,国内学者几乎都认为奈达只是语言学家,因而其翻译思想受到了语言学的影响。这种看法固然正确,但是,奈达同时也是文化人类学家,其翻译思想也受到文化人类学观点的影响,如奈达的语境论便是如此。此外,作者还指出,奈达翻译思想的构筑还受到认知语言学相关理论的启发。这对于我们重新认识奈达翻译思想的构筑基础具有一定的意义。

三、作者还以奈达的翻译思想为基石，对当下的"热点"译学进行了重新审视，让我们看到奈达的翻译思想具有很强的生命力，这对当下的"热点"译学建设或研究具有一定的借鉴和启示作用。

总而言之，通读全书，深感作者具有学术批判的眼光和勇于探索的精神，并能运用丰富的材料多角度地去论证或阐释自己的观点，尽管有些观点还不是很成熟，有待进一步论证，但却发人深省，值得鼓励和赞赏。另外，此书对国内翻译学者（尤其是青年学者）还应该有这样的启发意义：若要研究某个译学理论或某种翻译思想，我们应该多角度、多元化地深入该理论或该思想发生的历史语境和社会背景，综合观照多种因素，从而洞悉其前因后果、来龙去脉，这样才能尽可能地接近事实真相，得出较为准确且合理的判断。

当然，任何一部学术著作都可能存在这样或那样的不足或缺陷，这本新问世的论著也不例外。作者杨司桂博士现为遵义师范学院副教授，他为人忠厚，为师身正，为学则善格物，求实求真。相信他能虚心接受学界师友和本书读者提出的正确意见和有效建议，进一步深入研究奈达的翻译思想。同时我也相信，司桂在今后的学术追求中会获得更丰硕的成果。

是为序。

曹明伦

于四川大学

序 二

　　司桂与我有缘结下深厚的师生情始于其就读硕士研究生期间。初识的他内倾沉稳，睿智勤思，待人随和。于学业而言，司桂为我弟子中之翘楚：研学三载，他沿译学研究取向能旁征博引，对比思辨，广泛探究而不猎奇，刻苦钻研而弃牛角。其所凸显之强烈学术敏感性，为日后学术思想的养成与长进奠定了基石。

　　奈达先生为《圣经》的翻译实践研究做出了巨大贡献，也为翻译理论的推进与发展做出了不朽成就，被尊为"当代翻译理论之父"，在美国和世界翻译界有着广泛的影响。奈达先生是一位备受推崇的"长青学者"，直到晚年仍笔耕不辍，坚持研究、写作和外出讲学或参加学术会议，乃是我辈推崇之尊师。2011年，奈达先生驾鹤西去，留给我们的精神财富是巨大的，尤其体现在他所构建的一系列翻译思想之中。然而，不无遗憾的是，学界对奈达翻译思想精髓的解读或欠透彻，或有误读之倾向。为正视听，司桂把奈达的翻译思想作为自己的博士论文选题再度考量研究，其意义非同寻常。

　　司桂对奈达的翻译思想始终异常关注，且对与之相关的学术理论进行比对与考据，渐次形成自己独到的思谋及范式。本人习得翻译理论与实践已有时日，出于对奈达先生之崇敬，将硕士研究生翻译方向定为"语言文化与翻译"（源自Eugene A. Nida, 1993, *Language, Culture and Translating*, 上海外语教育出版社），且将奈达所著《语言与文化——翻译中的语境》定为经典著作研修，以此为纲，拓延至相关语言、文化与译学理论的纵、横向追寻。司桂对此研习范式自然心领神会，其研究行动尚能融会贯通。至今仍能记得当年司桂对奈达核心思想甚为深究，如对奈达所述"语言视差"（Language Parallax）的思辨便有过人之处，认为语言视差作为一种奇特的语言现象，存在于语言各层面，因其异质性，给翻译带来一定难度。而奈达功能对等论在某种程度上正是为应对这种语言现象而引发的翻译问题而提出。事实上，对语言视差的学术探究仍有很大空间。再如，奈达在书中反复使用"adaptation"（顺应、改写）一词，这是否意味着奈达的翻译思想与语用学家耶夫·维索尔伦（Jef Verschueren）的顺应论存在某种程度的暗合？司桂遂仔细研读维索尔伦的语用顺应论，尝试用该理论去讨论奈达的翻译思想。尽管那时其论述尚不精当，但足以显示出其敏锐的学术认知及悟性。研究生毕业后，司桂把顺应论与遵义地区的旅游翻译资料结合起来进行研究，并于2006年申请到了省厅级青年项目课题，可见其研究亦是顺应学术热点及实践诉求。

欣闻司桂的博士研究成果《语用翻译观：奈达翻译思想再研究》行将付梓，这是他多年矢志不渝求学与治学之成就。毋庸置疑，其日渐成熟的学术思想定会结出累累硕果。

幸为师，心甚喜，是为序。

蒙国安

于贵州师范大学

前　言

尤金·奈达是美国著名的语言学家、文化人类学家以及翻译理论家。奈达精通多种语言，走访过近百个国家，对两百多种个体语言进行过实地考察及研究，不仅如此，奈达还对语言的各个层面进行过详尽且系统的阐述。这样，奈达凭借其深厚的语言功底，对翻译进行了全面而系统的探究，形成了一套系统完备且独具特色的翻译理论体系，"在西方翻译理论历史上，不敢说'绝后'，但至少是'空前'的"（刘军平，2019：173）。然而，译学界尤其是中国译学界，对奈达及其翻译思想的了解不够全面、系统，对奈达翻译思想的理解或掌握亦不够准确，甚或误读了奈达的一些关键翻译理论。由此引发了以下研究问题：奈达的翻译思想到底有哪些？是一种什么样的翻译观？我们是否真正理解或掌握了奈达的翻译思想？对我们当下的译学研究有怎样的价值？这些问题引发了笔者深入的思考，进而形成了本书的研究动机和目标。

为了达到以上研究目标，本书主要以实证考据和逻辑思辨相结合的方法，按历时描述和共时批判相交叉的理路，在跨学科、多角度的综合学术视野内，对奈达的翻译思想及其性质定位、奈达翻译思想在中国的接受及误读等几个问题进行全面阐释。具体内容如下。

第1章对奈达的生平进行了较为翔实的介绍。知其人，然后更能知其"文"，因而本章主要对奈达的学习生涯、入美国圣经公会以及寻觅、培训译员等经历做一较为详细的介绍，把一个丰满鲜活的奈达全景式地呈献给读者，目的是让读者对奈达及其翻译思想更为了解。

第2章爬梳了奈达的翻译思想。本章首先对奈达提出的十大翻译悖论进行了梳理及阐释；接着对奈达的核心翻译思想——交际翻译理论进行了重点阐述，主要围绕翻译过程、功能对等论以及该理论的合法性来展开；然后对奈达所提出的翻译程序进行了阐述；最后论述了奈达的文化人类学背景对其翻译思想所产生的影响。

第3章题为"奈达翻译思想再认识：语用翻译观"。当下译学界尤其在中国译学界，很多学者认为奈达的翻译思想总体来说属于在索绪尔结构主义语言学主导下的结构主义译学思想。在以往学者研究的基础上，笔者提出：奈达的翻译思想受语用思想的影响很大，应为语用翻译观，因为奈达在论述其翻译思想所涉及的语言观是语用学中的核心思想或观点，如意义与语境的关系、维特根斯坦后期的语言哲学观、莫里斯的语用观等。本章主要从语用意义观、语境观、功能对等论本身所蕴含的语用思想以及语用学的相关知识等层面论述了笔者所提到的观点，说明了把奈达的翻译思想定为机械化、程式化以及简单化的结构主义翻译观是不准确的，应将其定为灵活的语用翻译观。

第4章论述的是奈达翻译思想在中国的接受与误读。本章先简述了奈达翻译思想为什么能在20世纪80年代在中国得到广泛传播；接着，分阶段把奈达翻译思想在中国的引介以及研究过程和特征进行了梳理、归类和总结，让读者对奈达翻译思想在中国的理论旅行有一个全方位的了解。之后，笔者指出：我们不仅对奈达的翻译思想了解得不全面，还在认识及解读上出了偏差。最后，就人们对该翻译思想的一些争议以及该思想"中国化"过程中出现的倾向性问题呈现了自己的刍荛之见，进一步增进读者对奈达及其翻译思想的认识和了解，同时也希望读者能获得一些对当下译学研究之发展有益的启示。

第5章题为"从奈达翻译思想看当下的译学研究"。这一章主要把奈达翻译思想与当下的译学研究如文化翻译、翻译伦理和生态翻译学进行比照阐释，说明奈达翻译思想在当下的翻译研究中有着强大的生命力，同时指出当下这些译学研究的缺陷或不足，以及奈达翻译思想对这些译学研究的进一步拓展或深化有着什么样的借鉴和启示作用。

通过对以上问题之研究，我们发现：奈达翻译思想很丰富，对一些问题（如翻译悖论、翻译过程）的论述辞约而深刻；此外，奈达翻译思想在当下的译学研究中有着旺盛的生命力及强大的生存力，对当下的译学研究或建设具有一定的参考和借鉴作用。

最后要指出的是，本书存在一定的不足或缺陷。笔者诚挚地期待着各位学者、专家带着各自不同的"期待视野"，对本书提出宝贵的意见，只有这样，我们对奈达翻译思想的认识才会集采众长，最大限度地接近于全面、深刻的认识和评价，并由此推进中西译论的结合以及中国翻译研究的发展。

目 录
CONTENTS

0 绪 论 ·· 001

 0.1 研究依据 ··· 003

  0.1.1 国内外研究现状述评／003

  0.1.2 研究价值／006

  0.1.3 研究意义／006

 0.2 研究内容 ··· 007

  0.2.1 研究对象／007

  0.2.2 总体框架／007

  0.2.3 研究重点及难点／008

  0.2.4 主要研究目标／008

 0.3 研究的思路及方法 ·· 009

  0.3.1 研究的基本思路／009

  0.3.2 研究的基本方法／009

 0.4 创新之处 ··· 010

1 奈达生平介绍 ··· 013

2 走近奈达的翻译思想 ·· 023

2.1 翻译的十个悖论 …………………………………………………… 026

2.1.1 差异与翻译／027

2.1.2 翻译与释义／028

2.1.3 风格与内容／029

2.1.4 译者是天生的还是后天造就的？／030

2.1.5 机器翻译与人工翻译／031

2.1.6 显性意义与隐性意义／032

2.1.7 译文的永恒性与相对性／033

2.1.8 语词结构与意义理解／034

2.1.9 双语能力与翻译能力／035

2.1.10 语言视差与翻译能力／036

2.2 交际翻译理论 ……………………………………………………… 038

2.2.1 翻译过程／039

2.2.2 功能对等论／047

2.2.3 交际翻译理论的合法性／065

2.3 翻译的程序 ………………………………………………………… 067

2.4 文化人类学与翻译 ………………………………………………… 071

3 奈达翻译思想再认识：语用翻译观 …………………………………… 077

3.1 奈达的语用意义观 ………………………………………………… 081

3.1.1 发音层面的语用意义观／083

3.1.2 词位层面的语用意义观／083

3.1.3 语法层面（或句法层面）的语用意义观／085

3.1.4 语篇层面的语用意义观／086

3.2 奈达语境观 ………………………………………………………… 087

3.2.1 语境与语用／087

3.2.2 奈达的语境观 / 089

3.3 奈达功能对等论的语用翻译思想 …………………… 098

    3.3.1 对等语 / 098

    3.3.2 意图性 / 101

    3.3.3 读者反应 / 102

3.4 功能对等论的顺应论阐释 ………………………………… 104

    3.4.1 顺应论概述 / 104

    3.4.2 顺应论与功能对等论 / 105

4 奈达翻译思想在中国的接受与误读 …………………… 111

4.1 奈达翻译思想传入中国的相关缘由 ……………………… 113

    4.1.1 奈达翻译思想传入中国的时代背景 / 113

    4.1.2 奈达翻译思想传入中国的学术因素 / 114

    4.1.3 奈达翻译思想传入中国的人为因素 / 115

4.2 20世纪六七十年代到80年代末：奈达翻译思想在中国的繁荣 …… 117

    4.2.1 奈达翻译思想的译介 / 117

    4.2.2 奈达翻译思想的综合研究 / 119

    4.2.3 奈达翻译思想在中国"旅行"情况之分析 / 124

4.3 20世纪90年代：对奈达翻译思想研究的争鸣 ……………… 127

    4.3.1 对奈达翻译思想研究的积极话语 / 127

    4.3.2 对奈达翻译思想研究的批评话语 / 133

    4.3.3 对奈达翻译思想研究之状况分析 / 136

4.4 21世纪初期：奈达翻译思想在中国的"诘难" ……………… 137

    4.4.1 对奈达翻译思想研究的继续推进 / 138

    4.4.2 对奈达翻译思想的驳难 / 150

    4.4.3 对奈达翻译思想研究状况之分析 / 152

  4.5 奈达翻译思想在中国译学界的误读误译 …………………… 154
    4.5.1 对奈达翻译思想误读误译之典型个案考辨／154
    4.5.2 奈达翻译思想误读误译原因之阐释／193

5 从奈达翻译思想看当下的译学研究 ………………………… 199
  5.1 文化翻译 ………………………………………………………… 201
    5.1.1 语言、文化与翻译／201
    5.1.2 当下译学界的文化翻译观／204
    5.1.3 从奈达的文化翻译思想看当下译学界的文化翻译观／209
  5.2 翻译伦理 ………………………………………………………… 215
    5.2.1 翻译伦理及其研究现状／215
    5.2.2 奈达翻译伦理思想之面面观／219
    5.2.3 对当下翻译伦理研究的几点思考／222
  5.3 生态翻译学 ……………………………………………………… 226
    5.3.1 生态翻译学概述／226
    5.3.2 生态翻译学与奈达翻译观之"面对面"／228
    5.3.3 对当下生态翻译学建设的几点思考／232

6 结 论 …………………………………………………………………… 237

参考文献 ………………………………………………………………… 245

0 绪论

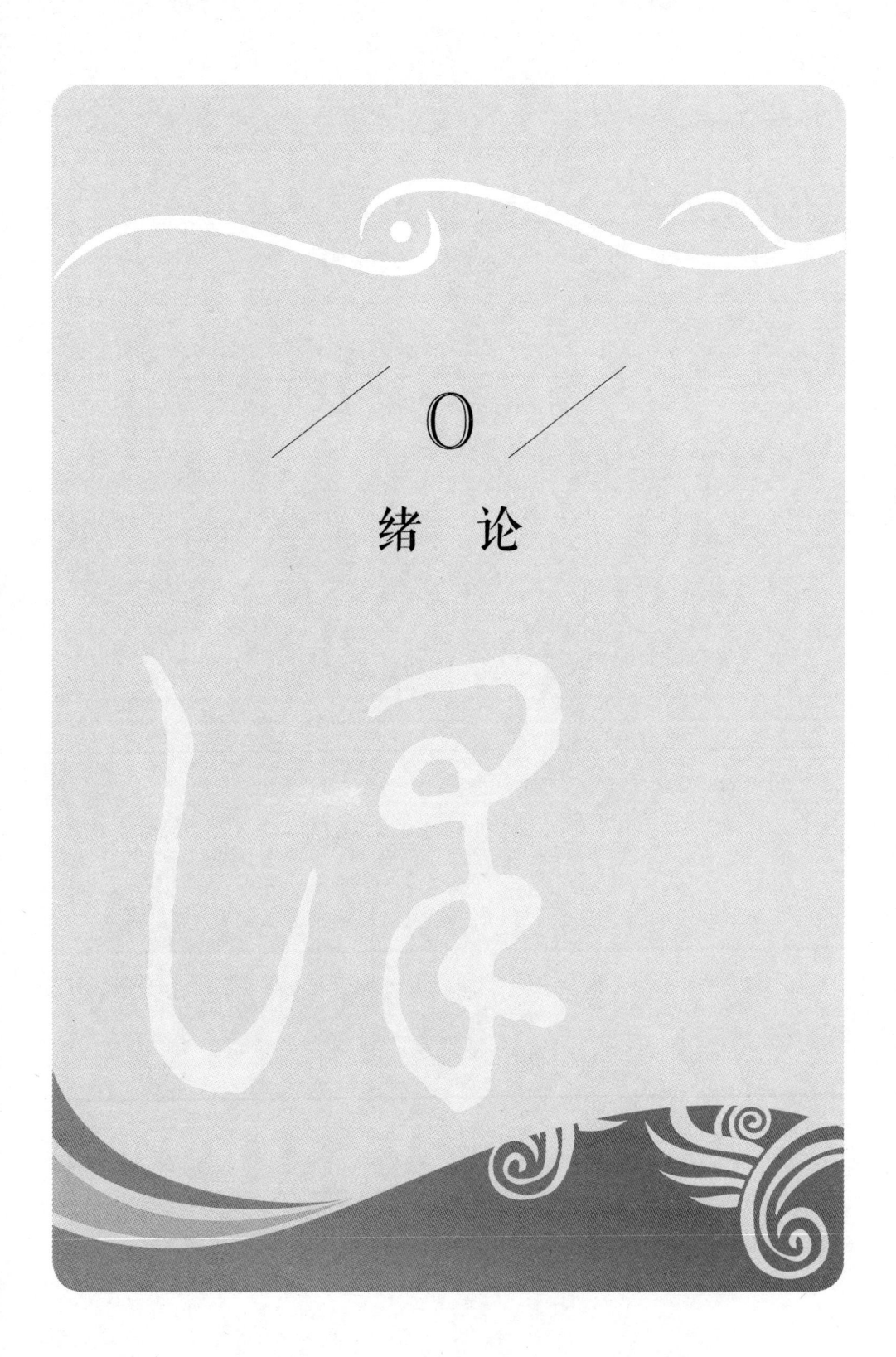

0 绪 论

0.1 研究依据

奈达是迄今美国翻译理论界最著名的代表，也是当代整个西方翻译理论界最具影响的人物之一，其翻译理论在当代美国以及整个西方翻译研究领域占有重要的位置，"在西方翻译理论历史上，不敢说'绝后'，但至少是'空前'的"（刘军平，2019：173）。由此，一些人把奈达称为"现代翻译之父"（Father of Modern Translating），甚至翻译界的"阿基米德"（the Archimedes）或"掌门人"（Patriarch）（Nida，2003：138）。然而，随着时间的推移，奈达的翻译理论为很多中外学者所诟病，在中国译学界尤为如此：总是先给奈达的理论冠以"结构主义"的帽子，便不屑一顾，然后弃若敝屣[1]，或"常常对奈达的一些核心理论横加批评，甚至彻底否定"（谭载喜，2011：4），或大有全盘否定之趋势。由此引发了以下研究问题：奈达翻译思想真的过时了吗？奈达的翻译思想到底指的是什么？是一种什么样的翻译观？我们是否真正理解或掌握了奈达的翻译思想？对我们当下的译学研究有怎样的价值？这些问题引发了笔者深入的思考，进而形成了本研究的动机和目标。

0.1.1 国内外研究现状述评

国外研究 最先对奈达翻译思想进行研究的译学家出现在德国。首先是沃尔弗·威尔斯（Wolfram Wilss），他对奈达的"翻译科学观"进行了深入研究并进行了创造性运用；此外，德国的翻译功能派如凯瑟琳娜·赖斯（Katharina Reiss）、汉斯·弗米尔（Hans Vermeer）、阿尔布雷希特·诺伊贝特（Albrecht Neubert）等均对奈达的功能对等论以及读者反应论进行过不同程度的研究，进

---

[1] 参见中国社会科学出版社2008年版《传承与超越：功能主义翻译目的论研究》"序"第8页。

而建构了翻译功能学派。英国的彼得·纽马克（Peter Newmark）、苏珊·巴斯内特（Susan Bassnett）、安德鲁·切斯特曼（Andrew Chesterman）、西奥·赫曼斯（Theo Hermans）、彼得·福西特（Peter Fawcett）、大卫·卡坦（David Katan）等学者研究的重点也是功能对等论，但未做系统论述；相比较而言，杰瑞米·芒迪（Jeremy Munday）对奈达翻译思想做了较为系统的梳理，并指出奈达翻译思想具有"语用"性质，但并未对此做系统阐述；而巴兹尔·哈蒂姆（Basil Hatim）与莫娜·贝克（Mona Baker）也对奈达的功能对等论进行过简单阐释，并指出奈达的功能对等论就是语用翻译，然而，也未对此进行系统阐述。在美国，约翰·比克曼（John Beekman）、约翰·卡洛（John Callow）、米尔德里德·拉森（Mildred Larson）、D. A. 卡森（D. A. Carson）、詹姆斯·霍姆斯（James Homles）等学者研究的重点是功能对等与形式对等，并对这两者进行区分，但对功能对等论的来龙去脉并没有进行系统阐述。美国学者埃德温·根茨勒（Edwin Gentzler）则对奈达的翻译科学观进行了研究，指出其"语用"性质，但其重点在于批判，而劳伦斯·韦努蒂（Lawrence Venuti）对奈达的研究重点在于批判其通顺易懂的翻译观以及奈达的文化翻译观等。法国翻译家亨利·梅肖尼克（Henri Meschonnic）的研究重点仍然是奈达的功能对等论等，不一而足。

国内研究 我国对奈达翻译思想的研究较之国外要活跃得多，纵观其历程，大体经历了以下几个阶段：第一，从20世纪70年代末到80年代，国内对奈达翻译思想的研究基本处在译介、评析及理论对比阶段。从1964年徐仲年引介奈达之后，国内学者对奈达及其翻译思想的引入及介绍不断深入（如郑南渡、林树武、谭载喜、庄绎传、时和平、郑伟波、楼世正等）；随着对奈达及其理论的不断了解，译学界注重对奈达翻译理论的一个或几个侧面进行研究：有的研究奈达的对等论（如郑伟波、神荻、金隄、戴灿宇、郭建中、徐维垣等）；有的研究奈达的翻译过程论（如邱懋如等）；有的从其他学科研究奈达的翻译理论（如郑伟波、吴秀秀等）；有的研究奈达对乔姆斯基的转换理论与翻译相结合的问题（如杨光慈、李运兴、李胥森等）。第二，到了20世纪90年代，这一阶段的研究是积极话语与消极话语并存的阶段，为研究的"争鸣期"。如，仍有学者研究乔姆斯基与奈达的翻译思想之间的关系（如李大刚、刘军平等）；许多学者仍把奈达的理论与其他学者的翻译理论进行对比研究（如劳陇、林克难、陈琳、张丁周、张明林等）。此外，有学者从语用学角度研究奈达的翻译理论或论述奈达翻译理论具有语用性质（如王治奎、曾宪才、李鲁、王育祥、陈小慰、吴义诚、叶苗、杨喜娥、徐继宁、陈道明等）。值得一提的是，这一时期对奈达研究的批评话语增多：有学者批评奈达的对等论（如吴义诚、张美芳、周继麟、张春柏等），而刘宓庆、刘英凯等批评了奈达的读者反应论，等等。第三，21世纪初，国内对奈达翻译理论的研究多为批评话语。这一时期，除了仍对奈达翻译理论的某一点或某一侧面进行研究外，更多的学者则是从后结构主义视角（尤其以德里达理论为基石）对奈达翻译理论进行批判，较之20世纪更为尖锐；还有学者对奈达的理论持彻底否定之态势（如尹衍桐、王东风、肖娴等），尤其体现在一些著作之中（如孙会军、葛校琴、王洪涛、徐艳丽等）。

简言之，综合以上研究现状，国内外对奈达翻译思想的研究存在一些问题及不足，具体表现为以下四个方面。

（1）对奈达的研究比较零散，且几乎集中在奈达翻译思想的几个侧面或观点之上，如读者反应论、对等论、翻译科学等。其实，"奈达的理论很丰富"（陈宏薇，2001：48），我们不应该只关注他的几个面或点。对符号与翻译之间的关系、翻译的过程、翻译的程序、语义的模糊性、重译、翻译中的语言视差问题、意义与文体间的关系、翻译的副语言特征（限于口译）等，奈达论述得简约而深刻，而我们对这些方面的研究还明显不够。

（2）没有对奈达翻译理论的来龙去脉进行梳理及系统挖掘。国内绝大多数学者认为奈达的理论是源于奈达对《圣经》的翻译实践，其理论只适用于《圣经》的翻译或其他宗教性文本，没有必要对奈达的翻译理论进行系统挖掘及论证。

（3）对奈达翻译思想的态度表现出全盘接受或全盘否定的简单化倾向，缺乏理性的分析和思考，这尤其表现在国内。

（4）对奈达翻译思想存在不少片面解读、误读甚至误译，此外，还存在对奈达翻译思想定位不明的问题。

值得一提的是，国内还有一本专门研究奈达翻译思想的著作《奈达翻译理论研究》（2003），是马会娟根据自己的博士论文修订而成的。该书主要对以下四方面内容进行了研究。

第一，对奈达思想在20世纪80年代初到20世纪90年代末在中国的研究情况进行了梳理及归类。

第二，就西方世界对奈达的研究情况进行了叙述。

第三，对奈达的翻译思想中的翻译科学、功能对等论进行了阐述，主要就功能对等与形式对等的区分以及对此存在的争议进行了一番论说。

第四，对奈达的功能对等论与金隄的等效论之异同进行了研究，对金译《尤利西斯》的得与失进行了分析，进而证明奈达翻译思想对文学翻译具有可行性，最后对奈达的功能对等论在文学翻译上的局限性进行了论述。

马会娟对奈达翻译思想的研究较为系统，并取得了较大的成果，尤其是对奈达的功能对等论在文学翻译的适用性和局限性以及在西方研究的相应状况等方面研究得较为详细及深刻。但笔者认为，对奈达翻译思想或理论的研究仍然存在很大的研究空间，如对奈达翻译思想的挖掘及梳理还有进一步阐释的空间，对奈达翻译思想在中国的译介、应用和研究等情况的梳理及归类还有进一步延伸的余地。此外，尽管马会娟就学界对奈达一些核心翻译概念或观念的扭曲及误读等进行了说明，也做了较为翔实的论证，但译学界对奈达某些观点以及其他观点之误读仍然存在，且有愈演愈烈之势。

鉴于以上现状，笔者认为对奈达翻译思想进行再次研究是必要的，也是可行的，且有很大的研究意义及价值。

0.1.2 研究价值

在过去，对奈达翻译思想的研究集中于几个点，如功能对等论、翻译科学、读者反应论，且流于表层，本书拟对奈达的翻译思想做一全面、系统的研究，这将拓宽我们对奈达翻译思想的研究视域，进一步加强我们对奈达翻译思想的认识；此外，就目前译学界对奈达翻译思想中几个核心观点的典型误读及误译进行考辨，有利于我们进一步推进对奈达翻译思想的研究，深化对奈达翻译思想的认识与了解。

0.1.3 研究意义

理论意义　对奈达的翻译过程科学化这一核心概念进行系统阐述，有利于我们正确认识翻译学，增强翻译学科的本体意识以及更好地建构翻译学；对奈达翻译思想在中国产生之影响进行谱系学描述，有助于译学界更深刻地认识西方翻译理论的本质，为译学界如何借鉴西方译论而构筑中国译论提供宝贵的经验和素材。

现实意义　奈达翻译思想源于《圣经》翻译的实践研究，对奈达翻译思想进行初步定位，并尝试性地进行较为系统全面的阐述，有利于我们更好地吸收和

绪 论

利用奈达的翻译思想，为我国的翻译实践研究服务，并对当下中国文化如何通过翻译"走出去"有一定的借鉴作用；奈达翻译思想具有丰富的内涵以及旺盛的生命力，特别强调翻译中译者和译文接受者的作用，对当下的译学建设如"翻译伦理""生态翻译学"有一定的裨益。

0.2 研究内容

0.2.1 研究对象

拟以奈达的主体翻译思想（主要为奈达的十个翻译悖论、交际翻译论以及翻译程序）为研究对象，并用语用学相关知识对奈达翻译思想进行再认识。

0.2.2 总体框架

拟以奈达的翻译思想及其在中国的传播和当下的研究价值为基本线索开展研究，共分五部分。

第一部分拟对奈达的生平进行较为翔实的介绍。知其人，然后更能知其"文"，因而该部分主要对奈达的学习生涯、入美国圣经公会，以及寻觅及培训译员等经历做一较为详细的介绍，把一个丰满鲜活的奈达全景式地呈献给读者，目的是让读者对奈达及其翻译思想更为了解。

第二部分拟理顺及评述奈达的翻译思想。首先对奈达提出的十个翻译悖论进行梳理及阐释；接着对奈达的核心翻译思想——交际翻译理论——进行重点阐述，其内容主要围绕翻译过程、功能对等论以及该理论的合法性来展开；然后对奈达提出的翻译程序进行阐述；最后论述奈达的文化人类学背景对其翻译思想所产生的影响。

第三部分拟对奈达的主体翻译思想之性质进行重新认知。在当下译学界尤其在中国译学界，很多学者认为奈达的翻译思想总体来说属于受索绪尔结构主义语言学主导下的结构主义译学思想。在以往学者研究的基础上，我们拟提出：奈达的翻译思想受语用思想的影响很大，应为语用翻译观，因为奈达在论述其翻译思想所涉及的语言观是语用学中的核心思想或观点，如意义与语境的关系、维特根斯坦后期的语言哲学观以及莫里斯的语用观等。本部分拟从语用意义观、语境观、功能对等论本身所蕴含的语用思想以及语用学的相关知识等层面论述笔者所提到的观点，拟证明：把奈达的翻译思想定为机械化、程式化以及简单化的结构主义翻译观是不准确的，应将其定为灵活的语用翻译观。

第四部分拟对奈达翻译思想在中国的接受与误读进行论说。先简述奈达翻译思想为什么能在20世纪80年代在中国得到广泛传播。接着，分阶段对奈达翻译思想在中国的引介以及研究过程和特征进行梳理、归类及总结，让读者获得对奈达翻译思想在中国的理论旅行的全方位了解。之后，笔者指出：我们不仅对奈达的翻译思想了解得不全面，还在认识及解读上出现了偏差。最后，对人们对该翻译思想的一些争议以及该理论"中国化"过程中出现的倾向性问题笔者拟呈自己的刍荛之见，试图进一步增进读者对奈达及其翻译思想的认识和了解，同时也希望能为读者提供对当下译学研究之发展一些有益的启示。

第五部分拟以奈达翻译思想为视角对当下的一些"热点"译学研究进行反思。先对文化翻译进行阐释，然后把当下的文化翻译与奈达的文化翻译进行比照阐释；对翻译伦理的来龙去脉进行梳理及论述，与奈达翻译思想中所蕴含的伦理观进行比照说明；对当下的生态翻译学与奈达翻译思想中所含有的生态翻译观进行比较论述，然后对当下的生态翻译学之建设提出自己的建议或看法。

0.2.3 研究重点及难点

研究重点如下：（1）厘清及阐释奈达的翻译思想，尤其是奈达的文化人类学家这一学术背景与奈达翻译思想的构建之间的关系；（2）对奈达的语用翻译思想进行系统阐述；（3）就译学界对奈达翻译思想中核心观点或概念的典型误读及误译进行考辨。

难点在于：就译学界对奈达翻译思想中核心观点或概念的典型误读及误译进行考辨。

0.2.4 主要研究目标

（1）拟对奈达的翻译思想进行梳理及分析，指出奈达的翻译思想之性质为语用翻译观，而不是传统意义上所说的结构主义语言学主导下的翻译思想。

（2）拟就译学界对奈达翻译思想中核心观点或概念的典型误读及误译进行考辨。

0.3 研究的思路及方法

0.3.1 研究的基本思路

知其人，然后更能知其"文"，所以，本研究先对奈达的生平做较为翔实的介绍。接着，以层次推进、剥茧抽丝的思路对奈达的翻译思想进行阐述，不仅深挖其理论源头，厘清其理论的来龙去脉，还对该理论的动态发展轨迹条分缕析。在阐述、梳理及论证之后，提出本研究的观点，并用相关材料进行论证。我们学习外国翻译理论最终是为了"洋为中用"，所以，接下来论述的重点就是奈达在中国的研究状况，看奈达的翻译思想在中国是否得到正确解读及运用。最后，把奈达翻译思想与当下的译学研究"热点"进行比照阐释，说明奈达的翻译思想在当下不仅具有旺盛的生命力及生存力，还对推动当下的译学建设具有一定的借鉴作用和参考价值。简言之，其基本研究思路如下图所示：

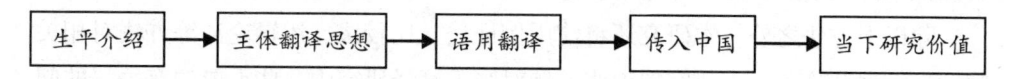

生平介绍 → 主体翻译思想 → 语用翻译 → 传入中国 → 当下研究价值

0.3.2 研究的基本方法

所谓研究方法是指"研究所采取的具体形式或研究的具体类型"（转引自穆雷，2011：2），可根据研究目的、用途、性质等进行不同的分类，既有宏观层面的研究方法，也有具体操作层面的研究方法。针对本书的研究范围及特点，其研究方法主要如下。

0.3.2.1 文献研究法

鉴于国内对奈达翻译思想的认识和了解还不够全面、深入，本研究拟充分利用现有论著、文本和网络资源对奈达翻译思想的主要内容、各方评价进行较为全面的梳理、整合，并针对涉及的相关译学问题提出自己的见解和主张。

0.3.2.2 历时与共时考察相结合的方法

拟从历时的方法理清奈达翻译思想在中国的接受情况，将其分为三个阶段，并从社会历史语境的角度分析其研究特征，同时又从共时的角度分析各个阶段的研究特征或特点，让读者获得对奈达翻译思想在中国的传播的全方位了解。

0.3.2.3 证实证伪法

证实研究指"通过'客观事实、实际数据'和研究分析来证明某种译论观念的翻译策略的正确可行性"（同上：184）。利用实际存在的事实以及研究分析，在以往学者研究的基础上，拟证实：奈达的翻译思想整体来说属于语用翻译。证伪法指证明理论或假说的悖论错误，其过程可描述为：假说→经验验证→否定假说→修正/完善假说（同上：189）。本研究拟利用证伪法论证奈达翻译思想的比较论、结构主义译学思想等。

0.3.2.4 跨学科研究法

跨学科研究主要是指利用临近学科的知识来论证某个译学观点或阐释某个译学思想。本研究拟利用语用学的相关知识，尝试性地论证奈达翻译思想的语用性质；还利用认知语言学的相关知识来阐述奈达的语义分析论，用模糊语言学的相关知识来论证奈达功能对等论的立论基础。

除以上方法之外，本研究还将使用例证法、比较法、逻辑论证等方法对相关问题进行展开论述。本研究拟说明，针对当下翻译研究中一些重要的有争议的问题，奈达的翻译思想能给我们带来哪些启发。笔者希望通过这次研究，一方面进一步增进国内读者对奈达翻译思想的认识和了解，就人们对该理论的争议以及该理论"中国化"过程中出现的倾向性问题提出自己的见解和主张，另一方面也能让读者获得一些对当下翻译研究发展有益的启示。

0.4 创新之处

（1）在学术思想上：对奈达翻译理思想进行深挖，并对之进行翔实评述及论证，丰富并深化我们对奈达翻译思想的认知。此外，奈达翻译思想在当下的译学研究中有着旺盛的生命力及强大的生存力，对当下的译学研究或建设具有一定的参考和借鉴作用。

（2）在学术观点上：第一，在以往学者研究的基础上，对奈达的翻译思想之性质进行重新界定，从原来传统意义上认定的结构主义语言学主导下的机械的翻译观重新阐释为灵活的语用翻译观，这有利于我们更好地借鉴并吸收奈达的翻译思想，也更好地促进中西翻译思想的结合以及中国翻译研究的发展；第二，指出奈达对语义阐释的认知语言学路径以及奈达翻译思想构筑的另一基石——文化人类学。

（3）在研究方法上：运用跨学科视角对奈达的翻译思想之性质进行重新阐释及界定，如用语用学相关知识来阐释奈达的语用翻译思想。

1

奈达生平介绍

本章提要：本章对奈达的学习生涯、入美国圣经公会，寻觅、培训译员等经历做一较为详细的介绍，把一个丰满鲜活的奈达全景式地呈现给读者，目的是让读者对奈达及其翻译思想有更为充分的了解。

1
奈达生平介绍

尤金·奈达（Eugene Nida, 1914—2011），于1914年11月11日出生在美国中南部的俄克拉荷马城（Oklahoma City），自幼笃信基督教，并立志做一名传教士。据奈达本人回忆，他在4岁时就觉得上帝呼召他去做传教士（Nida, 1988: 62），而那时他已是美国南部俄克拉荷马城循道会（Methodist Church）[1]的信徒。奈达从小对语言情有独钟，在《语言迷》（*Fascinated by Languages*）一书中说道："小时候，我奶奶用德语与我说话，我感到异常兴奋。我希望长大后，像隔壁的好邻居一样，能说上四种语言。[2]"（Nida, 2003: 1）上学期间，在所有科目中，奈达对语言情有独钟，尤感兴趣，在中学阶段就开始学习拉丁语，进入加州大学洛杉矶分校之后，奈达又专修外语，并主攻希腊语，兼学拉丁语、法语及德语，还选修了几门语言学课程。当时，语言学还是一门崭新的学科。由于对语言颇有天赋，奈达自幼能言善辩，在高中时期曾率领学校辩论队参加南加州的辩论锦标赛，一举夺魁，而奈达自己则获得"最佳辩论员"的头衔。1936年，奈达以最高荣誉毕业于加州大学洛杉矶分校。他是优等生荣誉学会[3]的成员，也是该校历史上分数最高的学生之一。

大学毕业的那年夏天，经伊夫林·格理塞特（Evelyn Griset）女士的引介，

---

[1] 循道会，又名卫理公会，是由基督教新教卫斯理宗的美以美会、坚理会和美普会合并而成的基督教教会，现传布于世界各地。
[2] 该译文为笔者自译，后文若非额外说明，均为笔者自译。
[3] 在美国的大学里，只有那些成绩优秀的毕业生才有资格成为这个团体的成员。

奈达参加了由金纶·汤逊（Willion Cameron Townsend）创建的名为"威克理夫营"[1]的夏季训练营。在那里，奈达结识了专门传授语音学的语言学大师肯尼斯·派克（Kenneth Pike，1912—2000），并跟着他学习语音学，两个年轻人很快成为好朋友，相互切磋砥砺。奈达不仅帮助派克分析语言资料，还建议派克阅读语言学家莱昂纳德·布龙菲尔德（Leonard Bloomfield，1887—1949）的著作。奈达完成了1936年夏季的课程后，开始参与密集课程的教授工作，一直延续到1953年。一般情况下，奈达教形态学和句法学，派克教语音学和音系学。1936年夏季课程结束后，奈达与汤逊夫妇以及班上的几位学生一起前往墨西哥，研究及探讨塔拉乌马拉（Tarahumara）印第安人的语言。由于身体不适，加上当地环境恶劣，奈达不得不于当年12月中旬返回加州。不久，奈达在南加州研修希腊文《圣经·新约》的研究生课程，于1939年获得硕士学位。1941年，奈达进入密歇根大学安娜堡分校攻读博士学位，主修描写语言学、文化人类学、古英语等课程，在查尔斯·弗里斯（Charles Fries，1887—1967）和布龙菲尔德等著名教授的指导下，于1943年获得博士学位。对于奈达而言，1943年是非同寻常且极为喜庆的一年。除了完成博士学位之外，经过汤逊的引介以及埃里克·诺思（Eric North）的诚心邀请，奈达正式加入了美国圣经公会[2]（American Bible Society）。与此同时，奈达还被美国北部浸信会联会的南加州协会（Southern California Association of the Northern Baptist Conversion）授职为浸信会牧师。也就在这一年，奈达碰到了自己的红颜知己艾尔斯·露西尔·斯普拉格（Althea Lucille Sprague），并与之结为连理。

　　加入美国圣经公会后，奈达用3/4的时间在《圣经》译本部门做助理，而剩下的1/4时间则在世界少数民族语文研究院的夏季课程中任教。后来，奈达升为《圣经》译本干事，并在1949年把该职位改为"圣经翻译干事"。为了更好地履行这一职责，1953年奈达辞去了世界少数民族语文研究院的工作。奈达担任

---

[1] 夏季训练营成立于1934年，为了纪念英语版《圣经》的翻译先驱约翰·威克理夫（John Wycliffe，1328—1384），被命名为"威克理夫营"。创建该组织的目的，是为一些刚刚成为传教士或有志于传教的人提供语言学和《圣经》翻译方面的训练。1942年分裂为两个姊妹机构：一个叫"世界少数民族语文研究所"（Summer Institute of Linguistics，简称SIL），另一个机构叫"威克理夫圣经翻译协会"（Wycliffe Bible Translators）。

[2] 美国圣经公会于1816年在纽约成立，后来成为联合圣经公会的创办机构之一，最后成为联合圣经公会属下的会员公会，主要负责翻译、出版、发行《圣经》及其工具书和辅导材料。

该职务后,进行了改革创新:亲临海外的翻译作坊,及时协助或解决译员在翻译中出现的问题,而不是仅待在纽约总部进行译文审稿。奈达这种创新有两个好处:"第一,可以就当地文化的特殊背景,提出适切的问题;第二,奈达发现,在翻译过程中能及时发现并提出问题,比起译稿完成后再提出质疑,要容易一些。"(斯泰恩,2007:54)此外,从一开始,奈达就没有把自己当作出版人去审阅译稿或其他稿件,而是把自己定位为教育家,举办工作坊,专门训练译员,把各地的译员集中起来进行翻译培训:一般是早上讲课,下午跟翻译团队一起工作,晚上也是讲课。为了把《圣经》翻译事业做得更好、更大,奈达每年要花好几个月的时间周游世界,寻找更多的优秀译员,即便在第二次世界大战期间也不例外。

奈达在圣经公会进行的第二项改革就是大量起用说母语的当地人担负起《圣经》翻译的责任。因为翻译《圣经》的最终目的是使之在目的语中得到更为广泛的接受,而要使之得到更为广泛的接受,译员就须对译入语读者的文化和书写文化的背景非常熟悉,"如果译员对译入语所在的文化背景了解不够的话,那就不能期望,他们的翻译对译入语读者所产生的效应,能够接近源语文本对源语的受众所产生的效应"(同上:88)。进而言之,只有说母语的当地人才能正确使用当地的惯用语,并且懂得分辨语言中各种较为精确和深入的细微含义,进而译出"最贴切且自然的对等表达的"(closest natural equivalent)译本,从而使《圣经》译本收到最好的接受效果。因此,奈达非常注重对当地译员的招募及培训,到了20世纪80年代,在奈达的建言下,联合圣经公会还正式表明立场,只出版说母语的当地译员翻译的《圣经》(同上:89)。

随着世界各地《圣经》翻译项目的逐渐增多,奈达不可能周详地照顾到每一个项目,因此,加入美国圣经公会不久,就开始招募翻译顾问,将其分派到世界各地,承担辅助译员翻译、审核译稿等工作。为了网罗人才,奈达四处奔波,物色到了一些非常优秀的人才,如爱伦·罗斯(Ellen Rose)、威廉·旺德利(William Wonderly)、亨利·沃特曼(Henry Waterman)、威廉·斯莫利(William Smalley)、查尔斯·泰伯(Charles Taber)、罗伯特·布拉彻(Robert Bratcher)、希伯·皮科克(Heber Peacock)、巴克莱·纽曼(Barclay Newman)、威廉·雷伯恩(William Reyburn)夫妇等人,其中泰伯与奈达一起撰写了《翻译理论与实践》(*Theory and Practice of Translation*,1969),布拉彻与奈达一起编写了第一本《解经翻译指南》(*Handbooks, Translator*,1960),

而纽曼编写了一部《希英词典》(*The Greek-English Lexion*, 1965)。随着招募到的翻译顾问人员的增多，为了加强对他们的训练，同时也为了招到更为优秀的翻译顾问，奈达定出了担任翻译顾问的基本要求：

> 翻译顾问必须对语言学、《圣经》语言、《圣经》研究以及人类学或文化研究方面有一定的认识，并在其中一个方面拥有博士学位。同时，翻译顾问应具备在"工厂"上工作的经验，而且至少要熟悉他们工作地区的一种语言。（斯泰恩，2007：144）

当然，奈达在用人方面并不是生搬硬套，而是不拘一格，比较灵活。招聘使用皮科克就是一个典型的例子。20世纪60年代初，皮科克是堪萨斯州中西部浸信神学院的一名教授，因卷入另一名教授被开除的风波，皮科克辞职以示抗议。奈达看中了他的神学研究能力，在排除了种种干扰后，于1963年正式聘用皮科克。后来，皮科克还承担了翻译顾问的工作。

为了更好地培养翻译顾问和翻译员，奈达不仅在聘用方面严格把关，还定期召开翻译大会，创办学术期刊，定期进行翻译培训等。1955年8月，奈达召开了美国圣经公会第一次全体翻译人员会议，会议延续了5天，参会人员不多，会议规模较小，但讨论的议程较为实际，包括为翻译员准备辅助资料，审核译稿的程序、《圣经》翻译部门与圣经公会其他部门的关系等。1957年，奈达邀请全体全职助理翻译员在奈达家的客厅进行了为期3周的非正式会议，1960年9月在奈达的家里又进行了一次会议。从1969年开始，这种会议就扩大为三年一次的全球性会议。而1981年的那次全球性翻译研讨会较为特殊，奈达要求每位翻译顾问提交一篇介绍自己的文章，这个传统一直延续至今。通过会议的召开，翻译顾问及翻译员不仅可以增进彼此之间的相互了解，融洽彼此之间的关系，还可以增加翻译理论方面的知识，并就翻译中出现的问题进行交流、磋商，从而促进《圣经》翻译事业的蓬勃发展。

为了推行自己的翻译方法及思想，也为了为翻译顾问及译员提供更多实用性的文章，奈达与来自荷兰圣经公会的赫尔曼·拉特格斯（Herman Rutgers）开始筹备实用性的期刊。1949年，他们的提议得到联合圣经公会（United Bible

Societies）[1]翻译委员会同意，同意创办《圣经翻译者》（*The Bible Translator*）期刊，以季刊的形式出版，奈达被任命为首任主编。此外，为了提高翻译的工作效率，奈达与其同事说服了美国圣经公会，还创办了《实用人类学》（*Practical Anthropology*）期刊，专门讨论文化与翻译等问题，而奈达则是主要的撰稿人之一。

  对译员及翻译顾问的培训，奈达是花了很多时间及精力的。从奈达担任圣经翻译干事之日起，他就改变了以往的做法，不是待在纽约审阅从外地送来的译稿，而是亲临翻译现场，与译员共同探讨翻译中所出现的问题。后来，奈达在翻译工作坊对译员进行培训：上午讲课，下午与翻译团队一起解决翻译问题，晚上继续讲课。随着翻译人员的增多，为了进一步提高工厂的翻译质量，奈达和其同事决定开办翻译训练课程。1962年在西非上沃尔特[2]的博博迪乌拉索（Bobo-Dioulasso）开办了第一届翻译训练课程，学习时间是4到6个星期。一般来说，上午由奈达和布拉彻来授课：奈达传授翻译方法，布拉彻讲解有关《圣经》的内容；下午，奈达和同事与不同的翻译团队一起工作，协助他们审阅其译稿。除了训练翻译员，他还与受训的翻译顾问一起工作，既可以与他们融洽感情，也可观察他们能否胜任顾问一职。

  另外，为了了解世界各地语言的表达差异，调查及研究《圣经》在世界各地的使用及翻译情况，以及传播自己的翻译见解及主张，奈达周游世界各地，足迹遍及九十多个国家。其中，从1982年到2000年，奈达前来中国13次，应邀到25所大学讲过学。

  除在提高译员及翻译顾问的翻译素质上呕心沥血外，奈达还积极协调各组织、各部门及各成员之间的关系，具有很好的沟通、协调及劝说能力。

  首先，在奈达的说服下，英国及海外圣经公会（British and Foreign Bible Society）[3]审阅译稿及翻译的模式改变了。早在20世纪50年代末，美国圣经公会

---

1 联合圣经公会（United Bible Societies）于1946年5月在英国海沃兹希思的埃尔芬苏尼德成立，奈达对该组织的组建起到了一定的作用，而后，奈达承担起领导联合圣经公会翻译委员会的任务，宗旨是促进公会之间的联络与合作，以最广泛有效的方式分发及推销《圣经》。该公会成立之时只有13个国家参加，现已成为一个庞大的组织，其影响遍布全球两百多个国家和地区。

2 今天的布基纳法索（Burkina Faso）。

3 英国及海外圣经公会成立于1804年，其宗旨是服务教会，并确保所有的人都有机会得到该组织出版的《圣经》，到20世纪60年代末仍坚持直译的翻译原则，出版未加任何注释的《圣经》。

就利用英国及海外圣经公会发生财经危机的机会试图改变他们的译稿审阅方式及翻译模式，但未获得成功；不过，奈达不轻言放弃，一直坚持对英国及海外圣经公会进行说服。在他的努力之下，在20世纪末，英国及海外圣经公会慢慢地改变了以往思路，开始向工厂派驻翻译顾问，而不是像以前那样完全依赖伦敦的审稿人员来审核译稿，最后还干脆解散了译稿审核部门。在翻译方式上，英国及海外圣经公会也有了改变，接受了奈达的动态对等论。

其次，在跨教派合作方面，奈达起到了十分重要的协调及沟通作用。历史上，罗马天主教与圣经公会一直不和，互存敌意，在历史上曾颁布了6道法令，禁止与圣经公会合作。1959年10月，神父沃尔特·阿博特（Walter Abbolt）的一篇名为《〈圣经〉是一条纽带》（"The Bible is a Bond"）的文章为跨教派合作带来了一线曙光。文章称，世界各地的人应该拥有译自同一部《圣经》的地方语言译本。1960年1月，梵蒂冈第二届教会大会把阿博特的这篇文章作为会议讨论的主要内容。后来罗马天主教会任命阿博特为总干事，负责推行天主教与其他基督教派出版共同《圣经》的计划。阿博特为此积极努力，不仅对天主教过去向圣经公会所做逼迫之事表示忏悔，还积极寻找与圣经公会合作的机会。1964年在荷兰召开的研讨会上，双方倡导出版共同的《圣经》译本，后来，经过双方专家及学者的一系列友好会谈，很快就达成了最终共识。尽管如此，双方在具体的细节上还存在争议，尤其是在《旧约》的正典这个问题上一直争论不休。但经过奈达不厌其烦的辨析、调节之后，所有的反对气氛都烟消云散。后来，奈达就争议具体的情景、解决方式以及合作原则还拟成了《跨教派〈圣经〉翻译合作的指导原则》（"Guiding Principles for Interconfessional Cooperation in Translating the Bible"）一文，得到双方的一致认可，促使双方的《圣经》翻译合作最终得以顺利进行。总之，罗马天主教与圣经公会能够顺利合作，"奈达的外交能力和对事情的分析能力起了决定性的作用"（斯泰恩，2007：211）。

奈达从谏如流，非常乐意听到并接受他人对自己的批评，然后不断调整、学习及改进。奈达从谏如流的高尚品格，在他工作之初就已体现。在23岁那一年，奈达在威克理夫营授课，那时，几个学生对奈达和派克很是不满，认为他俩讲授的课程太难，对学生要求太高。在迅速意识到这一点之后，奈达与派克立即调整了授课的方式（Steven，1999：93-96）。奈达这种倾听并接受批评的态度得到学生们的一致认同及赞扬。据奈达自己回忆（Nida，2003：33），若干年之后，有一次，日本圣经公会特意邀请奈达在东京郊外为来自日本、中国、韩国、菲律

1 奈达生平介绍

宾等国家的六十多名《圣经》译员举行一系列讲课。负责主持这次活动的一位日本教授告诉奈达，韩国、中国、菲律宾的学员对奈达的第一个星期的讲课很满意，但日本学员却不满意，认为奈达讲课的内容太浅显易懂，不像是学者所授的课。这位日本教授进而问奈达能否进行高水平的讲座。奈达原本不打算这么做，但最终还是采纳了建议。第二天，奈达讲了一堂人们不太听得懂的课，谈了许多重要的与交际相关的数学概念，如图式论、维数定理、信息论、同构体等。课后，这些日本学者向奈达祝贺，称赞奈达是一位真正的学者，令人钦佩。对这次讲课所遇到的意外，奈达不仅不生气，还虚心接受他人的建议，这说明奈达是一位胸襟开阔、从善如流、品格优秀的学者。

奈达热情大方、关心他人，总是设身处地为他人着想。除了积极为翻译顾问团队争取福利之外，奈达还经常向美国圣经公会提出一些建议，帮助解决翻译顾问的医疗、子女教育、外出工作、薪水等问题。此外，奈达还亲自关心翻译顾问的家庭和他们个人的处境。例如，菲律宾籍翻译顾问丹尼·阿里奇亚（Danny Arichea）[1]就得到过奈达的无私帮助。在阿里奇亚加入联合圣经公会不久，奈达与妻子埃琳娜·费尔南德斯-米兰达（Elena Fernandez-Miranda）[2]就借给他一大笔钱。阿里奇亚用这笔钱在菲律宾买了房子，还给女儿添置了一架钢琴。随后阿里奇亚花了好几年才还清这笔钱，奈达没有收取他任何利息。后来阿里奇亚的女儿上了大学，奈达还继续给予资助。奈达对他人的关心及慷慨大方不分种族、国籍和信仰。他曾帮助过非洲刚果长老会的一个神学学生以及肯尼亚的康约罗夫妇，奈达还帮助及鼓励了许多中国学者（斯泰恩，2007：236-237），如谭载喜和叶子南。据学者叶子南回忆，初到美国便收到奈达寄给他的1000美元的支票。尽管叶先生没有接受，还是深表感激（叶子南，2011）。

此外，奈达兴趣爱好广泛，多才多艺。外界只知道奈达是翻译理论家、文化人类学家以及语言学家。其实，他还是木匠、园艺家及摄影家，在动植物学尤其是鸟类学等生物领域的知识也很渊博。和第一任夫人奥西娅在美国康涅狄格州的格林威治生活的时候，几乎所有的家具都是奈达亲手制作的。他在康涅狄格州自家的院子里种了四百多株玫瑰，还种了1.5英亩的水果和蔬菜。退休后，奈达和

---

[1] 阿里奇亚是菲律宾循道会主教，后在联合圣经公会担任翻译顾问。
[2] 费尔南德斯·米兰达是一名律师，对口译及笔译都很擅长，曾在西班牙马德里的康普顿斯大学（Complutense University）获得代表最高荣誉的法国文学博士学位。1997年米兰达与奈达结为伉俪，为奈达的第二任妻子。

奥西娅搬到宾夕法尼亚州的一个老人退休中心居住，还把格林威治居住地后院的350株玫瑰移植到了这里。在奈达的悉心照料下，这些玫瑰花年年都开得鲜艳欲滴，惹人喜爱。奈达非常热爱摄影，技术娴熟。在多年的工作生涯中，奈达常常带着他那心爱的尼康相机，走过田野和村庄，随手拍下风景和人物。奈达喜爱大自然，对大自然中鲜活的动植物情有独钟，并特意去辨识。据奈达的一位同事詹姆斯·桑德斯（James Sanders）回忆（斯泰恩，2007：234），有一年夏天，奈达与桑德斯一起在苏格兰的圣安德鲁斯（St. Andrews）开会。当天下午，他们租了艘船开到附近的岛屿上，在岛上散步时，奈达竟然认得每一种植物和鸟类。据奈达自己说（Nida, 2003：135），他能识别将近1400种鸟。

奈达喜欢锻炼身体。他喜欢远足，即便到了九十多岁，奈达一直保持着这份爱好，每年都能坚持远足几百英里。因此，奈达一直身体健康、精神抖擞、精力充沛，而这又使得奈达能一直不停地在外调研、讲课及写作。这不得不让人想到毛泽东同志所说的"身体是革命的本钱"。若没有健壮的体格及对生命的热爱，奈达在学术上要达到今天的成就是很难想象的！

一言以蔽之，奈达的一生绚丽多彩，对《圣经》翻译事业的追求非常执着。笔者在此对奈达的一生，尤其对奈达在《圣经》翻译方面的工作情况进行了比较翔实的呈现，其原因是：第一，奈达及其翻译理论在20世纪70年代末引入中国之后，给国内译学界很多学者造成了一定的影响，可以说，现今国内译学界著名的专家及学者几乎都对奈达有某种情结，鉴于此，笔者想把一个更为丰满鲜活的"奈达"呈现给大家；第二，把奈达呈现得如此翔实，也是为了让国内译学界更好地了解奈达及其翻译思想。

2

走近奈达的翻译思想*

---

* 本书用"翻译思想"而不用"翻译理论",其原因是:第一,思想比理论范畴大,而理论本身就属于思想之一;第二,"翻译思想"使人们不限定在译学界所锁定的功能对等论、读者反应论、翻译科学等几个概念。

本章提要：在简述奈达的主要著述以及国内对奈达相关翻译思想的研究状况之后，本章梳理及阐述奈达提出的十个翻译悖论；深入透彻介绍奈达的交际翻译观，包括翻译过程、功能对等论以及交际翻译理论的合法性；详尽阐释奈达提出的翻译的程序；厘清奈达的文化人类学家的背景及其给奈达翻译思想之形成所带来的影响。

2 走近奈达的翻译思想

奈达是一位多产的语言学家、文化人类学家、翻译理论家。在其整个学术生涯中，从1945年开始，奈达一生共发表了文章逾250篇，著述超过40部，主要涉及语言学、语义学、翻译学、宗教学、文化人类学等领域。集中代表奈达的研究成果的，有1964年出版的《翻译科学探索》（*Toward a Science of Translating*）、1969年与泰伯合著的《翻译理论与实践》（*The Theory and Practice of Translating*）、1975年出版的《语义的成分分析》（*Componential Analysis of Meaning*）和《语言结构与翻译：奈达文集》（*Language Structure and Translation: Essays by Eugene A. Nida*）、1986年与瓦德（de Waard）合著的《从一种语言到另一种语言：圣经翻译中的功能对等》（*From One Language to Another: Functional Equivalence in Bible Translating*）、1996年出版的《跨语交际的社会语言学视角》（*The Sociolinguistics of Interlingual Communication*）以及2001年出版的《语言与文化——翻译中的语境》（*Language and Culture: Contexts in Translating*）。在这些代表性著作中，最能体现奈达完整、成熟的翻译思想的，要数《语言与文化——翻译中的语境》一书。

奈达翻译思想的成熟不是一蹴而就的，而是经历了不同的演化过程。对奈达翻译思想的演化过程，我们可以从纵向这个维度去探析。关于这一点，国内有学者进行过相应阐述，比较突出的有：谭载喜把奈达翻译思想的纵向发展划为三个阶段来阐述[1]（谭载喜，2004：232）；刘军平则划为五个阶段[2]进行相应阐发（刘军平，2019：173-174）；马会娟[3]对奈达整个学术发展进行的阐述，是在综合了

---

[1] 这三个阶段分别为早期带有明显美国结构主义色彩的语言学阶段、中期的翻译科学说与翻译交际说阶段，以及后来的社会符号学阶段。
[2] 描述语言学阶段、跨文化交际翻译阶段、翻译科学阶段、语义学翻译阶段以及社会符号学阶段。
[3] 诺思是美国圣经公会前总干事，在"Eugene A. Nida: An Appreciation"一文中，把奈达翻译思想划为描述语言学阶段、跨文化交际阶段、翻译阶段以及语义阶段等四个阶段，而马会娟则把第三及第四阶段整合为一个阶段。

025

诺思对奈达学术研究发展的分段后而进行的，她把奈达的学术研究分为三个阶段，并对每一个阶段进行了翔实阐释（马会娟，2003：9-13）。关于奈达翻译思想或整个学术研究纵向发展阶段的划分及探究，谭载喜、刘军平、马会娟这三位学者虽各有偏重，但大同小异，对奈达在各个发展阶段上的代表作及其翻译思想的内涵也都解读得很翔实、具体及透彻。鉴于此，笔者就不赘述，以下将阐述重点放在奈达翻译思想的四个点上，即翻译的十个悖论、交际翻译理论、翻译的程序以及文化人类学与翻译的关系。

2.1 翻译的十个悖论

提起奈达的翻译思想，大家想到的几乎是功能对等论、读者反应论以及翻译科学这三个关键词。三十多年以来，国内外学者也都是围绕着这三个概念或褒扬，或批评，或颠覆。至于奈达对翻译悖论（paradoxes of translating）的阐述（Nida，1993：1-7；2001：3-7），国内外学者少有提及。孙迎春在2002年提到了奈达的前三个悖论[1]，但没有具体阐发，仅仅说明"世界充满了矛盾，译学界充满了悖论，译学大师奈达身上悖论的出现，同样都是很自然的事"（孙迎春，2002：73）。许钧在《翻译概论》一书中也提到了奈达所说的翻译活动的许多悖论，认为这些悖论其实就是翻译过程中的八大具体矛盾[2]（许钧，2009：192）。方梦之则对奈达的翻译悖论进行了归类，把这些悖论划归为12个（方梦之，2011：45），但没有进行详细阐述。总结了前人的研究之后，笔者认为，奈达仅仅只提到了十个悖论[3]，现分述如下。

---

1 孙迎春所说的三个悖论，其实只提及了奈达的两个悖论，前两个悖论其实指向的都是"忠于形式"与"忠于内容"。奈达阐述完第一个悖论后（注：孙迎春把这个悖论化为两个悖论），紧接着用的是"Another paradox of translating is reflected in the content that translating is valid but paraphrase is wrong"（关于翻译的另一个悖论，反映出这样一个观点：翻译是合理存在的，但若有释义是不合适的）。在讲到第三个悖论时，奈达用的是"A further paradox"（Nida，2001：4）。故，孙迎春所说的两个悖论，其实就是一个：形式与内容之间的悖论。

2 许钧认为奈达的悖论为八大具体矛盾，具体为：可译与不可译、翻译与解释、译前风格与译后风格、翻译是天生还是后天培养的、机器翻译与人工翻译、译本与时代背景和文化的矛盾、理解与表达、语言与文化。

3 方梦之提到的前三个悖论，即既复杂又容易、忠于原文的直译与产生误导的直译以及翻译的不可能与越来越好的翻译（2011：45），实属于"差异与翻译"这一悖论。

2.1.1 差异与翻译

奈达在文中提到，翻译是一项既复杂而又引人入胜的工作，与此同时，又是那么容易、自然，因为很多移民的小孩为自己的父母做起翻译来似乎毫不费劲。然而，入学后，这些孩子的翻译水平还不如上学前，理由是：这些孩子学会名词、动词和副词后，翻译时总想做到词汇和语法上的对应，而不是寻找功能上的对等。奈达接着指出，不只是这些孩子，很多懂得一门外语的人也认为，只有逐词翻译才算是忠实于原文。奈达还认为，这些逐词翻译尽管很贴近原文，但会造成严重的误导，然后用了两个例子进行阐释：英语中重复某个词一般意味着强调，而在印度尼西亚语（Bahasa Indonesia）中，重复某个词则表示复数；另一个例子是，在玻利维亚盖丘亚（Quechua）方言中，后缀"-runa"表示前面的名词是复数，但在交谈中，操盖丘亚方言的人仅在一段话语的开头使用这个后缀。因此，用盖丘亚方言的后缀"-runa"来对西班牙语中每一个复数形式"-s"进行逐词翻译，不仅会让说盖丘亚方言的人听起来感到别扭，甚至会让他们认为是对听者智力的羞辱（Nida，1993：1；2001：3）。

以上所谈的，其实就是翻译中的"差异"与"翻译"这一悖论。奈达认为，语言之间的差异是客观存在的，不能因为不同语言之间存在诸多差异就把问题扩大化，认为翻译不可能。诚然，由于比喻性语言的临界性特征以及复杂的诗体结构等差异的存在，不可译在一定程度上存在着，但整体来说还是可以翻译的。如，在某些语言中不能说"My God"（我的上帝），因为说这些语言的人认为谁也不能"possess"（拥有）上帝，但可以说"the God I worship"（我信奉上帝）或"the God to whom I belong"（我归属的上帝）。奈达认为，通过主观努力，翻译工作者在这方面将会做得更好。约翰·沃尔夫冈·冯·歌德（Johann Wolfgang von Goethe，1749—1832）、弗里德里希·施莱尔马赫（Friedrich Schieiermacher，1768—1834）等持不可译论者则认为，由于存在差异，翻译就是不可能；然而，颇具讽刺意味的是，他们又毫不犹豫地让别人把他们的作品翻译了出来（Nida，1993：1-2；2001：3-4）。

笔者认为，奈达对差异与翻译这一悖论的阐述是正确的。各民族之间的生存环境、地理环境、历史、习俗以及观念的不同，造成了各民族的语言表达系统之间存在或多或少的差异。因而，在翻译时，就不能单纯寻找语法及词汇的对等，而应把交际或沟通作为翻译的第一要义。从表象上看，贴近原文的翻译似乎更忠实，其实不然，这样做只会造成很多"假朋友式"（false friend）的译文，例如，把"busboy"（餐馆勤杂工）翻译成"公汽售票员"，或把"horse sense"（普通常识）译成"马的感觉"，或把"house warming"（乔迁之喜）翻译为"房屋供暖"等。语言之间差异的存在是客观的，有时候会造成不可译，这主要体现在比喻性语言、诗体语言和双关语之中，而在双关语中尤为如此。如：某石灰厂广告——白手起家；某当铺广告——当之无愧。但我们不能由此就认为这些语言绝对不可译，尤其是双关语。曹明伦对双关语能否翻译做过较为客观的表述：

（一）从比例上讲，大部分双关语都不可译，但从绝对数量上看，许多双关语都可以翻译；（二）某特定源语中的双关语，在一些目标语中不可译，在另一些目标语中则可以翻译；（三）某特定源语中的双关语，在一种目标语中，对某些译者来说不可译，对另一些译者来说则可译。（曹明伦，2013：124）

对于以上表述，我们还可从曹明伦（2007：144-145）、马红军（2000：161-173）、包惠南（2000：334-336）等学者对双关语的处理上得到印证。

简言之，由于语言文化之差异，翻译确实存在不可译，但这只是相对的，只在一定范围内或一定程度上存在，用奈达的话说，不可译只存在于隐喻性语言和复杂结构的诗学语言之中（Nida，1993：1-2；2001：3）。我们既不能把它扩大化，也不能把它简单化，而应客观地对待它，争取把它最小化。

2.1.2 翻译与释义

奈达谈到的另一个翻译中的悖论是翻译与释义。针对"翻译是正当的，释义是错误的"这一观点，他指出："既然语言在表达内容上没有本质差异，而只是在表达方式上有差异，所以释义是不可避免的。重要的是释义在语义上的合理性。"（Nida，1993：2；2001：4）奈达接着说道，整个翻译过程其实都包含不同程度的释义，因为我们无法成功地进行词对词、结构对结构——对应的直译。奈达用两个例子对此进行了阐释。第一个例子是西班牙语"me fui"的翻译。"me fui"的字面意思是"I went myself"（我自己去的），其中"me"是所谓的反身代词。可是，当这句西班牙语译为英语时，很自然地被译为"I left right away"或"I got away quickly",而不是"I went myself"(我自己去的)这一翻译就存在一定的释义。另一个例子则是有关"身体部位"与"感情"之关系的翻译:在英语及其他大多数欧洲语言中,人们把"心"说成是感情的中心;但在西非的许多语言中,"肝"是感情的中心;而在中美洲的一些土著语中,人们则用"胃"去爱某人……要做好这类翻译,必须使用一定的释义。奈达最后指出,语言差别的实质不在于人们说了什么,而在于说的方式,因而释义是不可避免的。重要的是,释义在语义上要有合法性(同上)。

关于翻译与释义这一悖论,在古今中外翻译实践史上一直存在,但将其作为一个悖论来阐述的学者不多。对翻译过程中的释义这一概念,有学者进行过相应的定义。17世纪的约翰·德莱顿(John Dryden,1631—1700)把释义界定为"有一定自由度的翻译,在这类翻译中,原作者一直留在译者心中,不会消失,但作者的用词却不像他的意思那样得到严格遵守"(Robinson,2006:172)。而国内学者方梦之在《中国译学大辞典》中是这样定义的,释义是"不逐字逐句移译原文,而直接向目的语读者解释源语词句在上下文的一种手段。由于它既能保存原文的信息,又能给译者表达上比较多的自由,因而在翻译中应用极广"(方梦之,2011:108)。奈达所说翻译中的释义其实就是:翻译时,在译文中增添一些词、短语或加注,旨在译出源语作者感到理所当然,而目标语读者不甚了解或感到陌生的意义,是一种翻译含有特殊文化意义的有效手段,也就是曹明伦所说的"显性深度翻译"和"隐形深度翻译"(曹明伦,2013:118)。

简言之,由于各民族之间语言及文化的差异,尤其是文化的差异,如西班牙语"me fui"的英译以及世界各地用身体不同的部位表示"感情",释义是译者在翻译过程中不得不应用的一种手段,且与目标语文化的厚度成正比,目的是使译文更加显明透达,节约读者的认知成本。奈达提出的翻译过程中的翻译与释义这一悖论,蕴涵深刻,辞约义丰,值得国内学者深究。

2.1.3 风格与内容

第三个悖论存在于一种流传甚广的观点之中,即认为译者多多少少都应该先翻译出原文的字面意思,然后再进行风格上的改进。这种观点其实是把在翻译过程中对风格与内容的同步处理剥离开来,使其成为两个彼此可以独立的实体。奈达指出,这种观点和做法是不对的,风格不是蛋糕上的糖霜,而是语际交流中不可或缺的组成部分。风格必须从一开始就被转换进译文文本(Nida,1993:

2；2001：4）。换言之，翻译中风格与内容的翻译是同时进行的，而不是先做什么、后做什么的独立步骤。可见，奈达在这里把文体与内容当作一个不可分割的有机整体，犹如瓦尔特·本雅明（Walter Benjamin，1892—1940）所说的"果皮"与"果肉"的关系，浑然成为一体（转引自陈永国，2005：7）。

我们知道，奈达一直都强调风格的重要性："尽管风格从属于内容，然而风格很重要，所以在翻译时，我们不应把诗当作散文来翻译，也不应把说明文翻译成叙事文。"（Nida & Taber，1969：13）为了达到此目的，奈达主张一开始就把内容与风格作为一个整体来对待，将其融入译文中去，"最好是先把原文从风格上较好地翻译出来，然后仔细分析和检查对应成分，使译文更加'紧凑起来'"（Nida，2001：4）。其实，早在1964年，奈达就说过："我们应该努力争取做到'意义与风格'兼得，毕竟于任何信息而言，两者都是密不可分地结合在一起的。"（Nida，2004：164）

对于奈达的内容与风格的整体性转换，国内学者曹明伦也阐述过与之类似的问题："语言载体与所载信息'就像果皮与果肉一样浑然天成'，故语言载体之转换与所载信息之转换永远是同步进行的，密不可分。'南橘北枳'肯定是整体转换。去皮留肉，恐为腐肉；去肉留皮，则为陈皮。"（曹明伦，2013：102）尽管谈的是"语言载体"与"所载信息"之关系，但与奈达所谈"内容"与"风格"之关系有异曲同工之妙！

2.1.4 译者是天生的还是后天造就的？

翻译是一种技巧，通常可以通过大量实践而获得，因而在某种程度上说，翻译是可以教会的（Nida，1993：3；2001：4）。换言之，后天的翻译技巧之训练对译者的培养能起到一定的作用。奈达非常相信这一点，自己也是这么身体力行的：定期给自己的翻译顾问及译员进行翻译课程训练，定期召开翻译会议，创办翻译期刊等，其目的就在于提高翻译顾问及译员的翻译素质，更好地做好《圣经》翻译。除此之外，2000年，在给国内学者张经浩所写的信中，为了鼓励学习翻译的人做好翻译，奈达提倡"尽量只翻译你所熟悉或很感兴趣的领域的文章"，建议平时多加练习，"因为翻译从根本上说是一种技巧，只要经常练习，翻译能力就会大幅度提高"，"如有可能，到一家有多语种译者的单位去从事翻译工作"，最好是"逐渐总结出自己的一套翻译原则和程序，并与别人交流经验"（Nida，2001：288）。奈达指出，学习翻译技巧最大的好处就是能够发现自身的局限性。奈达举了一个例子加以说明：倘若《人与鼠》（*Of Mice and Men*）[1]的汉译者知道一些翻译技巧，就不会把英语中的"mule-skinner"（赶骡子的人）译为"剥骡皮的人"（a person who skins the hide of mules）而贻笑大方（Nida，1993：3；2001：4）。奈达还进一步强调：尽管翻译是一种技巧，大量的翻译实践能使一个人掌握翻译技巧，提高翻译能力，但是，真正出类拔萃的译者却是天生的，而非后天造就的，这些人具有创造性地使用语言的高超天赋，否则就不可能在这个行当中高人一等（同上）。

笔者认为，奈达的这种提法是正确的。通过翻译训练，一个人的翻译能力是可以提高的；但是一个优秀的翻译家却是天生的，无须专门的培训就可译出优秀的作品。可以这么说，很多著名翻译家在语言方面有着过人的天赋，不管是记忆力还是文笔，均是如此，有些本身就是诗人兼作家；反过来说，懂得一门或多门外语的作家或诗人，一般都是翻译家，尽管他们没有学过什么高深的翻译理论，但翻译出来的小说或诗歌与原著是那么体贴入微，又是那么出神入化，而这在现当代中国尤为显著，如郭沫若、茅盾、郁达夫、吕叔湘、老舍、叶圣陶、巴金等。彼得·纽马克（Peter Newmark，1916—2011）也说过类似的话，"一个人若对外语和母语都感觉敏锐，对细节和词语都能寻根究底，那他无须翻译理论也能做好翻译"（Newmark，2001：36）。尽管纽马克没有对一般译者与行家进行区分，但他的话蕴涵着同样的道理，即没有学过什么翻译理论的人也有可能做好翻译。

2.1.5 机器翻译与人工翻译

机器翻译就是利用计算机把一种自然源语言转变为另一种自然目标语言的过程，一般指自然语言之间句子和全文的翻译。机器翻译确实给人们提供了许多方便，方便人们获取更多的外文资讯，大幅度提高了翻译速度。不过，奈达认为，不宜过度宣扬机器翻译的功能（Nida，2004：252），由于各种局限性，它不可能做各种类型的翻译。关于机器翻译，奈达在1964年的《翻译科学探索》（*Towards a Science of Translating*）一书的最后一个章节里谈得较为详细。在书中，奈达对机器翻译的工作原理、运作程序、基本要素、主要功能以及优缺点都

1　《人与鼠》是美国作家约翰·史坦贝克（John Steinbeck，1902—1968）代表作之一，1937年出版。

进行了翔实具体的探究。奈达认为，现代计算机存储量大，逻辑及数理运算能力强，但计算机毕竟是机器，在某些方面的运算能力比不上人脑。此外，对是否能在翻译方面成为一名好的"译员"，计算机只能回答说"我不知道"和"我不关心，这与我无关"（Nida，2004：263）。

奈达在《翻译科学探索》中指出，如果能够保证充分的译前编辑和译后编辑，计算机可以完成某些非常简单的语际翻译，这对某些文献资料以及科普资料的翻译是大有裨益的（同上）。他接着指出，由于语言的多义性以及不同语言文化特性的存在，机器翻译的局限性永远很大，只能限于某种题材的翻译。尽管计算机构造复杂精密，但毕竟是机器，永远比不上人脑。人脑不仅具有数字功能和类推功能，还有一整套与生俱来的价值观念体系，这种价值观念体系是人脑在结构上具有的机器无法比拟的优势。因而，在翻译任何文体优美、语义深奥而且极富交流价值的文字等资料方面，机器翻译也难以望"人工翻译"之项背（Nida，2004：263-264）。鉴于此，奈达最后强调：有能力的译者不用担心被机器翻译所排挤，将来的某一天也不会被机器翻译所取代，因为记忆力不等于情感，速度不能取代美感（Nida，2004：264）。

机器翻译是机器在人为的"程序"之下进行操作的，具有高效性，但永远只有"客观性"，对人工翻译而言，仅能起到辅助作用而已。从这个层面来看，奈达对机器翻译与人工翻译之关系的论述是恰当的。

2.1.6 显性意义与隐性意义

翻译的首要任务是传送意义，而在我们平常的翻译中，意义的传送并非易事：一是源语作者另有隐情，把欲表达之意隐藏起来，或"心是口非"，另有目的；二是源语作者本身对原文本阐述不清。奈达对此进行了总结，具体提出了以下三种情况（Nida，1993：4；2001：5）。

首先，最难翻译的并非文学味很浓的作品，而是那些言之无物的文字，即政界人物和参加国际论坛会议的代表们所惯用的那种语言。奈达接着提到，实际上，纽约联合国总部的一些专职译员曾说过，最难译的要数演讲者或作者根本就不想把实质性的东西讲出来的文字。我们知道，政界人物和参加某种会议的代表在说话时，出于对本国或本集团公司利益的考虑，言谈时总是"顾左右而言他"，通过对话语进行工具性操控，避实就虚，以服务于社会政治或个人目的为旨归。要翻译这样的材料，关键是要理顺这些话语背后的语用目的，这对译者尤其是口译人员有很大的挑战性。

其次，最难翻译的文字是通篇充满讽刺或嘲弄的那类文字，因为在书面文字中，对词义的副语言暗示手段通常要比口头上讲出来的更难捕捉。"所谓副语言暗示是指言语中附带的超越语言表层意义的暗含意义，它属于一种用所言话语巧妙地曲指自己真实意图的语用手段；说话者（或作者）出于某种缘由用一种或含混或闪烁其词的语言将不同话语群层面上的符号等意使用，巧妙地描述不便直述的事情。"（赵朋，2007：61）在我们的日常生活中随处可见这种副语言暗示，它具有一定的装饰性功能，在表达了字面意义的同时，具有一定的暗含意义，主要体现在它所具有的讽刺性和联想性之中。例如，在《纪念刘和珍君》一文中，鲁迅使用了"文明人""伟大""伟绩""武功"四个褒义词来分别指涉"野蛮人""渺小""罪行""罪恶"。对这类"言此意彼""言外有文"的副语言暗示手段的表达之翻译，奈达认为具有很大的挑战性，译者需要借助语境、语感和文化背景等进行领悟，充分发挥主观能动性，才能做好这类材料的翻译（同上）。

最后，第三类最难翻译的东西就是论述翻译的书籍或文章，这主要是因为文中所举的示例大都牵强附会、空洞无物。实际上，对于论述翻译的书几乎总是需要进行大幅度的改写（Nida，1993：4；2001：5）。

对奈达列举的以上三种情况，笔者认为第三类情况有点牵强附会、空洞无物，这个观点解释得有点牵强，难以服众。

2.1.7 译文的永恒性与相对性

最令人感到惊奇的翻译悖论之一就是，既不存在尽善尽美的译文，也不存在流芳百世的译文。语言与文化的不断变化是造成不存在尽善尽美以及永恒译文的主要原因（Nida，1993：4；2001：5）。除了语言与文化的变化之外，语言语义的模糊性及不确定性也是导致译文相对完美性的原因之一（Nida，1993：4；2001：5）。语言是一个开放的系统，词义重叠，界限模糊，这在文学作品中尤为突出：不仅使文学语言鲜明、生动、精炼，具有丰富的内涵，蕴藉隽永，还使得能指与所指之关系带有曲指性及模糊性等特征，有时还具歧义性，在字里行间留下许多空白点，给读者（译者）很多想象的空间；此外，再加上读者或译者的认知能力及文本体验之不同，译者对原文本会产生不同的译文。换言之，这种各具"创造性"及"不同见解"的译文，就是奈达所说的，利用了语言的不确定性对人类经验进行再阐释而获得的新认识（同上）。

　　奈达的这一观点是正确的。众所周知，万事万物都处于不断变化之中，包括信仰、价值观以及世界观等，进而影响到由之构成的文化，使其也处于不断变化之中。而语言与文化又是不可分割的有机整体，文化的变动必定会引起语言的不断变化。一般认为，语言的变化要落后于文化的变化。例如，改革开放后，公职人员中出现了辞职经商这一现象，然而在我们的语言中找不到合适的能指符号对此加以语符化，只好用"下海"这一隐喻符号予以应付。此外，语言与文化的不断变化，也会导致读者的阅读情趣及美学价值观的变化。例如，晚清时期的语言特征导致当时的读者乐于接受文白夹杂的文章，五四时期的读者青睐于白话文的语言表达，而当下的读者则对明白晓畅的文风情有独钟。鉴于此，就不存在永不过时的译文，因为时代变化以及不同时期的语言特征，在不同时期就会产生不同的译文去迎合不同时期读者的语言审美情趣。普隆出版社的外国文学部负责人伊万·纳波科夫提出，文学作品大约每隔20年就应重译一遍，因为语言的变化实在太快（转引自余中先，1997：4）。还有的学者断言，这种重译的周期一般为40年（许钧，1992：54）。尽管以上学者对译文存活时间的界定绝对了一些，但说明一个道理：语言在变，人们的语言审美情趣也在变，因而会产生不同的译文，满足不同时代读者的语言阅读情趣及爱好。可见，再好的译文也会有失去光泽的一天。

　　关于译文的永恒性以及相对性这一悖论，许钧从阐释学和接受美学这两大视角进行过较为翔实的阐述，并对奈达的以上观点给予了高度评价（许钧，2009：68-70）。

2.1.8 语词结构与意义理解

　　一般认为，翻译工作中最大的难题是在接受语中找出恰当的词语和结构表达，即所谓的形式对等。奈达认为，对译者而言，翻译最大的困难在于透彻理解所译文本的所指意义（designative meaning）和联想意义（associative meaning），这不仅需要理解词语的意义和句法关系，还要对各种文体手段的细微差别感觉敏锐，并强调说：在接受语中寻找恰当词语和结构表达固然困难，但最让译者费心的是透彻理解所译文本的意义（Nida，1993：5；2001：5-6）。

　　由于每一种语言有着各自特色的意指方式及语言价值观，因而，语言之间不存在绝对的语符对等，至少在词汇层面上的所指意义与联想意义这两方面是这样的，总存在或多或少的差异。拿所指意义来说，由于语言的不确定以及语义界定的模糊性，语言之间的所指意义的对应总有所偏差。如，我们平常所说的"busybody"并不是"大忙人"，而是"多事的人"；"free love"并不是"自由恋爱"，而是"公开同居"。这就是我们平常所说的翻译中的"假朋友"。词汇层面上的联想意义之差别也不例外。例如，"月亮"和"竹子"这两个物体对西方人来说，一个是表面冰冷的天体，另一个则是长在山坡上随风摇曳的草本植物；但是，对中国人来说，这两个物体的联想意义大不一样，能唤起人们美丽浪漫的情调或怀旧情怀，经常出现在中国传统的诗词歌赋之中。译者若对这些联想意义不求甚解，甚或不知其解，其翻译效果就会大打折扣，在诗歌翻译中尤为如此。除此之外，若要准确理解原文的意义，还要熟悉源语的句法关系以及各种文体手段的细微差别。

2.1.9 双语能力与翻译能力

人们普遍认为，只要掌握了两种语言，任何人都能胜任笔译或口译工作。奈达认为这也许是最不为人所理解的翻译悖论。其实，除了双语能力，翻译的好坏还牵涉其他因素。奈达在书中列出了三种因素（Nida, 1993: 5-6; 2001: 6）。

第一，了解相关的文化知识是非常必要的。语言是文化的一部分，任何文本的意义都直接或间接地指称相应的文化，而语词最终意义的获得也离不开相应的文化。换言之，"任何层面上的语符意义都取决于一个语言社团的文化"（Schäffner, 1995: 1）。可见，翻译不仅仅是语言的问题，也是文化的问题。因此，在日常的翻译实践中，无论是笔译还是口译，译者若要确定一个词或词组的意义，不仅要考究该词组的横组合语境，还要考察其文化语境，因为词组的文化语境是理解文本意义的关键所在。另外，"在笔译和口译中所犯的最为严重的失误不是因为语词理解的不充分，而是源于错误的文化假设"（Nida, 1998: 29）。由此可见，文化问题在翻译中是一个很大的问题，丝毫不能马虎大意。其实，奈达一直在关注翻译中的文化问题。1993年，奈达还专门写了一本名为《语言、文化与翻译》的专著。

第二，一定的写作能力亦不可或缺。一个人能流利地讲两种语言，但写作能力很差，也成不了翻译行家。我们知道，翻译包括理解与表达两个阶段，先是对原文进行通读，准确、深刻地理解原文的内容和风格，接着，译者把所理解到的内容用目的语说出来或写出来。在表达的过程中，译者一定要想到读者，考虑如何用他们能够自然接受的语言，准确传达原作的内容与风格。理解与表达在翻译中是不可分割的有机整体，理解是表达的前提及基础，而表达是理解的结果。然而，理解准确并不意味着表达必然正确或恰当。在表达上，译者不仅需要有一定的文字运用能力，还需借助许多具体的方法和技巧，而这些都属于写作能力的范畴。没有一定写作能力的人，是很难娴熟地运用目的语及相关技巧把原文的内容及风格传译得淋漓尽致的。关于这一点，国内很多学者均谈过自己的看法，其中张今就认为译者"应该精通译文语言，并有相当的写作能力"（张今，2005：245）。而王以铸更为直截了当地说道："一个连中文还写不通的人，我们能期望他产生精彩的译品吗？我们如果没有丰富的语汇，如果不善于掌握祖国语言的千变万化的表现方法，我们恐怕连自己的思想感情都表达不好，更谈不上精确地传达别人的思想感情了。"（转引自罗新璋，2009：635）

第三，对接续传译或同声传译而言，还要具有一定的组织和应对能力。如果口译人员仅仅只熟练地讲两种语言，而在组织和应对方面不是那么敏捷，那也成不了什么"大器"。

奈达列出的三点条件，尽管道出了做翻译应具备的一些基本条件，但不够充分，还需其他条件，如敏感之心灵、热烈之同情、适当之鉴赏能力、相当之社会经验、充分之常识（即所谓杂学）等（转引自罗新璋，2009：773），若做不到这些，是很难做好翻译的，口译尤为如此，而奈达对该方面之论述较为浅显。

2.1.10 语言视差与翻译能力

"任何一种语言的词汇系统，都不可能完全反映现实世界中的所有概念"（魏在江，2011：15），这样，语言视差的产生就不可避免。语言视差的概念由美国著名学者保尔·弗里德里希（Paul Friedrich）在其专著《语言视差——语言的相对性与诗学的不确定性》（*The Language Parallax—Linguistic Relativism and Indeterminacy*）提出，并在诗学的领域中加以论证。有关语言的视差以及给翻译带来的困境，奈达论述得不多，却给人带来很多思考。

语言视差是一个很奇特的现象，它不仅表现现实，而且还扭曲现实。例如，人们十分清楚，太阳并不是真正落下或升起，只不过是地球在不停地转动，但它们仍然是"sunset"和"sunrise"。又如，人们称某种大耳朵的海豹为"sealions"，而它们根本就不是狮子（Nida，1993：6；2001：6）。语言视差之形成有很复杂的动因，没有自己的分析单元，贯穿于语言的各个层面，处于隐性状态，易为人们所忽视，但常常会给人们之间的交际造成一定的误会或困难，在跨语交际中尤为如此。

奈达对语言视差这一概念的扼要阐释，给我们做翻译带来一些启示：在翻译这类带有"视差"性质的语言表达时，译者一定要结合相应的语境，译出其真正的所指意义或联想意义或把两者都译出来。例如，当我们碰到"精神家园"这一表达时，应将其译为"sense of belonging"而不是"spiritual home"；也会把"剩女"译为"3S lady"[1]或"left-over Lisa"而不是"left woman"。若不仔细研读这些视差性的语言，就很难译出原文的意旨。又如：

甲：这一点小意思，请务必收下。

乙：你这人真有意思，怎么也来这一套？

甲：唉，只是意思意思罢了。

乙：真不好意思。

A：This is a little gift as a token of my appreciation. Please do take it.

B：Oh, aren't you a bit too polite? You shouldn't do that.

A：Well, it just conveys my gratitude.

B：Ah, thank you then, though I really don't deserve it.

（冯庆华、陈科芳，2008：288）

上面对话中的"意思"一词，就属于典型的视差性语言，若不依据具体语境加以判断，就很难译出其正确意旨。

以上是对奈达翻译的十个悖论所做的较为简单的梳理及阐述。奈达对十个悖论的阐述，有些较为具体，如差异与翻译、翻译与释义等，有些显得苍白、空洞，如显性意义与隐性意义、做口译的条件等。但是，奈达对这些悖论的研究还是较为全面的。关于翻译中的悖论（或曰矛盾），中国学者也进行过相应阐述，如徐永煐（1963）、许钧（2003）、张今和张宁（2005）、唐文生和贾德江（2007）等，但就研究的全面性而言，与奈达相比还是稍逊一筹。

---

[1] 这里的3S 指的是"single"（单身）、"seventies"（70年代）和"stuck"（被卡住了）。

奈达所提出的翻译悖论是基于语言与文化的差异而言的，可以看成是翻译过程中的具体矛盾（许钧，2009：192）。奈达指出，各语言间存在语言与文化的差异，因而出现了翻译悖论，而要解决这些悖论（或矛盾），只能把翻译作为一种交际，翻译只能获得一种交际上的对等[1]，而不是目标语与源语获得形式特征上的对应（Nida，1993：7；2001：7），这其实就是奈达所提出的"交际翻译理论"。

2.2 交际翻译理论

交际翻译指任何一种把翻译视作"发生于社会情境之交际过程"（Hatim & Mason，2001：3）的翻译，以接受语读者为导向。一般而言，"进行交际翻译的译者会把源文本看作一种信息，而不是一连串语言单位，关注保留源文本的最初功能，并将其效果呈现给译文读者"[2]（Shuttleworth，Mark & Moira Cowie，2004：21）。而奈达认为，"翻译就是交流，其过程取决于译文的听者或读者所能接受到的内容"（Nida，2001：86）。宋志平还对交际翻译理论进行了界定：

> 从交际学途径研究翻译，首先必须考虑到作者和译者是两个不同的信息源，其次考虑涉及信息内容的言语因素、副语因素和超语因素，最后要充分考虑信息接收者的反应。交际性翻译的特点是，必须使译文在译文读者身上产生出原文读者对原文所产生的那种反应。（宋志平，2008：133）

国内外很多学者如谭载喜（1985：38）、乐眉云（1989：40）、Venuti（2004：22；2008：17）、蒋童（2008：29）、宋志平（2008：133）、方梦之（2011：531）、Shuttleworth & Cowie（2014：22）等，把奈达的翻译理论归类为翻译的交际理论。此外，奈达也把自己的理论归类为交际理论（奈达，1989：5-6；1999：102），鉴于此，我们把奈达的翻译理论纳入翻译的交际理

---

[1] 奈达把这种交际上所获得的对等比喻为"游戏论"（game theory），只有部分赢家，而没有完美的游戏（Nida，1993：7；2001：7）。
[2] Mark Shuttle & Moira Cowie的专著为 *Dictionary of Translation Studies*，该著于2004年由谭载喜翻译成中文——《翻译研究词典》，笔者所引该书之中文均由谭载喜所译。

论来论述是合情合理的。关于奈达翻译思想的具体定位及属性,在以后的章节中会进行更为深入的阐述,在这里,仅就奈达交际翻译理论的构成之几大要件进行探究。

2.2.1 翻译过程

翻译过程[1]指翻译实践活动所经历的阶段,一般分为理解和表达两个阶段,也有学者把它分为三个环节或阶段。如柯平(1993)把翻译过程分为理解、传达以及校改三个环节,而方梦之(2011)把翻译过程分为三个阶段——理解原文、用目的语表达、检验修改译文。奈达则把它划为四个阶段——分析、传译、重组和检验。

2.2.1.1 翻译的分析阶段

在奈达的翻译模式中,翻译的分析阶段最为关键,也最为复杂,是奈达翻译过程研究的重中之重。这一阶段,关于到底要分析什么以及如何去分析,奈达所阐述的内容在不同时期有着不同的偏重。1969年,在《翻译理论与实践》这本书中,奈达用了大量的篇幅来谈语义的分析,主要为语法及词位的所指意义和联想意义之分析,也谈了语言单位之间的语法关系;而在2001年的《语言与文化——翻译中的语境》一书中,奈达进行了调整,主张从词、句法和语篇结构等三个层面去分析原文。与以往相比,尽管所讨论的内容有许多重合之处,但在《语言与文化——翻译中的语境》中所谈到的对原文之分析更有条理性及科学性。由于国内学者郭建中(2000)、廖七一(2000)、谭载喜(2004)等对奈达以往的分析模式进行过相应阐述,而且阐述得较为详尽,故笔者仅仅从奈达后来的分析路径去进行阐述,即"分析原文就是详细地去研究原文词位(lexemes)的所指意义(designative meaning)与联想意义(associative meaning)、句法(syntax)以及篇章(discourse)结构"(Nida,2001:108)。

奈达首先把词位分类划分为主要语义分类和次要语义分类,又以独到的视

---

[1] 一般而言,过程(process)指抽象意义的整个过程,而程序(procedure)指比较具体的步骤或方法、手段。但在我们日常生活中,这两个术语有时相互代用(许钧,2009:44)。若从论述的内容来看,奈达似乎把理解和表达所牵涉的阶段统称为翻译过程,而把翻译的文本外及文本内之行为称为程序,程序的范围要大于过程(Nida,2001:97-113)。而方梦之所持的观点与奈达基本一致。

角把主要语义分为四种[1]，即实体词（entities）、行为词（activities）、特征词（characteristics）和关系词（relations）；奈达把次要语义又分为四种，即标记词（markers）、感叹词（exclamatives）、招呼词（attention-getters）和警示词（admonishers）。奈达对语义分类范围拓宽了，有利于原文分析的精确性及合适性。接着，奈达把词位的意义[2]分为联想意义和所指意义。联想意义主要从语境中产生，其来源主要有：（1）使用这类词位的人；（2）通常使用这类词位的环境；（3）前文中出现过这类词位（同文交织）；（4）语言搭配中产生的感染错合；（5）同音异形词的感染错合；（6）与词位所指对象相联系的文化价值观念（Nida，2001：31）。而所指意义代表了现实世界或语言世界里的所指对象，通常包含一组语义特征，用来限定该词位所能代表的所指对象范围。在阐述所指意义时，奈达借用了认知语言学的"原型实体"（prototypical entity）这一概念来阐释实物的所指意义。如，奈达认为，"eat"是"munch""gobble""mince""devour""wolf down"等词的原型及"原始意义"（semantic primitive），而"cup"是"mug"和"demitasse"的原型或曰"原始意义"。这可以说明，奈达翻译思想的建构已经使用认知语言学中的相关理论。最后，奈达指出了所指意义的特征及其分析原则。在对语义分析过程中，奈达介绍了线性分析法、层次结构分析法和成分分析法等三种方法[3]。

句法是存在于词位之间和词位组合之间的一系列关系。奈达认为，要分析好原文，除了厘清原文本的词位意义外，对句法结构及其意义的熟悉或掌握是必不可少的。所有的语言都有两种句法结构，即横组合结构（syntagmatic structure）和纵聚合结构（paradigmatic structure）。横组合又分为主题型（propositional structure）、轴线型（axial structure）、限定型（restrictive structure）等类型。倘若遵循这些句型分类，就较为容易认识句法，进而去分析它们的意义。然而，有些句法是难以分析的，原因是很多句法使用了删节（truncation）、

---

1 奈达在1993年以前，把词分为事物词（objects）、活动词（events）、抽象词（abstracts）和关系词（relations），经过多年的思考，对原来的分类进行了修订，分为实体词、行为词、特征词和关系词。笔者认为，新的分类更为科学，覆盖面更广。

2 奈达认为所指意义就是外延意义（denotative meaning）。而内涵意义（connotative meaning）就是联想意义（associative meaning）。有关奈达的意义观，第三章将进行详细阐述。

3 关于这些分析方法的介绍，参见中国对外翻译出版公司1983年出版的《外国翻译理论评介文集》，第54-60页。

外加（intrusion）、外置（extraposition）等重要手段。有些标记句法的形式特征也有利于我们更好地去认识及掌握句法，如顺序（order）、一致关系（agreement）、语调（intonation）等。奈达认为，一个译者尽管对句法形式了然于胸，但对其意义不一定十分清楚，因为形式上相同的词语组合可能会有各种不同的含义，有时意义会含混不清，而解决这一问题较为满意的方法就是运用实体、行为、特征及关系这四个语义类别对意义进行分析，主要为四种结构（奈达，1998：61-110）。第一种结构为：代词+名词或名词所有格+名词结构，如his car，his failure，his arrest 和his goodness。在这一系列的词组中，其结构形式可以说是完全一样的，即都是由一个形容词性的代词his加名词构成，可是各个词组中的his和后面名词的关系却互不相同。从语义上说，his car可等于"他有车"；his failure可等于"他失败了"；his arrest可等于"他被捕了"；his goodness可等于"他是善良的"（谭载喜，1999：116）。其他三种结构方式是：名词+名词结构、形容词+名词结构、of 短语。囿于篇幅，在此就不展开阐述。简言之，奈达是想通过译者对这四种结构的了解，进而对句法形式及意义之关系的掌握达到更深入的程度。此外，在分析这一阶段，奈达还提出了核心句[1]（kernel sentences）这一概念，认为所有复杂的句子都可以转换成几种核心句。例如，英语的表层结构可以转换成以下七种核心句：

①John ran quickly.
②John hit Bill.
③John gave Bill a ball.
④John is in the house.
⑤John is sick.
⑥John is a boy.
⑦John is my father.（Nida & Taber, 1969：40）

奈达认为，把纷繁复杂的表层结构转换成核心句后，传译起来就比较顺利，因为任何语言的核心句是"数量最少的结构，其他结构可以由此而最有效、最

---

[1] "核心句"这个术语是奈达借用乔姆斯基学派的基本观点的创造性运用，由物体词（objects）、事件词（events）、抽象词（abstracts）和关系词（relations）这四个结构范畴的成分结合而成，栖居于复杂的"表层结构"之底层。

有关联地派生出来"（Nida，2004：66），此外，各种语言"在核心句层面的一致，远远超过在复杂结构层面的一致"（Nida & Taber，1969：39）。

与对词位及句法的分析一样，对语篇的分析，也是先从了解其结构开始的，语篇结构掌握好了，其所指意义与联想意义也能清晰明了。语篇由语音、词位和句子按照一定的模式排列而成，对这三部分相关特征的了解是非常重要的。要使语篇组织得有效，就需在语音层面上合理利用重复、双关语及语音象征等特征。此外，词位的所指意义与联想意义的恰当选择以及句子类型的合理安排也必不可少。除此之外，还要对语篇的整个组织结构之特征了然于胸。奈达把它分为主要特征与次要特征两类。主要特征又分为时间、空间及类别，而次要特征分为等级、推论及对话顺序。要分析好原文的语篇，还得对语篇所具有的感染力以及效力之原因进行分析，即要分析原文语篇所使用的形式修辞特征（如排序、重复、韵律、嵌入、省略等）和语义修辞特征（如形象化语言、文字游戏、迂回、夸张、委婉等）（Nida，1993：80-81；2001：60-61）；最后，还得对支配语篇组织及修辞手法运用的原则加以掌握，即内容要切题，形式要新颖，语篇设计要合理，行文要连贯和谐等。

我们知道，不管从事何种翻译，理解和领会原文是做好翻译的基本功，而翻译中的大多数失误都是因为没有把握好这一关。如果译者确实理解了原文的词位、句法及语篇，又能得心应手地驾驭译文，那么，翻译就是一个很自然的驾轻就熟的过程。由此可见，奈达所提出的对原文做出分析而采用的各种方法是可取的，具有一定的研究价值。

2.2.1.2 翻译的传译阶段

在分析了原文本的词位、句法及语篇之后，就进入了传译阶段。这是一个在翻译过程中非常重要的阶段。由于信息的传译是在人的大脑中进行的，所以翻译时译者的个人因素不可忽略，它往往影响着一个译者的翻译工作。这种译者的个人因素对翻译工作的影响亦可称之为译者主体性在翻译中的体现。我们可以从译者与译者所译题材、译者与译语、译者与语言交际的性质等方面的关系去剖析及认识译者的主体性给翻译所带来的影响。

在谈到传译阶段时，奈达指出，这一过程是在核心句或近核心句层面上进行的，因为一个信息的语言单位之间的各种关系在这一层次上标示得最清晰，此外，语言在这一层次上所表现出来的相似性要比在表层结构这一层次上所表现出来的相似性大得多（Nida & Taber，1969：39）。在信息的传译过程中，各核心句之间的关系并不是杂乱无章，而是具有一定的关系，分别为时间关系、空间关系以及逻辑关系（谭载喜，1999：205）。在核心句层面上进行转换时，由于种种原因，意义的"走失"在所难免，但我们应尽量把这种"走失"限制在最小的范围内，并充分利用译语优势对这一"走失"进行有效的调整或补偿。奈达从下列八个方面对此进行了探讨：习语、词语的喻义、意义核心成分的转换、泛指语义与特指语义、赘语、特殊的公式语、语义成分的重新分布、语境的增补（Nida & Taber，1969：106-110）。奈达认为，在传译语义内容的同时，应尽可能保持原文的结构形式，但在大多数情况下是无法同时兼顾的[1]。过分讲究形式风格的传译，常常会使译文不堪卒读或别扭拙劣。此时，就需要进行结构调整，主要从话语结构、句子结构、单词结构以及语音结构等四方面去进行调整。有时候，译文不是做细枝末节上的调整，而是需要做出大幅度的改变，这得视文化语境的作用而定，一般为三种情况：第一，文本易引起接受者的误解；第二，文本对于接受者来说毫无意义；第三，译文信息过载，对普通读者的理解造成了很大问题（Nida & Taber，1969：110）。

2.2.1.3 翻译的重组阶段

重组[2]就是按照接受语的用语规则从词语特征、句法特征和语篇特征这三个层面对译文进行重新组织，使译文读者能够最大限度地理解和领会译文。这主要是从形式范畴和功能范畴这两方面来进行。形式范畴分为文体风格与体裁。文体风格主要指技术性文体、正式文体和非正式文体。奈达认为，在翻译时，要注意译文文体风格的重组。例如，正式文体就要译成正式文体，非正式文体则要译成

---

1 这句话的原文为："As with the transfer of semantic content, one endeavors to keep the structural form if it is possible, but in most cases it is not."（Nida & Taber，1969：112）谭载喜的译文为："在保证信息内容传译的前提下，译者必须尽可能地保留原文的结构形式。但在大多数情况下，结构形式是无法保留的。"笔者以为，该译文有点歪曲了奈达的原意，即"内容"与"形式风格"不可分割。奈达在后期尤为强调内容与形式风格的有机整体性。参见奈达对翻译悖论之一的"风格与内容"的论述：内容与形式风格犹如果肉与果皮，两者浑然如一体。

2 本书关于重组这一阶段所论述的内容是基于奈达1969年的论文"Science of Translation"中对这一问题的阐述（Nida，1969：92-94）。后来，奈达在其与泰伯合作的《翻译理论与实践》一文中，对该问题从语言变体、不同风格的主要成分与特征以及风格使用的技巧三方面进行了详尽的阐述（Nida & Taber，1969：120-162）。但无论如何，奈达的阐述都未能脱离"形式范畴"与"功能特征"这两个层面。

非正式文体。而体裁指的是各种文学体裁，如史诗、谚语、寓言、历史故事、私人信件等。在翻译时，各种不同体裁的文本要与其相应的体裁相对应，"抒情诗体应该译得像诗体，而不应译得像散文；朋友间的来往书信应该译得像书信，而不应该译成非正式的论语体"（Nida & Taber, 1969：129）。至于重组中的功能范畴，这是一个宏观的问题，在重组中亦不可或缺，主要指译文重组后的效果要与原文本相联系。在这一范畴中，译文接受者这一角色非常关键，他们往往是功能范畴重组成功与否的重要判定者。奈达指出，对一位优秀的译者而言，整个重组的过程几乎是自动进行的，犹如我们使用母语一样，轻松自如（Nida, 2001：108）。

2.2.1.4 译文的检验阶段

重组一旦完成，下一步就得对译文进行全面检验。奈达认为，译文的检验应从准确性、可懂性以及风格的对等性三个层面展开，重点应放在译文是否做到了与原文动态对等上而不是词语的对等上（Nida & Taber, 1969：163）。换言之，对译文的批判，不能仅从言语形式上进行对比，而主要应看接受语的读者对译文的反应如何。在过去，大都是由懂得原文与译文的专家来对译文进行检验，测定译文与原文的对应程度。然而，由于这些专家对原文早已了然于胸，无论什么样的译文，他们都能理解或接受，"即使译文满篇是晦涩难懂的翻译腔，也可能是正确的、合适的，因为他们从中得以体味原语的某些思维方式与情调，但一般接受者却会如同面对天书，不知所云"（廖七一，2000：91）。因而，对译文进行正确的评估，只能是通过检测只懂译语的读者代表来实现。奈达提出了四种[1]最有效的检测方式（Nida, 1993：148-150；2001：109-110）。

第一，邀请几位水平高的读者代表朗读译文。译者一边看译稿，一边标记朗读时打磕巴、误读、错词替换、重复及语调把握不定的地方。对这些不正常的措辞和表达，译者须仔细思考，然后对照原文认真进行校对。

第二，仔细分析朗读者的面部表情。当译稿朗读者的眼神或表情出现异样时，可能说明译稿的内容或话语组织形式有问题，因为朗读者的表情和眼神一般会反映出对译文内容和形式的理解和领会程度：是读懂了呢，还是不知所云；是

---

1 在1969年版的《翻译理论与实践》书中，奈达只提出了三种方式，即抽词法、粗略统计法和实用检验法（Nida & Taber, 1969：168-173）。

对译稿内容饶有兴趣呢，还是认为其枯燥无味；是读来饶有兴致呢，还是不堪卒读……

第三，请听过译文朗读的人向没有听过朗读的人叙述译稿内容。如果出现两人或多人对同一问题的理解上有所偏差，那么译文肯定有问题，需要修改。当然，如果原文本身就含混不清，则另当别论。

第四，抽词法。抽词法也是检测译文可读性程度的有效办法：把一篇译稿中的词抽空一些，具体为每五个就抽空一个，然后请人根据语境用恰当的词来进行填充。填充得越准，就说明译稿的可懂性和可读性越好。也可以使用每十个抽空一个词的方法，再请人朗读，如果有错，就提出修改建议。

应把读者作为检测的对象，而不仅仅对字词等微观层面进行检测，也不应忽略读者整体的功能反应。有时候，译者可以根据译文读者以及原文读者的动态对等之不同，对译稿进行修稿：或增补或省略（Nida & Taber，1969：163）。

笔者认为，翻译中的分析、传译、重组及检验是一个不可分割、缺一不可的有机整体，共同构成了翻译的基本过程。其中分析、传译及重组是核心，没有这三个步骤，译文就完成不了。这三个步骤本身也具有内在的逻辑关系，不可相互替换。尽管如此，在具体的操作时，不一定是一个步骤挨着一个步骤来进行。在大多数情况下，这三个步骤几乎是无意识地同步进行的，对一个非常优秀的译者而言，尤为如此。"水平高的译者用不着去考虑怎样把主动变为被动，把名词化的动词变为从句，或者在提到某个人的时候，也用不着去考虑是否需要把名词变成人称代词。"（Nida，1993：148；2001：108）至于检验这一环节，似乎与翻译的过程关系不大。其实不然，就译文中所暴露出的问题而言，检验也是一个不可或缺的环节。简言之，翻译过程中的这四个环节一个也不能少，它们共同构成了一个有机整体。

以上是翻译具体操作所牵涉的过程，国内学者许钧把它称为狭义的翻译过程（许钧，2009：44-45）。对狭义的翻译过程，国内外有许多专家学者做过相应研究，国内有柯平（1993）、思果（2001）、许钧（2009）、方梦之（2011）等，国外则有乔治·斯坦纳（George Steiner，1975）、罗杰·T. 贝尔（Roger T. Bell，1991）、玛丽亚娜·勒代雷（Marianne Lederer，2001）等。以上学者对翻译过程的探讨与研究做出了各自的努力，加深了对翻译过程的认识。而对奈达对狭义的翻译过程之研究，无疑是锦上添花，给我们认识翻译的过程增添一个新的维度，拓宽了我们对翻译过程研究的视野，丰富了我们对翻译过程研究的内涵。奈达在他的一生中，不断修订自己对翻译过程的研究，不仅对之进行经验总结和全面考察，还借助其他理论（如乔姆斯基的句法学、认知语言学、信息学等）对其进行模式化探索，尝试进行理论升华，努力使之"科学化"。这也是奈达为什么把1964年为"翻译过程"所做的学术专著命名为"翻译科学探索"之原因。奈达的学术探索是可圈可点的，为译学研究做出了巨大贡献——为我们的译学研究明确了努力方向。

但是，建立翻译科学或翻译学，仅仅从翻译过程这个方向去努力是不够的，还需从其他角度或领域进行努力，才能使翻译学的研究日益成熟，形成一门新的学科。霍尔姆斯[1]曾提出翻译学的建立目标是从翻译过程（Holmes，2007：70-71）和翻译作品这两大层面进行研究，而奈达毕生仅仅致力翻译过程之研究，这显然不充足，离翻译学这门学科的构建还存在很大的差距（Holmes，2007：70-71）。

不过，无论怎样，奈达使翻译过程研究科学化，并努力朝这个方向去构建翻译学，可以说是起到了开路先锋的作用，为翻译研究做出了很大贡献。尽管奈达对翻译过程的科学化研究存在不足或缺陷，我们却不能对此进行全盘批判，甚或否定。我们评价一个理论或观念，要结合那个时代的具体语境，才能得出正确的结论，就像用历史唯物主义观点来评论文艺一样，最主要就是要求把文艺放到所产生的时代中去，放到该时代的错综复杂的关系中去（卞建华，2008：218）。我们评价奈达对翻译过程之研究也应如此：奈达对翻译过程所做的系统而全面的研究，并努力使之科学化（即翻译科学），在当今看来似乎过于简单，但在当时那个时代是难能可贵、可圈可点的。

此外，奈达还曾利用信息论原理对翻译的过程进行过深入详尽的阐述，由于国内学者（谭载喜，1999：240-243）对此进行过较为透彻的阐释，本书不再赘述。

---

1 霍尔姆斯曾谈到奈达对翻译过程进行的科学化描述，并试图从这个方向建立翻译学，这仅仅只是努力的一个方向。

2.2.2 功能对等论

功能对等论（functional equivalence）[1]盘踞在狭义的翻译过程之中，在传译、重组以及译文检验这三个阶段中都要考虑功能对等，其关系如下图所示：

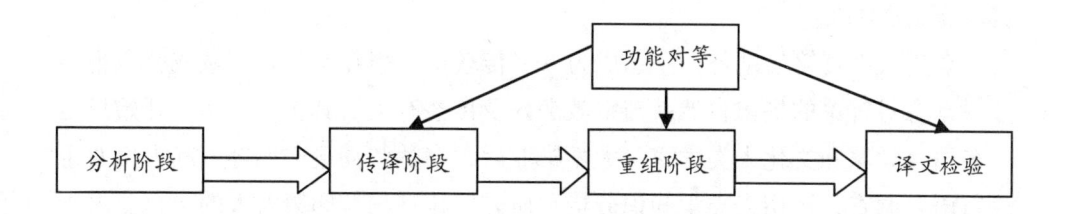

```
                    功能对等
                   ↙   ↓   ↘
 分析阶段 ⇒ 传译阶段 ⇒ 重组阶段 ⇒ 译文检验
```

从上图可知，尽管功能对等论不属于翻译过程中具体的某一环节，却是翻译过程中不可或缺的考虑要素，为奈达翻译思想的灵魂，也是国内学者最为熟悉的概念之一。目前，国内许多学者对此做过不同程度的阐述或研究，其中马会娟的研究最为典型。在其专著《奈达翻译理论研究》中，她主要就国内外对奈达功能对等论的研究现状做了梳理及归类，对形式对等与功能对等进行了对照阐释，还就国内外对奈达功能对等论的误读进行了考辨，最后以《圣经》的翻译为例对功能对等论进行了深入阐述。尽管如此，奈达的功能对等论还有进一步研究的空间，以下将从功能对等论的发生、发展及内涵等方面进行阐述，希冀进一步增进对奈达功能对等论的认识与了解。

2.2.2.1 功能对等论的发生、发展及其内涵

功能对等论的前身为动态对等（dynamic equivalence），是奈达翻译思想的一个核心概念，也是国内学者对奈达翻译思想最为熟悉的一个重要内容。要全面、深刻了解和把握功能对等论的内涵及本质，就必须先了解其前身——动态对等论——发生的相关背景。正如《诗论》开篇所言："想明白一件事的本质，最

---

[1] 关于"functional equivalence"一词的翻译，国内多数学者认同"功能对等"，但存在不少"杂音"。有学者认为译为"功能相当"比较妥当，如李田心（2004/2005）、何瑞清（2005）；有译为"功能对应"，如孙艺风（2004）、刘宓庆（2005）；有译为"功效对当"，如周流溪（2007）、青立花等（2012）；还有学者译为"功能等值"，如张春柏（1998）、屠国元和廖晶（2001）、王秉钦（2011）。而联合圣经公会翻译顾问斯泰恩博士把"functional equivalence"译为"功能相符"（斯泰恩，2007）。笔者以为，"functional equivalence"一词译为"功能相当"为宜，详见本书第五章。不过出于行文方便，整书均使用"功能对等"。

好先研究它的起源；犹如想了解一个人的性格，最好先知道他的祖先和环境。"（朱光潜，1997：1）罗选民亦如是说："解读一个理论需要一定的条件，理论产生的背景、理论的内涵、理论与理论之间的联系等等……"（罗选民，2009：102）那么，动态对等论的提出有什么样的相关背景？又有什么样的发生渊源？其内涵又是什么？

奈达从小就笃信基督，立志成为一名传教士，想在基督教领域成就一番事业。动态对等论的提出自然就与宗教翻译及传播有关。其实，奈达一开始只是一名语言学家和文化人类学家。大学毕业后，奈达与汤逊夫妇等一起去墨西哥进行语言调查，运用人类学知识分析和研究塔拉乌马拉印第安人的语言。由于身体吃不消，奈达返回加州，调养身体。奈达离开墨西哥，丢下塔拉乌马拉语言研究的工作，这让汤逊有点失望，但奈达又给他留下了深刻的印象——奈达有着非凡的语言分析才能，对《圣经》翻译也有着浓厚的兴趣。后来，经过汤逊的推荐，奈达加入了美国圣经公会，帮助圣经公会分析和研究为什么那么多的希伯来《圣经》译本和希腊语《圣经》译本不被人接受，甚或被人误读、误解。

加入美国圣经公会后不久，奈达担任了美国圣经公会的翻译总干事（general secretary for translations），专门负责译稿的审阅工作。不过，奈达改变了以往的做法，不是待在纽约总部审阅译稿，而是亲自去翻译工作坊，指导译员进行《圣经》翻译。这样，奈达既能了解当地的语言，并就当地语言提出非常适合的翻译建议，也能与翻译员一起解决翻译中出现的问题，或与翻译员一起讨论语言和翻译的问题。例如，在翻译"heap coals of fire on his head"（把炭火堆在他的头上）这种习惯用语时，奈达与翻译员讨论，出于对他者文化能否被接受之考虑，奈达建议译为"make him ashamed"（使他人感到很羞愧），这样才能与原义切合。除了与翻译员讨论翻译问题，奈达还尝试总结一些实用的翻译技巧，以便有效地处理好这些问题。这样，日久天长，对语言及翻译问题的不断发现及解决使奈达积累的翻译感性经验越来越丰富，对翻译本质之认识也日益深刻及透彻。可以说，如果奈达不在翻译作坊里工作，不亲自了解当地的语言，并和翻译员一起解决翻译中所出现的问题，他对翻译本质的认识就不会那么深刻，也不会自然而然地提出功能对等论这一内容丰富且影响深远的翻译理论，因为"任何翻译理论若不是源自翻译实践中所出现之问题，就会空洞无物、毫无意义"（Newmark，2001：9）。

奈达在翻译作坊中积累了丰富的实践经验，获得了对翻译的感性认识，加深了对翻译本质的认识，为翻译动态对等论的创建提供了深厚的实践基础。此外，动态对等论的自然引出还与奈达在《翻译科学探索》这本书中对西方传统译论及译史的全面评述或批判息息相关。

奈达首先对西方世界的翻译史做了全面评述及批判。他指出，在古希腊、古罗马时代，非宗教翻译取得了很大的进展，如李维乌斯·安德罗尼柯（Livius Andronicus，前284？—前204）、格涅乌斯·涅维乌斯（Gnaeus Naevius，前270—前200？）、马库斯·法比尤斯·昆提利安（Marcus Fabius Quintilianus，35？—95？，亦译为昆体良）、马库斯·图利乌斯·西塞罗（Macus Tullius Cicero，前106—前43）、昆图斯·贺拉斯·弗拉库斯（Quintus Horatius Flaccus，前65—前8）等学者不仅完成了大量的翻译实践工作，还总结出较为有效的翻译技巧，对翻译的认识较为深刻。可是，这一时期的宗教翻译不如人意，有一种"死扣字面意义而忽视精神传译"的趋势，让人感到失望（Nida，2004：12）。此外，任何与过去传统相背离的意译都会遭到那些固守陈旧、死扣字面意义学者的严厉批判。如，哲罗姆（St. Jerome，347？—420）和他的好友提拉尼乌斯·鲁菲努斯（Tyrannius Rufinus，345？—410或411）的意译主张就遭到了哥特人的质疑及反对（Nida，2004：12）。

14世纪至16世纪的文艺复兴掀起了翻译高潮，主要是希腊语翻译，其翻译主流为宗教翻译。由于人文主义思想的影响，这时的《圣经》翻译有着意译的走势，注重译文的易懂性和接受性，在当时的译学界产生了很大的影响。其代表人物为马丁·路德（Martin Luther，1483—1546）、威廉·廷代尔（William Tyndale，1494？—1536）、艾蒂安·多雷（Etienne Dolet，1509—1546）、威廉·富尔克（William Fulke，1538—1589）等，而廷代尔与多雷的翻译主张是对马丁·路德的延续和发展。奈达认为，廷代尔通俗易懂的译文深受大众的欢迎，其翻译原则为后来钦定本的译者所继承和发展（谭载喜，2004：80）；尽管多雷在翻译中"曲解"了柏拉图（Plato，前427—前347）的一部著作，遭到教会的强烈反对，最后被活活烧死，但他一直坚持己见，反对死译，并强调翻译文体的适度色调性，而这些，无论在手段上还是内容上，是所有翻译人员的基本追求（Nida，2004：16）。富尔克关于《圣经》翻译的理论研究之成就在当时是最大的，对后来钦定版《圣经》翻译产生了很大的影响。

与小心翼翼的宗教翻译相比，17世纪到18世纪世俗著作翻译显示出了很大的自由度，这一时期可谓是"不忠实的美人"（Les Belles Infideles）时代。接着，奈达对考利、德莱顿、蒲柏、坎贝尔、亚历山大·弗雷泽·泰特勒（Alexander Fraser Tytler，1747—1814）等代表人物的翻译主张及理论做了较为详细的阐述，并认为，泰特勒的翻译理论具有现代翻译理论的气息：只要合情合理，该删除的就删除，该添加的就添加；只要能取得与原文一样的力量和效果，译文的色调（colours）可以与原文不一样。可好景不长，具有现代气息的翻译理论却标志着这一时期的结束，随即进入了知识界之排他主义（exclusivism among intelligentsia）的19世纪。这是一个"凡是不值得翻译的都能进行翻译"的刻意追求精确化的刻板时代：因循守旧，学究气十足。奈达指出，这一倾向在《一千零一夜》的某些英译本中体现得较为明显。这些译本虽然在文字上比以前的译本更为准确，却剥夺了原作的东方情调。接着，奈达以英国的《圣经》钦定译本的修订本以及美国的《圣经》标准译本为例，论述了直译观点的危害性：不合英语语法且十分笨拙，词不达意（Nida，2004：20-21）。

接下来，奈达对翻译理论中的两对矛盾（即直译与意译、形式与内容）做了较为深入的探析（Nida，2004：22-26），并对过去存在的极端的直译与意译进行了揭示与批判。奈达首先对过去最为典型的字面翻译尤其是隔行对照的译本进行批判，认为这些译本死抠字眼，荒诞不经。例如，阿里亚斯·蒙塔努斯（Arias Montanus）等把《旧约》从希伯来语翻译为拉丁文时便是如此。与此同时，奈达认为有些译者却走了另一个极端，即过于意译。如法国翻译家塞巴斯蒂安·卡斯特利奥（Sebastian Castellio，1515—1563）就是如此，对译文的语言表达过于追求华丽的辞藻。简言之，直译与意译不是简单的肯定或否定的二元对立体，中间有许多不同层次的等级（同上：23-24）。翻译要达到真正的目的，必须在内容上和形式上做某种程度的调整，甚至是大幅度的调整，而不是局限于某种单纯的直译或意译，这为奈达功能对等论的构筑找到了理论上的依据。

最后，奈达对神学翻译中的三个特殊问题进行了评述：上帝感召与语文学问题、传统权威与当代权威问题、神学与语法问题（Nida，2004：26-29）。首先是上帝感召与语文学问题，主要体现在奥古斯丁（St. Augustine，354—430）与哲罗姆对《圣经》翻译的观点上。奈达赞成哲罗姆的观点：正确的翻译只能源自译者的语文学知识而不靠"上帝感召"，译者应该从读者的角度去解读文本，让读者能够理解、接受《圣经》。换言之，若文本的接收者不能用适当的方法解读原文，其信息得不到很好的交际，要谈原文中字里行间所蕴含的"上帝感召"，也只是一句空话。宗教翻译的第二个问题是《圣经》翻译的传统权威还是当代权威。奈达认为，哲罗姆又一次站对了立场，与根深蒂固的传统相决裂，不迷信传统经典，勇于挑战权威。奈达谈的第三个问题是宗教翻译中的神学与语法问题。在这一问题上，奈达觉得路德做出了正确的选择：在《圣经》评注时，把语法作为《圣经》注释的基础；翻译时，倡导用大众的语言译出《圣经》中的神学含义。奈达认为，现今的译者过于拘泥于原文的字面意义。不过，尽管现今许多译者仍为毫无意义的词语表达所困惑，但从目前逐渐增多的英文版《圣经》来看，越来越多的译者似乎已经意识到动态交际的必然趋势。如：在过去的50年里[1]，文学翻译就有一种明显的重点转移趋势，从形式层面转移到了动态层面（同上：160）。

　　综上所述，奈达从翻译理论研究史、翻译的矛盾和宗教的翻译问题等三方面对西方世界的翻译传统做了钩深索隐，同时进行了评述或批判，得到了一些发现：在文学领域和宗教领域，主要是宗教领域，传统的西方翻译崇尚原文至上，在具体的翻译方法上以拘泥于字面翻译的直译为主，有时还过于死译；不过，翻译发展的总趋势正从形式层面走向了动态层面，更加注重翻译的交际性。职是之故，奈达动态对等论的提出，不是一时的心血来潮，而是源于奈达多年在翻译作坊中的实践体验以及对西方世界的翻译传统进行评述或批判所得到的理论感悟。

　　功能对等论的前身为动态对等论，奈达于1964年在《翻译科学探索》一书中提出，并对之做了具体的阐发。奈达指出，动态对等论应以"等效原则"为基础，要求接收者和信息之间的关系应该和源语接受者和原文信息之间存在的关系基本一致，而不仅仅是信息的等同（Nida，2004：159）。此外，清楚地反映出原文的意义和意图也是动态对等论的内在要求。这样，奈达把翻译的动态对等论进而描述为，翻译就是在目的语中寻找与原文信息取得最切近的自然对等物（同上：166）。由于动态对等论的目的指向主要是反应的对等，而不是形式的对等，因而，对这一描述中"自然"一词的内涵之理解就尤为重要。奈达从三个方面对此进行了阐发：第一，任何翻译的风格要想被接受，关键因素在于翻译要适应整个接受语言和接受文化；第二，自然的翻译必须要符合特定信息的语境；第三，信息在怎样的程度上适应接受语的受众（同上：166-171）。

1　根据奈达的专著《翻译科学探索》中第160页的论述，"在过去的50年里"指的是1910年到1960年。

在阐述动态对等的同时，奈达还引出了与之相应的概念——形式对等，并主张从三个层面保留形式对等——语法单位、词语用法的一致性和原文语境下的意义（同上：165）。就最理想层面而言，若能保存原文的意义功能和意图，形式对等是最好的。换言之，若既能保留原文的形式特征，又能最大限度地实现语言中的动态对等，这是最好不过的了。然而，在现实层面上，这是不切实际的，形式与功能对等之间总存在一些张力，这主要体现在三个维度上（同上：171-176）：第一，形式对等物与功能对等物的不一致性，如在翻译"white as snow"时，若一种语言里没有"snow"（雪）这个词，就只有用其他的表达如"mushroom"（蘑菇）、"frost"（霜）、"kapok"（木棉花）等暂且替代，以取得功能意义上的对等。奈达指出，在翻译实践中所出现的"假朋友"现象就是没有处理好语言的形式与功能这两者关系的表现之一。奈达的这种提法是正确的，给我们在翻译实践中解决此类问题提供了一些思路。例如，日语中的"手紙"与汉语中的"手纸"，就是一对"假朋友"，若只顾形式对应而不管其实际所指而进行翻译的话，就会贻笑大方。第二，接受语有许多专有特性和可选性特征，这给翻译的完全对等造成了一定的困难。如汉语的语序一般为"主语+谓语+宾语"，而日语则为"主语+宾语+谓语"，在进行汉日翻译时，就只有进行语序调整，顺从日语的语序。奈达指出，尽管专有特征给译者实现翻译的完全对等构成了很大的困难，但译者面临的真正困难是如何处理可选性特征，因为这牵涉到文体、作者的意图以及与译文接受者的情感共鸣。第三，译语接受者的解码程度也与动态对等实现的充分性息息相关。一个有双语知识与文化的读者和一个只懂单语的读者面对同一篇直译程度很高的译文，其对译文的接受能力肯定不一样，因而该译文的动态对等实现的程度也就不一样，其原因是两位读者对译文的解码能力不一样。

为了厘清形式对等与功能对等的区分，也为了丰富动态对等论的内容，到了20世纪60年代末，奈达在《翻译理论与实践》一书中，把原来的"形式对等"改为了"形式对应"，并从翻译观念和性质这两个维度对动态对等论的内涵进行加强和巩固。奈达认为，传统的翻译观把重点总是放在语言的表现形式上，醉心于对语言特殊现象的处理；而新的观念应把重点放在读者对译者的反应上，还应把这种反应和原作读者对原文可能产生的反应加以对比（Nida & Taber, 1969: 1）。奈达的这种翻译新观念强化了两种关系之对比这一评价体系，并具体落实到读者这个具体的维度上，使读者反应论成为动态对等论的重要组成部分。奈达认为:"翻译在于用最切近而又最自然的对等语再现原文的信息,既要再现原文的意义,又要再现原文的风格。"[1](Nida & Taber,1969:12)接下来,奈达对翻译的这种性质进行了较为细化的解读:再现的是原文的信息;使用的是对等语而不是等值语;这种对等语是自然的,并且是最切近的对等语;翻译时意义应该优先,但不能忽视风格的传译……最后,奈达还就人们对读者反应论的误解做了解释,"第二种语言中的读者反应不仅是对信息的理解性而言的,因为交际不仅仅是信息性的"(同上:24),还有表达功能和启示功能等。奈达对翻译性质的具体化诠释以及对语言功能的拓展化论述,使译学界拓宽了对动态对等论的认知视野。

到了20世纪80年代,奈达在《从一种语言到另一种语言:圣经翻译中的功能对等》一书中,用"功能对等"取代了"动态对等",并在序言中说道,这两个术语并无实质上的区别,取代的理由是"动态对等"经常被误解为可以指代一切能对接受者产生特殊影响和效果的东西,致使一些《圣经》译者无意中严重违反了《翻译理论与实践》《翻译科学探索》对"动态对等"所描述的指导原则,采用"功能对等"这一术语旨在突显翻译中的交际功能,并消除误解(Waard & Nida,1986:7-8)。该书把语言的交际功能从原来的三种细化为九种——表达功能、认知功能、人际功能、信息功能、祈使功能、情感功能、施变功能、美感功能和元语言功能,且做了较为详细的论述。此外,还重点阐释了异质同构体,夯实了功能对等论的理论基础,进一步丰富了功能对等论的内涵。

不过,该书对功能对等论最大的贡献在于明确强调了语言表达形式在功能对等论中的重要性。奈达强调,翻译时不应轻易改变原文的形式,只有在五种情

---

[1] 该句的原话是:"Translating consists in reproducing in the receptor language the closest natural equivalent of the source-language message, first in terms of meaning and secondly in terms of style." 这句话谭载喜(1999:11)译为:"所谓翻译,是指从语义到文体在译语中用最切近而又最自然的对等语再现原语信息。"国内多数学者对此不是很认同,认为应该译为:"所谓翻译,是指在译语中用最切近而又最自然的对等语再现源语的信息,首先是意义,其次是文体。"(郭建中,2000a:65)笔者以为,谭载喜的译法是正确的,"从……到……"这种表述才符合奈达的原意:意义与风格是不可分割的有机整体,而不是蛋糕上的糖霜(参见2.1.3部分之论述)。此外,该译法也不会使人产生误会,认为奈达的翻译理论就是翻译意义,而不重视风格。其实,奈达这里所使用的"first in terms of... second in terms of"的定义法是对1959年翻译定义用语(first in meaning... second in style)的纠正(Nida,1959:33),其目的是强调这种表达就是一种并列关系,而不是孰轻孰重的问题,笔者的译文稍做改动,遵循了原文表达的语序。

况下才能变换原文的表达形式：第一，直译原文会使意义发生完全错误；第二，借用语会构成语义空白，因而可能使读者填入错误意义；第三，形式对应会引起严重的意义不明；第四，形式对应会产生不为原作者有意安排的歧义表达法；第五，形式对应会引起译文语法错误、语体不合（同上：38-39）。这说明奈达的功能对等论并没有排斥语言的表达形式，而是认为只有在万不得已的情况下才对其进行变换。其实，奈达早在1964年就主张形式与内容是不可分割的有机整体，并强调语言表达形式的重要性。如，"信息的内容不可能完全从形式中抽象出来，形式也不可能和内容分开"（Nida，2004：156），"内容本来就紧紧地压缩在特定的形式土壤之中"（同上：157），"只重视内容而不考虑形式，往往会导致平庸之作的诞生，另外，原作的魅力和光彩也会丧失殆尽"（同上：164），等等。奈达的以上观点是正确的，因为形式与内容如同果皮与果肉，是不可分割的有机整体，但面临选择时，只能忍痛割爱，或舍内容，或舍形式，而不可能照单全收。

在20世纪90年代，奈达在《语言与文化——翻译中的语境》一书中专辟一章对功能对等论做了进一步完善（Nida，2001：86-96），主要是强调功能对等论的性质，把功能对等论划为两个层面，同时强调功能对等就是交际上的功能对等，因而译文的评定视点应从译文与原文之静态比较转移到读者上来，因为"翻译就是交流，翻译过程取决于译文听者或读者所能接受到的内容。判断译文的可靠性不能只停留在词汇意义、语法类别以及修辞手段上的比较上，重要的是接受者能正确理解和领会译文的程度"（Nida，1993/2001：86）。为了消除人们对功能对等论的误解，以及使功能对等论更具有可操作性，奈达把功能对等划为现实的"最低"功能对等和理想的"最高"功能对等[1]，并指出任何低于最低对等的标准是不可取的；而最高水平的对等，即使能够达到也是少见的，除非原文很少或者几乎没有美学价值，涉及的只是常规信息（同上）。奈达在此书中还再次强调了形式对应与功能对等之间的关系——倘若在所指意义与联想意义两方面都能与原文到达功能对等的话，可以在形式上做对应翻译，即形式对应，否则，就须依据一定的原则做出调整（Nida，2001：92-96），从而达到功能对等。

1　最低功能对等的定义是："译文读者对译文的理解应当达到能够想象出原文读者是怎样理解和领会原文的程度。"最高功能对等的定义是："译文文本的读者应该基本上能以原文读者理解和欣赏原文的方式来理解和欣赏译文文本。"（Nida，1993/2001：87）

由上可见，奈达的功能对等论源于其长年累月的实践体验及日久天长的理论思考。自1964年提出动态对等之后，奈达不断对其进行增添及修补，最后形成了较为完善的理论体系。在功能对等论不断修正、增补、完善的过程中，该理论具有了丰富的内涵以及独特的理论特征。

第一，功能对等论以等效原则为基础，即接受者和信息之间的关系应该和源语接受者和信息之间存在的关系基本相同。

第二，功能对等论要清晰地反映原文的意义和意图（Nida，2004：166；Waard & Nida，1986：14）。

第三，关注语言交际的功能性，主张功能上要达到基本对等，即祈使性功能的文本应译为祈使性功能的文本，以美感功能为主的文本应译为与此相对应的文本，等等。

第四，译者要与原作者抱有大体相同或相似的目的，这样才能保证译文类型与原文类型基本保持一致。

第五，强调文本形式与内容的不可分割性，只有在万不得已的情况下才调整文本的表达形式。此外，奈达反复强调文体形式的重要性，如，"成功翻译的挑战不仅仅是解码的困难性，还在于保持形式的新颖性"（Nida，2004：144）；"新颖的表达与鲜活的修辞格比陈词滥调的表达及谚语更具影响力"（同上：129）；"只重内容而不考虑形式，往往会导致平庸之作的诞生，令原作的魅力和光彩丧失殆尽"（同上：164）；等等。

第六，注重译文的最终消费者——译语受众。在《圣经》翻译中，为了能让原文被目的语受众更好地接受，奈达认为：《圣经》翻译应有三种不同的译本（Waard & Nida，1986：31）：（1）反映语言传统，多用于教堂及其他宗教场所的译文；（2）反映现代文学语言，为文化水平高的读者所用的译文；（3）反映大众语言，为一般听众或读者所用的译文。

第七，主张在认知和经验的基础上从最低效应到最高效应的不同程度来考察译文翻译的充分性。换言之，功能对等论应有现实及理想两个标准，两者不是相互隔离的，其间存在许多中间阶段，是一个连续体。

这样，若把以上功能对等论所蕴含的这些"碎片"性思想进行综合、分析以及推论，大体可以得知功能对等论的内涵：打破了固定的翻译模式，灵活运用各种翻译手段，译出原作之目的及意义，既要保留原文语言的表达风格，又得注重译文读者之反应，突显译文的交际功能或语用功能。

总之，奈达功能对等论的内涵丰富，而该理论的提出也有种种缘由。古人云："知其底蕴则知其深浅，知其深浅则知其功用。"（刘宓庆，2005：260）若要全面理解及领悟功能对等论的全部内容，准确把握其内涵，只有把功能对等论还原到其发生及发展的土壤和环境中去，对其进行认真分析，了解其发生的实践背景及学术环境，即对其"底蕴"了解彻底；此外，还要以动态的观察视角去厘清各个阶段的发展脉络，及其理论发展的传承性；等等。

2.2.2.2 功能对等论的多维理据

2.2.2.2.1 同构体

同构体是奈达功能对等论的重要立论依据。霍夫斯塔特（Hofstadter）在其专著《戈德尔、埃谢尔、巴赫：永恒的金发辫》（*Godel, Escher, Bach: An Eternal Golden Braid*，1980）中对同构体做过非常精辟的论述。同构体是符号学中类像性概念的延伸，指的是事物具有相同的或者说相类似的系统结构或功能，在大千世界中大有存在，大致可分为两种：保留信息的同构体和改变信息的同构体（Hofstadter，1980）。而保留信息的同构体指的是两个复杂结构可以相互映射，并且每一个结构的每一部分在另一个结构中相对应部分都有一个相类似的功能（候世达，1996：67）。例如，罗马数字 ⅰ、ⅱ、ⅲ 与希腊语 α、β、γ，以及与阿拉伯数字 1、2、3 等就是同构的。尽管这三种语码中的前三位数字在形式上互不相同，但它们在各自的语码中所占的位置是彼此对应的，因而其功能也是对等的。又如，数字系列 2、4、8 与 16、32、64 在形式上没有任何共同之处，但它们彼此同构，即这两个系列的数字都是一个比另一个大一倍，这是一种功能上的同构关系。为了把这种保留信息的同构体阐述得更为清楚明白，奈达给出了图示：

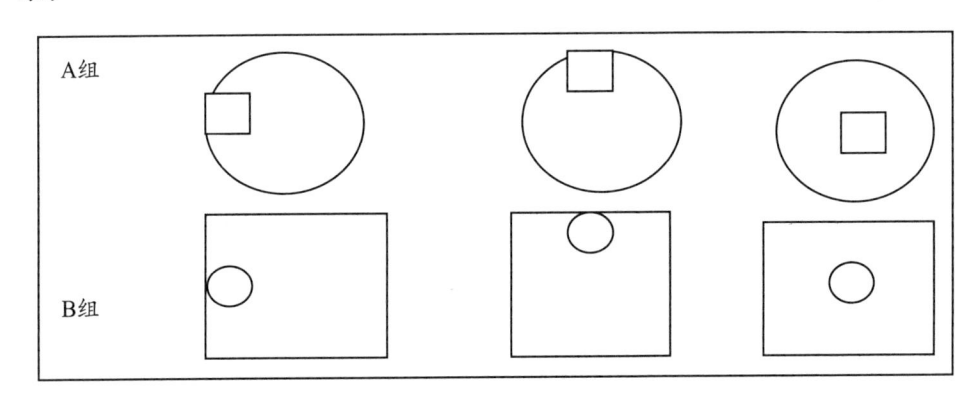

从上图可知，A组和B组的圆圈和正方形的位置彼此相对应，可以说，这两组图形是功能上具有相似性的同构体。在我们的日常生活中，像这种具有相似或类同功能的同构体是很多的。比如：某人的雕像与他本人就是一组同构体，因为该雕像是用三维手法把人进行立体呈现；图画与所画实物也是一组同构体，尽管把三维物体绘在二维平面上总会有某种程度的视差。

而改变信息的同构体指的是功能上不对等的同构体。例如，父母与小孩之间有某种程度的相似之处，可以说他们有同构关系，但由于在受孕过程中基因进行了重新分布，从而导致父母与孩子之间的"功能"不能等同。对保留信息与不保留信息的同构体，奈达看中的是前者，而且认为前者远远多于后者，前者不仅存在于我们的生活中，在语言层面上，保留信息的同构体也是大有存在的。奈达的这一提法是正确的。在我们日常生活中，语言层面的同构现象是大量存在的。"hiss""squawk""cluck""screen"等拟声词，就与自然界的声响有着很大的功能同构性。在词语层面也不少见，如汉语古诗中的垂柳。垂柳这个意象在中国古汉语中常常用来代表"不忍别离"之意，其原因是，不仅"柳"与"留"发音相似，柳树枝条的柔顺下垂与离别伤感之情有着某种程度的功能相似性。《诗经·采薇》中的"昔我往矣，杨柳依依。今我来思，雨雪霏霏"中的"杨柳"以及唐代诗人李白的"年年柳色，灞陵伤别"中的"柳色"所表达的情感亦是如此。句法层面的同构现象更不少见，如建立在体验哲学基础之上的"认知语言学"和"认知语法"之研究焦点便是探讨句法结构及类型和客观世界之间的"相似性"。王寅的《认知语法概论》一书对该问题探讨得十分透彻。奈达认为，同构体不仅存在于大自然以及大自然与语言层面之间，在语言层面上，句法与句法之间同样存在同构体。如"John hit Bill with a snow ball"与"The paroled thief struck the poor old lady with a heavy club"就存在功能上相似的同构关系，因为这两句话的行为执行者、行为、行为承受者和工具的组合方式是相同的。这样，由于同构体的普遍存在，奈达认为翻译上的功能对等论不仅是可能的，而且是可行的。

2.2.2.2.2 共性论

尽管奈达没有明确说明他的功能对等论是建立在"共性论"之上的，但从他对各语言与各文化之间的共性阐述（Waard & Nida, 1986：60-61），可知他的功能对等论与"共性论"息息相关，也使我们明白功能对等论的创建具有很大的理据性及可行性。故，笔者单列一节从语言以及文化这两个层面对此进行阐发。

首先是语言的共性。语言共性指的是所有语言所具有的共同特性。语言学界从不同的角度对此进行过研究，如，乔姆斯基从生成语法层面证明所有语言都有"形式共性"[1]与"实体共性"[2]这两个绝对共性；而语言类型学领域的专家则从统计学视角对语言共同的特性进行过归类，认为语言可分为"屈折语"（inflectional）、"粘着语"（agglutinating）和"孤立语"（isolating）三种类型。奈达指出，全人类的生活经验极为相似，既有基本一样的欲望需求，也有相似的情感宣泄。这样，语言就有许多共性：所有语言都有彼此平行的结构，如词素、语素、单词、词组、句子和段落；所有语言都有具体的反义结构，同时又具有彼此极其相似的各种题材，如叙述文、论说文、史诗、谚语、演说词和法律文；所有语言既能吸收新词汇，也能引进新思想；所有语言都有各种形象表达法，其中包括隐喻和借代；所有语言结构都是有系统的；等等（Waard & Nida, 1986：43）。

国内学者柯平（1993）、包惠南（2001）、辜正坤（2004）、周仪和罗平（2005）等对语言共性问题进行过或多或少的阐述，其中辜正坤对此阐述得非常透彻：首先，人类语言具有语音方面的普遍特点；其次，人类语言在文字特点方面也具有普遍性；此外，人类语言的语义特点也具有普遍性；最后，人类语言在语法特点上也具有普遍性。至于世界语言为什么具有这些共同特性，辜正坤的回答是，因为人类语言本身就是在人类与存在之间的互动、互补、互构中而产生发生起来的，因此具有鲜明的同构（也有异构）特点，同构性导致了语言的普遍性（辜正坤，2004：64-67）。由此可见，世界上各种语言具有或多或少的共同特性，这是客观存在的，既是构成可译性之基础，也是奈达"翻译即交际"一说的理论基石，更是翻译的功能对等论之重要理据。

世界上各民族之文化也具有共性。文化是一个意义很广的概念，就其定义而言，据《大英百科全书》统计，在世界各国正式出版物中，对文化的定义已达160多种，有的学者认为有250种（王秉钦，2007：4），见仁见智，莫衷一是。不过，我们"可以把文化定义为人的价值观，及由价值观决定的行为方式"（黎永泰、黎伟，2004：15）。由于我们都是人类，共同生活在一个地球，有着一样

---

[1] 指的是语法所必须满足的一些抽象条件和要求，例如，在所有的语言中，句法操作不是以线性为基础而是以结构关系为基础的。

[2] 指所有语言中都采用一组固定不变的东西，如句法里的名词、动词等语类，音系中的区别性特征等。

的感知器官,有着大致相同的欲望及需求,接触到大致相同的食物,因此,在价值观及生活方式上就有许多一致的地方:大至宇宙观、时空观及人生价值观,小至衣食住行、婚丧嫁娶及言谈举止。正如奈达所言:"所有人在文化上的相似之处,比人们常想到的要多得多,使人们聚集在一起的东西要远远多于使人们处于分离状态的东西。"(Waard & Nida,1986:43)具体而言,人们在适应周围环境、组织社会、处理人生各个关键时期(即出生、发育、婚配和死亡各时期)、发展礼仪、寻求象征、表达美感(包括装饰打扮和填词赋诗)的过程中,各民族之间有着惊人的相似之处。

可见,所有民族具有足够相同的感知及领悟能力,语言之间存在很多共性,文化之间也有不少相似性。鉴于此,尽管翻译中的绝对对等是不可能的,但翻译中的功能等效还是可以达到的(Nida,1984:14)。

2.2.2.2.3 语言的模糊性

模糊性指的是人们在认识中关于事物的类属边界或性质状态的亦此亦彼性,亦即中介过渡性。而语言的模糊性指的是那些表达事物类属边界或性质状态方面的亦此亦彼之语词,是客体和主体在语言中相互"碰撞"的结果,具有外延无确定而内涵无特指之特征。作为语言的一种自然属性,语言的模糊性是普遍存在的。例如,英语中的"evening"和"night"这两个单词的界定就是如此。到底从什么时候开始到什么时候结束才为"evening",而"night"的时间段又是什么,这些界限是不确定的,有一定的模糊性。又如,"高"与"矮"、"长"与"短"、"好"与"坏"、"美"与"丑"等限定词,我们未能给出确切的尺度,因而有着程度不同的模糊性。奈达认为,"cup""mug""demitasse"这三个实体之界限就有一定的模糊性:"cup"要小到什么程度才算是"demitasse",而要大到什么程度才能叫作"mug"?同样,"eat""munch""gobble""mince""devour""wolf down"的意思也只存在程度上的差别,具有模糊性(Nida,1993/2001:34)。另外,在颜色的深浅上也存在模糊性,如,我们人类要有多黑才算是黑人,而如果要划入白色人种,又要白到什么程度才算,这一问题曾经难倒过美国的人种学家。为了解决这个黑白问题,路易斯安那州曾在1970年通过一项法律,规定凡是有1/32的黑人血统的人,都是黑人(伍铁平,1999:37)。可见,诚如奈达所言,世界上任何语言的几乎所有词语意义之界限是模糊不清、界定不明的(Nida,2001:148,157,165)。

除了词语表达层面,语言的模糊性还体现在语音和语法层面。例如,就"I

beg your pardon"而言，语调不同，意义也不一样。若为升调，其意思是"请再说一遍好吗"；若为降调，这句话的意思就是"对不起"。在语法层面亦存在模糊性，如英语中"rice""sand""bean"都为颗粒状，可是"rice"与"sand"是不可数名词，而"bean"则是可数名词。总之，模糊性是语言的根本属性，在我们的日常表达及书面写作中无处不在，正如奈达所言，"在生活的海洋中，我们无不受到语言不确定性（笔者注：即模糊性）之大大小小浪潮的冲击"（Waard & Nida，1986：61）。

总之，由于客观事物、主体的认知以及语言符号等原因，语言的各个层面具有模糊的属性。对这一属性的揭示及认知，不仅有利于自然科学之研究和语言自身的研究，还有利于我们的翻译研究。语言的模糊性这一客观存在性，使我们对翻译的本质认识更为深刻，进而影响着我们的翻译方法论之取向。由于语言之间的系统差异以及各语言对客观现实的意指方式之不同，除了少数情况，译者不可能使译作与原作之间达到完全的等值，只能使之达到"动态的、模糊的、有机的对等"（赵彦春，2005：189）。

2.2.2.3 功能对等论在翻译研究中的意义

奈达功能对等论的提出源于他对《圣经》翻译实践研究场上几十年的"摸爬滚打"。尽管该理论存在不足或缺点，但经过不断纠正、修订和补充，最后成了较为完整的翻译理论体系，在翻译研究中具有一定的理论意义及实践意义。

由于奈达的功能对等论是在批判以往翻译理论的基础上形成的，并吸收很多不同学科知识，如人类学、语言学、信息学、符号学，丰富了自己的理论体系，具有一定的理论优势，因而具有以下三点理论意义。

第一，功能对等论的提出为翻译标准的多元化增添了重要的"一元"，增加了翻译研究的对象，丰富了翻译研究的内容。翻译标准是译者在翻译活动中必须遵循的准绳，也是衡量译者翻译产品的重要尺度。"就行为而言，翻译标准乃译者之主观追求；以结果而论，翻译标准是衡量译作质量的客观准绳。"（曹明伦，2013：142）简言之，翻译标准是翻译的内在要求，是译者的一种自律，是整个翻译研究不可或缺的重要一维。那么，我们需要什么样的标准呢？是多元并存，还是"放之四海而皆准"的普世标准？答案当然是前者。杨晓荣（2012：11）认为，由于翻译实践在现实中具有多元性，逼出了翻译标准观念上的多元，又"由于翻译具有多重功能，人类的审美趣味具有多样性，读者、译者具有多层次,翻译手法、译作风格、译作价值因而势必多样化"(辜正坤,2010:345),使翻译的具体标准出现了多元。如国内有严复的"信达雅"、傅雷的"神似"、钱钟书的"化境"、刘重德的"信达切"、许渊冲的"三美论"、曹明伦的"最接近、最自然"等,国外则有泰特勒的"翻译三原则"、A. B. 费道罗夫(А. В. Федоров, 1906—1997)的"等值翻译"、汉斯·弗米尔(Hans Vermeer, 1930—2010)的"目的论"等。随着对翻译本质认识的不断深入以及翻译实践的更加多样化,新的翻译标准将不断出现。鉴于此,将奈达的功能对等论作为翻译标准多元化重要的"一元"应是合情合理的。奈达的功能对等论既注重意义的优先译出,又强调原文形式的保留,两者要高度地紧密结合,只有当形式与内容之间出现矛盾时,形式才做出退让(Nida, 2004: 164)。奈达还特别强调交际功能的对等以及语用意义的一致。由此可见,奈达的功能对等论具有很大程度的"合法性",应该作为翻译标准多元中重要的"一元",这既能拓宽翻译研究中标准研究的视域,又能丰富翻译研究之内容。

第二,功能对等论的提出为德国功能派翻译理论的隆重出场做了一定的铺垫。德国功能派翻译理论产生于20世纪70年代,其主要代表是凯瑟琳娜·赖斯(Katharina Reiss, 1923—)、汉斯·弗米尔、霍尔兹-曼塔莉(Holz-Mänttäri, 1936—)和克里斯蒂安·诺德(Christiane Nord, 1943—)等,其核心思想是目的决定翻译的手段。换言之,功能派翻译理论其实就是以目的法则为主导的翻译标准多元化的理论体系,其特征是推翻了原文的权威地位,使译者跳出了对等论的窠臼,这在翻译理论研究史上具有重要的意义。德国功能派"既是西方翻译理论的一支劲旅,也是当今世界颇有影响力的翻译理论学派之一"(卞建华,2008: 1)。奈达的功能对等论对德国功能派翻译理论的萌发及发展起到了着很大的推动作用,主要体现在奈达对翻译目的、译者和接受者的作用以及翻译过程的文化意义的强调(卞建华,2008: 4-5)。奈达所强调的这三个重点"与德国功能主义翻译目的论的学说有诸多相似之处"(同上:38),成为功能派翻译理论重要的形成性因子之一。此外,奈达对成功翻译三个层面[1]的提出进一步凸显了奈达功能对等论对功能派翻译理论形成的相应影响。简言之,奈达的功能对等论与该学派的翻译理论是一脉相承的,有着许多层面的重重叠影。根茨勒

---

[1] 奈达所说成功翻译的三个层面是译文的精确性、译文的易懂性以及文化的相适应性(Nida, 2001: 129)。

(Gentzler, 2004: 70)指出,功能派的学者们把奈达的功能对等论的界限推向了一个更加灵活、适应性更强的新高度。这不正说明奈达的功能对等论对该翻译理论的萌发及发展起了一定的铺垫作用吗?

第三,功能对等论强调意义传译基础之上的读者反应,强调翻译的功能对等,使翻译策略灵活多样,而不限于某一种翻译策略,这在一定程度上凸显了译者的主观能动性,或曰"主体性",进而拓宽了译者主体性研究的疆域,也丰富了译者主体性研究的内涵。读者反应是功能对等论内在的、不可或缺的组成部分,在功能对等论中占有很重要的位置。由于原文与译文处于两片不同的文化疆域之中,加上两种文字意指方式(signifying way)的不一致,译文读者与原文读者的反应不可能完全一致,"译文接受者只能够做出与原文读者的体验十分接近的反应"(Nida, 2001: 87)。而为了达到读者反应的基本一致,译者不仅要对原文体贴入微,还要能对译文运用自如(余光中,2002: 172)。对原文体贴入微,意味着译者不仅要有一定的语篇分析能力,还要对原文内容及文字表达了解透彻。奈达就是这么一位学者,在对原文进行分析时,主张从词语、句子、篇章等方面全方位展开,甚至连语音也不放过[1]。不仅如此,还要对原文"经营反覆,确知其意旨之所在"(马建忠,2009: 192),才能算得上对原文体贴入微。而所谓的对译文运用自如,指的是在译语上有很深的功底,知其文化语境,并能用最自然的译语把原文的意义、语气、感情和文体风格等译出,最后使译文读者与原文读者的反应基本一致。在对原文之体贴以及对译文运用之自如这两个阶段上,都牵涉译者的主观能动性,或曰译者的翻译能力,这其实就是译者的主体性;而所谓译者的主体性,指译者在翻译活动中表现出来的本质特征,即"翻译主体能动地操作原本(客体)、转换原本,使其本质力量在翻译行为中外化的特性"(方梦之,2011: 91),简言之,指的就是译者的主观能动性。鉴于此,我们可以说,为了达到功能对等,奈达所主张的对原文进行全方位分析以及对译文熟练之运用等方面所发挥出的主观能动性,理应属于译者的主体性,而且是译者主体性中最根本的内容。尽管奈达在理论上对译者主体性研究没有做过什么深奥的阐述或论证,却是译者主体性研究始终如一的践行者,用自己的实际行动对译者主体性做出了最清楚的诠释,丰富了译者"主体性"的研究内涵,因而具有

---

1 在奈达的《语言与文化——翻译中的语境》一书中,第三章到第八章对语音、词语、句子、语篇等进行了专门的阐述。

重大的理论意义,将在翻译研究史上留下浓墨重彩的一笔。

奈达的功能对等论还具有其他理论意义,即实现了翻译研究的几个过渡:译文批评从原文过渡到了译文,从文本的形式过渡到了文本功能,译者从被动过渡到了主动,等等。由于功能对等论是从实践中发展起来的,是奈达凭着多年的实践研究经验以及实地观察总结出来的一套理论体系,因而具有丰富的实践意义。

第一,功能对等论是一个在信息传译基础之上的、以交际功能基本对等为标准的理论体系,因而,在翻译实践中,为能取得信息及功能对等,可以灵活地使用各种方法和技巧。传统上,译者在翻译实践中所使用的方法一般是囿于二元论,要么直译,要么意译;或使用一些具体的翻译技巧,如重译法、增词法、减译法、词类转移法、词序调整法、反译法、分译法、语态变换法等。这些方法或技巧在翻译实践中固然有用,有助于翻译入门者或新手提高翻译水平,但是其弊端也是显而易见的:易于走向刻板化,在实践中硬套某种方法或技巧,捆绑译者的手脚,不利于译者主观性的发挥。而功能对等论的出现则改变了这一状况。功能对等论的实质是,只要译出原文的信息以及语用功能,两个读者的反应能基本一致,就可灵活使用某种翻译方法或技巧,而不是囿于直译或意译,这"似乎解决了直译与意译之间无法调和的矛盾"(王向远,2006:171)。事实也是如此:一个译者在翻译实践中并没有拘泥于某种手法,自始至终都在灵活变动,或直译,或意译,或在两者中"打秋千",语篇翻译如此,句子翻译亦然,这种情况的出现离不开奈达的功能对等论。

第二,功能对等论为文化问题之翻译寻觅到一条出路。翻译是语言之间的转换,文化植根于语言之中,而语言又是文化的一部分,正如尤里·洛特曼(Juri Lotman)所言,"没有一种语言不是植根于某种具体的文化之中;也没有一种文化不是以某种自然语言的结构为其中心的"(转引自郭建中,2000b:272)。可见,翻译的问题其实就是如何处理文化的问题。目前在翻译界有两种处理文化问题的方法:归化翻译和异化翻译。所谓归化翻译指的是"译文采用明白、流畅的风格,以使目标语读者对外来语的陌生感降到最低程度"(Shuttleworth, Mark & Moira Cowie,2004:43-44),而异化翻译"指生成目标文本时会通过保留原文中某些异国情调的东西来故意打破目标语惯例的翻译类型"(同上:79)。归化翻译可减少读者的阅读障碍,增加译文的可读性和欣赏性,但对读者了解异域文化不大有利;而异化翻译适宜于在国外摘点"奇花异草",为目的语语言表达添点"异质元素",让读者接触到异域文化及风情,但异化的译文干巴巴,既不生动,也不活泼,更不好读,增加读者的认知成本。鉴于此,关于翻译的归化与异化,译学界一直争论不休,或主张归化,或主张异化,并列出各自的理由(王向远、陈言,2006:107-108)。功能对等论的提出,为解决两者的矛盾提供了一条重要的思路,其原因是功能对等论没有拘泥于某一种文化翻译策略[1],而是把焦点放在两种效果之间的对比上,并以意义的传达、风格及精神的保留、行文流畅以及类似反应等参数作为翻译的基本要求(Nida,2004:164)。值得一提的是,功能对等论没有排斥异域文化,而是主张异域文化的传译或保留,但传译或保留的限度不要影响译文的可理解性。奈达在评定成功翻译的三要素时就提到了这一点。总之,奈达的功能对等论是在考察不同文化语境差别的基础上提出的(谢天振,2008b:8),能够为文化翻译提供一条好的思路。

　　第三,在翻译实践中,功能对等论可以指导我们翻译多种体裁之文本。文学创作或其他类型的创作如广告、影视剧、旅游等,都有一定的目的或意图,"因为人类的主动行为都有目的"(曹明伦,2013:127)。此外,作者在创作时还要考虑读者对象,这样才能有的放矢。当年,白居易作诗时就充分考虑了读者,把"老妪能解"作为行文之原则。除此之外,还要赋予作品以意义。创作如此,翻译亦然,也要充分译出原文之意义,考虑读者对象,并译出原文的意旨所在。而奈达的功能对等论则充分体现了以上几点,即主张翻译时"必须清楚地反映原文的意义与意图"(Nida,2004:166),同时也要考虑到读者的反应。职是之故,"功能对等论不仅能指导《圣经》翻译,也能处理有着诸多目的的其他文本形式的翻译"(Hatim & Munday,2010:47)。如:文学[2]、广告、旅游、影视与歌剧等。其实,奈达的功能对等论对《圣经》翻译指导的巨大成功从另一方面也能说明该理论对其他不同体裁的翻译指导之可行性,因为《圣经》本身包含多种文体,包括诗歌、律法、箴言、叙事、说理、对话等多种体裁(Nida,2004:4;斯泰恩,2007:282)。这样,功能对等论能对《圣经》进行翻译指导,就意味着对其他众多体裁的文本之翻译也能起到很大的指导作用。由此,我们可以说,奈达的功能对等论在实践中可以指导我们对多种文本进行翻译。

1　实际上,奈达一直没有提过直译与意译、归化与异化等翻译策略。
2　有关功能对等论对文学翻译的指导性作用,马会娟在其专著《奈达翻译理论研究》中进行过详细论述,并以金隄先生对《尤利西斯》(*Ulysees*)的翻译为例,说明奈达的功能对等论在文学翻译中的可行性。

2.2.3 交际翻译理论的合法性

合法性起初单指狭义上的合乎法律性，而今多指价值判断的标准，以及对事物和行为合理性的一种论证与评判，被广泛应用到哲学、政治学、社会学、教育学等其他学科领域。而交际翻译理论的合法性指的是对交际翻译理论的一种价值判断，具体而言，就是交际翻译理论具有多大程度的合理性。我们知道，翻译观念的不同，催发了翻译理论的不同，如翻译的目的论（skopos theory）、关联翻译理论（relevance translation theory）、翻译的模因论（memes of translation）、解构学派翻译理论（deconstruction translation theory）、女性主义翻译理论（feminism translation theory）、后殖民主义翻译理论（postcolonial translation theory）、翻译的变异论（translation variation theory）等。这些翻译理论有着各自的发生背景及缘由，有着各自的适用阈，因而也有着各自的合法性。同样，属于翻译理论重要分支的交际翻译理论亦是如此。然而，令人遗憾的是，近十多年以来，奈达交际翻译理论的合理性为译学界众多学者诟病，或质疑，或批判，抑或完全颠覆。那么，奈达的交际翻译理论合不合"法"？到底又在多大程度上具有合法性？下文将从翻译的发生、目的、任务等维度对此进行相应阐述。

翻译的发生直接源于远古时期各部落及各民族的语言之不同。由于各地气候、山川地貌以及生存环境等的不同，再加上古人类自身对周边事物的认知方式存在差异，世界各地的古人类在长期的进化过程中创造了各自不同的语言。正如曹明伦所言，蒙古人、欧罗巴人、尼格罗人，四海之民，五洲之族，天悬地隔，山阻水断，千年各自为生，万载不相往来，从而导致了不同的语言及嗜欲（曹明伦，2013：12）。有关各地语言之不同，《圣经》中的有关故事对此进行过描述，虽不可信，却有些风趣，故不妨将之做一陈述。据《圣经·旧约》首篇《创世纪》第11章第1至第9节记载：那时候，天下的口音都是一样的，为了扬名以及免受分散之苦，当时的人们开始建城造塔，欲使塔顶通天。耶和华害怕这种做法，认为如果这件事人们都能做成，恐怕以后没有做不成的事，会威胁到他的天威，于是变乱了他们的语言，使他们彼此之间听不懂，并责令他们分散到世界各地。这是"言殊"之神话视角上的解读。

然而，出于各种原因或目的，远古时期各民族以及各部落之间需要接触或情感交流，势必会牵涉语言层面简单的变换问题[1]，这样，"翻译"就产生了。

1　远古时期，各民族之间有时用手语、身势语、图形符号等进行沟通或交流。

可见，翻译产生的直接原因是语言的不同，或曰语言之"异"。诚如斯坦纳（George Steiner，1929—2020）所言，"翻译之所以存在，是因为人们讲不同的语言"（Steiner，2001：51），或曰"因为言语不通，人们才产生要对话的欲望……才产生翻译"（郑海凌，2000：5），或曰"因为世界上有不同的语言，造成了交流的障碍，才需要翻译"（许钧，2010：192）。远古时候的翻译主要为口译，而专门从事这一行业的人员在古代中国成为"象胥"或"舌人"，为各部落或民族之间"达其志"及"通其欲"（陈福康，2011：2）。一言以蔽之，"没有'异'，就没有翻译的必要性"（许钧，2009：177）。那么，远古时期的"象胥"如何才能达到"达其志"及"通其欲"的目的呢？

古时候的"象胥"首先考虑到的应该是相互之间能够沟通和情感交流，而不是将大量的异质文化进行交换，否则相互之间的沟通和情感交流就会"冷场"。可见，那时候的翻译把交流和沟通放在第一位。倘若把异质文化的传播作为"象胥"们的第一要义的话，异域民族之间的交流就不会很顺利，甚至会出现误导。这其实谈的就是"沟通"与"文化传播"孰先孰后的问题。沟通是一种交际，沟通好了，才谈得上各方面的交流，尤其是文化方面的交流，而要达到这一目的，就需在语言表达这一层面上下功夫。这样，译者需将语言转换成接受者能够愉悦接受的形式，否则，双方就达不到沟通和情感交际之目的。若沟通不成，其他方面的交流又从何谈起？这就牵涉翻译的一个基本属性，即"翻译即交际"（Nida，2001：86），而"交际就意味着要在共同的（交际手段、文化背景）基础上人与人才能进行有效的接触交往……交际是人类赖以生存、社会赖以活动、文化赖以传承和储存的最重要的机制"，而"对交际符号系统的理解往往取决于对文化的认同或共识"（方梦之，2011：267）。作为跨文化交际的翻译亦是如此，对语言这一符号的处理也应以对文化的认同或共识为基础。用许钧的话说，就是"以'同'为基础去认识'异'，以理解'异'，进而去接受'异'"（许钧，2009：181）。

远古时期的翻译如此，当下的各种翻译亦然。当下各民族之间的沟通及情感交流是首要的，然后才能谈及其他要素的交流。所以，沟通与情感交际是翻译得以发生的根本原因，若不存在沟通或情感交流，就无所谓翻译。沟通与交际应成为翻译存在的重要条件，用许钧的话说，"交流与沟通，是翻译的总的目的和宗旨"（许钧，2010：218）。由此，我们可以推论，要使翻译得以成功，先要注重翻译的交流与沟通，即先将语言转换成自然的对等语以及考虑接受者的反应等因素，而且应把这一点作为翻译最基本的要求。随着社会的发展、人们视野的拓宽及审美情趣的提高，人们对翻译的要求也相应提高，不仅仅在于实现沟通与情感交流，还在于通过翻译接触到对方的异质文化，领略到异域风情，丰富及繁荣本土文化，用当年季羡林先生的话来说，"翻译之为用大矣哉"（季羡林，2007：10）。但是，要进行文化交流或达到其他目的，就需注重翻译的交流与沟通，而要做到这一点，首先要克服语言方面的差异（许钧，2010：192），心里想着读者，"知我罪我，惟在读者"（朱生豪语，转引自罗新璋，2009：539）。这是做翻译必须要思考的问题，这一点如果做不到，说什么文化交流呀，引进异质的文化呀，或大力把本国的文化传送出去呀，只是空话一句！翻译毕竟先是"力求其易解"，然后才能谈"保存原作之丰姿"，或以"同"为基础，以吸收"异"为目的（许钧，2010：192）。换言之，翻译中"异"的东西只有"在鲜明的本土形式里得到理解时，交流的目的才能达到"（韦努蒂，2001：359）。

由上可知，翻译活动要正常进行，先得考虑语言转换的问题，更要注重翻译的沟通及情感交流，多为接受者着想，考虑接受者的感受，然后才能谈文化交流，引进或推销本土文化，否则，所谓的文化交流就是"文化自恋"或文化的"单相思"。奈达的交际翻译理论的核心就是用最接近的自然对等语去翻译原文的语义及文体，"最接近的自然对等语"就是强调翻译时应该"力求其易解"，或让翻译中的异"在鲜明的本土形式里得到理解"，强调的是翻译的交际性，或曰情感沟通和交流。由此，我们可以说，奈达的交际翻译理论具有很大的合法性。

2.3 翻译的程序

此处的翻译程序指的是宏观上的翻译过程，已经超越了从语言到语言、从文本到文本的过程（许钧，2009：63），与以上所谈的狭义的文本内之翻译过程有所不同，故单列一节进行阐述。

国内学者谭载喜（1984/1999）、许钧（2009）、万兆元（2012）等人对奈达的翻译程序进行过相应译介或论述。谭载喜对奈达的翻译程序进行过详尽的译介，几乎是20世纪80年代以前的内容，基本上是奈达1964年对翻译程序的阐述；尽管许钧从广义这一维度对奈达的翻译程序进行了论述，但只是围绕谭载喜所提出的十个方面的基本过程而进行的[1]（许钧，2009：44-65）；而万兆元（2012）只提到了奈达的个人翻译程序。以往的译介或研究几乎是基于20世纪80年代以前的内容，再加上奈达的翻译程序具有重要的实践意义，鉴于此，基于奈达在1993年的《语言、文化与翻译》一书第9章以及2001年的《语言与文化——翻译中的语境》中第9章对翻译程序所做的阐述，笔者对此"老调重弹"[2]。

在1964年，奈达把翻译的程序分为"技术性程序"与"组织性程序"。前者指个体译者把源语文本转换成接受语文本所遵循的过程；而后者指个人翻译或者集体翻译所牵涉的总的组织过程（Nida，2004：241）。后来，奈达把前者具体化为分析、传译、重组、检验等四个具体的翻译过程（前文2.2.1部分已经论述），而后者被奈达细化为个人翻译程序以及集体翻译程序。奈达在20世纪80年代以前所提出的翻译程序带有宗教翻译的痕迹，还有庞杂、凌乱等缺陷，因而在20世纪90年代对其进行了简化，直接从个人翻译与集体翻译两个层面进行阐述。

就个人翻译而言，翻译程序应该包括译前准备和实际翻译两个阶段。译前准备主要指利用充足的时间及资料去研读需要翻译的原文，解决其潜在的翻译问题，并将不能解决的问题记录在案。这其实就是曹明伦所说的——"译其文，传其意，不知其人，可乎？"（曹明伦，2012）如果是理解或转换等技术层面上的问题，在实际翻译之前一般能解决；如果同一文本还有其他译本，还须仔细加以研究，反复对比，以确定对各种问题的处理办法；当然，如果是"原创性翻译"（曹明伦，2009），这一步骤就可以省去。奈达特别指出，译前准备工作非常重要，需要耗些时间与精力，有时可能花费比翻译过程本身更多的时间，特别是当

1　这十个基本过程是借用谭载喜的基本思路进行阐述的，具体如下：（1）不合格的翻译程序；（2）译前准备；（3）翻译小组的结构；（4）审稿结构；（5）辅助人员；（6）翻译程序；（7）对译文进行检验；（8）校对清样；（9）行政管理工作的程序；（10）译本出版以后的工作。

2　奈达的《语言与文化——翻译中的语境》这本书对翻译程序的思考较为成熟，辞约义丰，具有可行性及可操作性（万兆元，2012：113）。此外，国内译学界对奈达翻译程序的了解几乎是基于谭载喜的《新编奈达论翻译》（1999）这本书的内容。《新编奈达论翻译》这本书尽管是1999年出版，从时间上来看，晚于奈达1993年的《语言、文化与翻译》，但是，《新编奈达论翻译》的内容只是《奈达论翻译》（1984）和《跨语交际》（1993）这两本书的综合，而《跨语交际》又是谭载喜对沃德与奈达的《从一种语言到另一种语言》这本合著的编译本，这样，《新编奈达论翻译》这本书对奈达1993年版的《语言与文化——翻译中的语境》书上的很多内容没有涉及。请参见1999年中国对外出版公司出版的《新编奈达论翻译》中的"出版说明"对此做出的相关说明。

译者需要大量阅读同一作者的其他著作和文章时，情况更是如此。实际翻译程序包括下面八个步骤（Nida，2001：105-106）。

（1）用相对快的速度翻译初稿，对文体风格有所偏重，务求译文节奏流畅。

（2）初稿应该搁置一旁约一周。这样，修改译稿时就可以获得新的感受，排除翻译初稿时留在耳边的余音，更加客观地评估译文。

（3）认真检查译文内容，特别侧重译文的准确性和连贯性，查漏补缺，理顺拗口词句。此外，要特别注意关键概念在翻译上的一致性。

（4）修改后的译稿要再搁置几天。

（5）然后从文体风格上检查译文，其中朗读是一个重要的方法，因为听觉对连贯性和节奏感比视觉要敏感得多。这一步应该反复进行。

（6）检查译文的拼写、标点符号和格式。这三方面内容的检查不可以合并起来一次完成，而应分别进行。

（7）提交编辑或出版商审阅。有时，在译文送审之前还须经过读者代表或相关专家对译文进行检阅，注重处理他们提出的相应意见或建议。

（8）采纳编辑或出版商提出的建议，尽管有些建议需进一步考察和讨论。译文不应为不了解文本全貌的片面意见所左右，要坚持自己对文本完整性的理解，特别是译文需要署名时更应如此。

奈达指出，以上八个步骤只是一系列符合理想的情形。在绝大多数情况下，由于翻译时间很紧，需要尽快脱稿，几个步骤往往会合在一起，对驾轻就熟的译者来说，尤为如此。笔者认为，奈达以上的个人翻译程序是有效的，具有可操作性，正如许钧所言，"奈达对这八个步骤的论述具体实在，对译者的实践具有较强的指导意义"（许钧，2009：45）。而万兆元在评述奈达的翻译程序后，提出了自己的翻译程序：（1）译前准备；（2）实际翻译；（3）检查内容；（4）检查文体；（5）检查拼写、标点与格式，使译稿规范、美观；（6）请同行或专家阅读译文，然后根据反馈做相应修改（万兆元，2012：114）。接着，万兆元以自己第23届韩素音青年翻译奖汉译英竞赛一等奖译文的生成过程为例，对这套翻译程序的实践过程及效果进行阐释。最后，万兆元由衷地发出感慨："自2004年拟定并使用这套程序以来，自觉翻译质量和效率都有大幅度提升，出版的几部译作都得到了相关出版社的赞许。套用季羡林先生（1998）一句话：翻译程序之为用大矣哉！"（同上：116）尽管万兆元对奈达的翻译程序进行修订并提出自己的翻译程序，说自己的程序具有有效性以及可操作性，但万兆元的翻译程序之"万变"，不离奈达翻译程序之"宗"，两者内容是大同小异的。

集体翻译是一个完全不同的过程，其涉及之程序也十分不同，一般分为两类：（1）各小组成员在编译部进行合作翻译；（2）各小组成员各自先译出初稿，然后定期开会，讨论出一个"一致审定"的译稿。当翻译小组接受一部重要作品的翻译任务时，其工作程序如下（Nida，2001：107）：

（1）每个成员负责翻译不同的部分；
（2）阅读其他成员的译稿并提出意见；
（3）小组成员定期开会，讨论不同看法，统一意见。

奈达指出，这些翻译程序常常大不相同，且十分庞杂，很难有一个统一的规范或程序，如旗鼓相当的翻译小组、较为详细的翻译原则，以及很客观的局外"仲裁人"等。无可否认，奈达起初提出的集体性翻译程序源于《圣经》翻译工作坊，翻译程序非常庞杂，有些程序不适合其他类型的翻译工作，不具有普遍的指导性。后来，奈达对此不断做出修订及完善，尽量使之具有普适性和有效性。1993年，奈达在《语言与文化——翻译中的语境》提出的集体性翻译程序要简便得多，更具有可操作性及有效性，也适合更多的翻译类型。

笔者认为，不管是20世纪90年代之前还是之后，奈达提出的集体性翻译程序非常有用，其中的一些工作程序和原则具有普遍的指导意义。我们知道，一些大型的翻译项目，单靠一两个译者是不可能在短时间内完成的，而需要"合力"，即把具体的翻译任务在各译员之间进行分工，各人翻译不同的部分，然后进行汇合，最后把这些译员汇集起来，就整个翻译内容进行讨论，以确保翻译的有效性及准确性。许钧对此感同身受，就20世纪80年代中期自己参加的由译林出版社组织的《追忆似水年华》（*A la recherche du temps perdu*）的集体性翻译情况谈了自己的感受："从整个过程来看，即从译前的准备一直到译后的交流，与奈达所提出的《圣经》的翻译程序在很大程度上是吻合的。"（许钧，2009：63）许钧特别指出，奈达的集体性翻译程序一般适合于宗教典籍翻译或大型的文学翻译，因为"集体性的翻译在协调、组织、沟通上需要做出周密的计划，严格的翻译程序便显得特别重要"（许钧，2009：63）。

翻译程序其实远远不止奈达所提出的一种，早在我国的唐代，玄奘所提出的佛经翻译"译场"就与奈达的集体性翻译程序有着相似之处。据《续高僧传》记载，玄奘对佛经翻译进行了严格的分工，在译员之间确定各自的翻译任务，以确保翻译的有效性及准确性。其他学者如草婴和许钧（1999）、王兆元（2012）等也提出自己的翻译程序。尽管每个人的翻译程序是基于自己的翻译实践或翻译体裁而提出的，如玄奘是基于佛经翻译，奈达是基于《圣经》翻译，但他们都为翻译程序的研究做出了自己的贡献，共同推进了翻译程序的研究，让我们进一步加深对翻译程序的了解与认识。

2.4 文化人类学与翻译

以上对奈达翻译思想的阐述主要集中在他的交际翻译观，接下来将对奈达翻译思想的构筑"地基"做一较为简单的阐释。我们知道，奈达翻译思想的构筑受多种学科的影响，如语言学、社会语言学、社会符号学、词汇学、交际理论，这是国内外学者已达成的共识，并且得到不同程度的研究或阐述。然而，译学界对奈达译学思想构筑的另一基石——文化人类学（cultural anthropology）[1]有所忽略。在专著《语言迷》中，奈达对自己一生的研究事业进行了回顾及总结——对语言、文化人类学以及《圣经》翻译进行了研究，并宣称自己本身就是一个文化人类学家（Nida，2003：140）。此外，奈达曾接触到一些人类学家及其学术观点，还阅读了些有关文化人类学的书籍（Nida，2004：6；2001：226，245），可以说文化人类学对奈达翻译思想的形成产生了很大的影响。

文化人类学是人类学的主要分支，研究人群文化行为的相同处和相异处以及描述不同文化的特征和稳定、变化、发展的不同过程。该学科主张从文化的角度研究人类，因而，"文化"成为其核心概念。在实际实践活动中，文化人类学家不断地挖掘、梳理及总结其他人种的文化，并将之以合理的形式呈现出来。由于翻译实践也不可避免地牵涉文化问题，因而"文化人类学实践同翻译实践具有天然的联系，文化人类学理论和翻译理论也具有相当大程度的对比性和相互阐发性"（段峰，2021：99）。

奈达终生所研究的三大领域[2]之一就是文化人类学，并很好地将其运用到了

---

[1] 文化人类学在美国称为"文化人类学"，在英国称为"社会人类学"（social anthropology），在西欧大陆各国称为"民族学"（ethnology）。

[2] 这三大领域是语言学、文化人类学和《圣经》翻译。奈达首先是一名语言学家，其次是文化人类学家，最后才是《圣经》翻译的研究者（Nida，2003：140）。

《圣经》翻译的研究之中。奈达早期只是语言学家及人类学家，1936年大学毕业后，就在威克理夫夏季训练营进行语言学的教学工作，随后，又同汤逊夫妇及几个学生前往墨西哥做少数民族语言的调查及研究。只是到了后来，在接受了圣经公会的应邀去解决世界各地的人们对《圣经》译文理解上所存在的问题之后，奈达才走上《圣经》翻译研究这条崎岖坎坷的道路（Nida，2004：序言）。为了解决这一问题，奈达常年在外，陆陆续续走访过九十多个国家，运用语言学知识及文化人类学知识对世界各地的语言及文化进行研究，探讨各民族的跨文化交际问题（Nida，2003：11，135）。奈达把《圣经》翻译研究做得那么成功，又能在翻译思想方面形成一家之言，这与他的文化人类学学科背景息息相关。换言之，奈达先前的文化人类学知识对后来的《圣经》翻译研究以及他翻译思想的成熟起了很大作用。

在将文化人类学知识运用到翻译实践中去这点上，奈达总是身体力行。奈达接受圣经公会的邀请后，没有待在纽约审阅译稿，而是深入翻译作坊第一线，协助各地译员进行翻译工作。这样既可了解当地语言及其文化背景，也可以发现翻译问题，并予以及时解决。奈达能从"扶手椅"走向"翻译作坊"，进行实地研究，这跟他的文化人类学实践活动的工作惯性有关。奈达总是以积极的态度接触当地的生活方式，与当地人进行交流，甚至共处，以便"深度描写"当地文化，在遇到文化问题的翻译时尤为如此。例如，有一次，在翻译"上帝""圣灵""魔鬼"这三个文化概念时，奈达先是跟当地人进行讨论，了解他们的生活环境以及他们对灵界事物的观念，然后才决定怎么翻译（斯泰恩，2007：59）。

不仅如此，奈达想让译员接触到很多人类学资料，认为这对提高翻译质量非常重要（同上：59），于是，他与同事一起创办了《实用人类学》学术期刊，要求所有的翻译员定期阅读期刊上的文章，以提高译员的翻译素质。简言之，奈达非常强调文化人类学知识对《圣经》翻译的促进作用。此外，我们知道，文化人类学家关注异质文化，并对弱小文化、民俗文化，以及其他大大小小、形形色色的"亚文化"给予关怀，而作为文化人类学家的奈达对这些"亚文化"也给予了高度关注，目的在于更好地让当地人接受《圣经》译文。职是之故，奈达总是要求他的译员掌握文化人类学知识，用人类学相关知识去接触当地的异质文化，深入细致地研究当地的异域文化风情，认为"如果翻译员对译入语所在的文化背景了解不够的话，那就不能期望——他们的翻译对读者所产生的效应，能够接近源语文本对原来的受众所产生的效应"（Nida，2003：88）。由此，奈达认为，"译员不仅需要成为一名语言大师，而且从某种意义上来说，要做一名人类学家"（Nida，1986：181）。

奈达不仅仅注重文化人类学对《圣经》翻译的实践作用，还积极从文化人类学中汲取营养，构筑自己的翻译思想，主要表现在以下五个方面。

第一，受文化人类学影响最大的要数奈达翻译思想中的"文化语境"这一概念。文化语境是文化人类学的一个重要概念，最早是由马林诺夫斯基（Bronislaw Malinowski，1884—1942）提出的。马林诺夫斯基是英国人类学家，为了研究巴布亚新几内亚等地的人类发展情况，于20世纪20年代曾三度来到特罗布里恩群岛（the Trobriand），深入当地土著人的生活，运用"参与者—观察法"（participant-observation）了解并学习土著人的语言与文化。"不久他发现，要正确理解土著人的谈话意义，就必须联系语言使用的环境；要把土著人的谈话翻译成英语并保持原有的意义，就必须在译文中附加与对话语境相关的注释。"（朱永生，2005：7）这是马林诺夫斯基对文化语境的初步认识，1935年在其专著《珊瑚园及其魔力》（*Coral Gardens and Their Magic*，1935）一书中，他正式提出了"文化语境"这个概念，认为情景语境之外是"可以叫作文化语境的东西"，"词语的定义在某种程度上取决于其文化语境"（Malinowsky，1935：58）。

对人类学的重要概念之一的文化语境，作为文化人类学家的奈达自然是再熟悉不过了。奈达曾在其专著中多次提到过文化语境，并将这个概念运用到其翻译思想的建构之中。例如，在谈到词汇意义时，就说到"词语只有在它们所反映的，并且由它们参与组成的文化语境中，才有意义"（Waard & Nida，1986：181），"词语只有处在与之相适应的文化中才有意义"（Nida，2001：139），"若不能及时辨别出语言符号与其所处的整个文化语境之关系，就不太可能论述这些语言符号之意义"（Nida，1959：28）。奈达以希伯来语的词根"*qdš"为例进行说明，这个词根一般作为"holy"（圣地）来解释，但也有"a temple prostitute"（宗庙妓女）的意思，奈达指出，"这种联想意义在我们的文化中不可能存在，但对生殖崇拜这种文化语境颇为熟悉的社会而言，却意味深长"（同上）。

由于文化语境对翻译如此之重要，奈达认为，作为一名合格的译者不仅要掌握好至少两门语言，还必须熟谙两种文化，而且"掌握两种文化比掌握两种语言更为重要，因为词语只有在特定的文化语境中才具有意义"（Nida，2001：82）。奈达接着指出，为了做好译员，最好是捕捉到每一语词的字面意义及文化意义，尤其是文化意义，最好到所学语言的国家"身临其境、耳濡目染"（Nida，2001：99-100），或"在该国生活一年半载"（Nida，2001：82）。奈达强调，只有置身于讲某种外语的国家中，才能对词汇和短语的许多特殊的文化意义获得必要的感性认识。例如，在拉丁美洲的一些地区，"hua hua"这个西班牙语的意义是"baby"，而在另外一些地区，该词的意义则是"bus"；又如，在古巴的一些地方，"papaya"是一种热带水果的名称，而在另一些地方，它指的是女性生殖器（同上）。

奈达对文化语境与词语意义之关系的强调，以及主张待在某个国家去获取该国语言某个词汇的感性意义等观点，与他的文化人类学学科背景息息相关。此外，奈达在其所构建的"交际的种族语言学模式"中（Shuttleworth & Couie，2004：52），提到了整个社会的文化语境对交际翻译所起的限定性作用——译者不可能在真空中进行翻译，逃脱不了整个社会的文化语境之约束（Nida，2004：148）；在论述翻译过程中的传译这一阶段时，还提到文化语境的作用决定译文应做出多大程度的调整（Nida & Taber，1969：110）。不仅如此，奈达对整个文化概念的理解及认知其实都受到美国传统的文化人类学的影响（斯泰恩，2007：268）。另外，奈达的词语语境（即上下文语境）的形成与发展也与其人类学学科背景有关。奈达在《当代语言学对〈圣经〉学术研究的启示》一文中曾指出："对作为整个文化语境构成部分的语言之关注也导致了对语词语境之强调，单个语词若脱离了其语境，在很大程度上就毫无意义。"（Nida，1972：252）

第二，奈达创造性地把人类学中的"成分分析法"（componential analysis）运用到了词汇意义的分析之中。在美国，成分分析手段最早出现在语言人类学的研究领域。1956年，美国人类学家沃德·古迪拉夫（Ward Goodenough）就率先采用成分分析法分析和描写亲属名词之间的关系。如：

词汇	语义成分	
Father	+MALE	+PARENT
Mother	−MALE	+PARENT

美国人类学用这种方法能够描写很多种族的语词意义,并把不同的话语意义区别开来。随后,用成分分析手段来确定词义的意义及作用很快得到大家的认可,并很快在词汇研究的其他领域拓展开来,特别是在对立词以及言语使用的区别性特征等领域中得到重视。例如,用这种方法,我们就能够明白为什么哥伦比亚地区的莫蒂隆(Motilone)印第安语的三个同音异形词,其意思分别是"to hatch out eggs"(孵蛋)、"to commit suicide"(自杀)、"to fry corn cakes"(煎饼),实际表示的仅仅是"与蛋形物体相关的活动"。奈达对人类学中的语义成分分析法进行了发展及完善,并将其运用到翻译时对原文文本词语的分析之中,与此同时,还孵化出了更多与之相关的语义分析法,如链状分析法、层次结构分析法等(Nida,2004:72-87)。简言之,奈达认为人类学对语义分析的方法具有很大的优势,是"翻译的语义问题分析中最富有成效的方法"(Nida,1945:207)。

第三,美国文化人类学家克利福德·格尔兹(Clifford Geertz,1926—2006)提出的"深度描写"是挖掘、对待以及再现他者文化的一种重要态度或方法,后来美国的翻译理论家夸梅·安东尼·阿皮亚(Kwame Anthony Appiah,1954—)比照格尔兹的"深度描写"一词,提出了"深度翻译"或"厚翻译"的概念(段峰,2006:91)。深度翻译是译者对源语文化进行再阐释的翻译手段或策略,旨在通过在译文本中加按语和注释,烘托出文本产生时所具有的历史语境及气氛。为了取得与原文语用功能的基本一致以及保存重大的形式特征与文化意象,奈达积极主张使用加页边注及脚注等深度翻译策略(Nida,2004:165,238;Nida & Taber,1969:110-111)。奈达是美国著名的文化人类学家,对美国文化人类学实践活动的相关知识以及阿皮亚的深度翻译有所了解,因而其提出的加注这种深度翻译策略或多或少带有文化人类学实践知识的因素或受其影响。

第四,奈达认为,由于受马林诺夫斯基以及其他人类学家如古迪拉夫等的影响,人类学研究早已从对生物体的倾注转向了对象征主义及价值观的关注(Nida,2004:6)。人类学研究的这种转向对言语符号意义之研究意义重大。由于有了这种转向,人们更加注重对他族文化存在的亲属名词进行系统描述及分析,也能对他民族生活方式及环境进行深度描写,进而对语词意义的研究与分类的方式认识得更为深刻。换言之,奈达对人类学研究转向的认识为他对语词的联想意义以及所指意义的分类提供了理论基础,也为奈达功能对等论的萌发埋下了伏笔。

第五，奈达在对世界各地的语言及文化进行调查时，发现各民族的语言以及生活方式、风俗习惯、价值观念等之间存在一定的差异，与此同时，也存在许多共性。如，所有的文化都可以分为五类：生态文化、语言文化、宗教文化、物质文化和社会文化（Nida，1964：91）。"但是，语言学家及人类学家发现，人类彼此间共同的元素要远远超过其差异性，因此，即便在全然不同的语言和文化之间，也一定会有沟通的基础。"（Nida，2004：2）这样，奈达从人类学中寻找到的这种"共性论"为他的功能对等论的提出打下了认识论、实践论之基础。

总之，奈达翻译思想的形成固然与其语言学家之背景息息相关，但也与奈达对文化人类学的熟知程度紧密关联。正如奈达的同事斯泰恩（2007：294）所言，奈达运用语言学和文化人类学的知识，不仅提出了一套以多学科为基础的翻译方法，而且还建立了这套方法的理论基础。

以上对奈达的翻译思想，特别对交际翻译观如翻译的过程、功能对等论、翻译程序等进行深入挖掘及整理，探究其成因，梳理其历史发展轨迹，彰显其在各个时期的理论特色，并对奈达的翻译思想呈现了本人的刍荛之见，以图进一步增进我们对奈达翻译思想的认识和了解。

我们知道，奈达翻译思想萌发于《圣经》翻译研究的土壤之中，不过又高于《圣经》翻译的一般原则，尽管其初期的翻译思想显得有点青涩，但奈达能不断倾听并接受来自各方的意见，不断对自己的翻译思想做出修订，并不断寻找理论支撑[1]，夯实自己的翻译思想，尽量使之完善，而成为一家之言，这实在难能可贵！

---

1 国内外学者一般认为，奈达的翻译思想的理论基础是结构主义语言学、生成语法、语义学、信息论、交际学等，但笔者认为，除此之外，奈达的翻译思想还受到人类学、功能主义语言学、语用学、认知语言学等学科的影响。

3

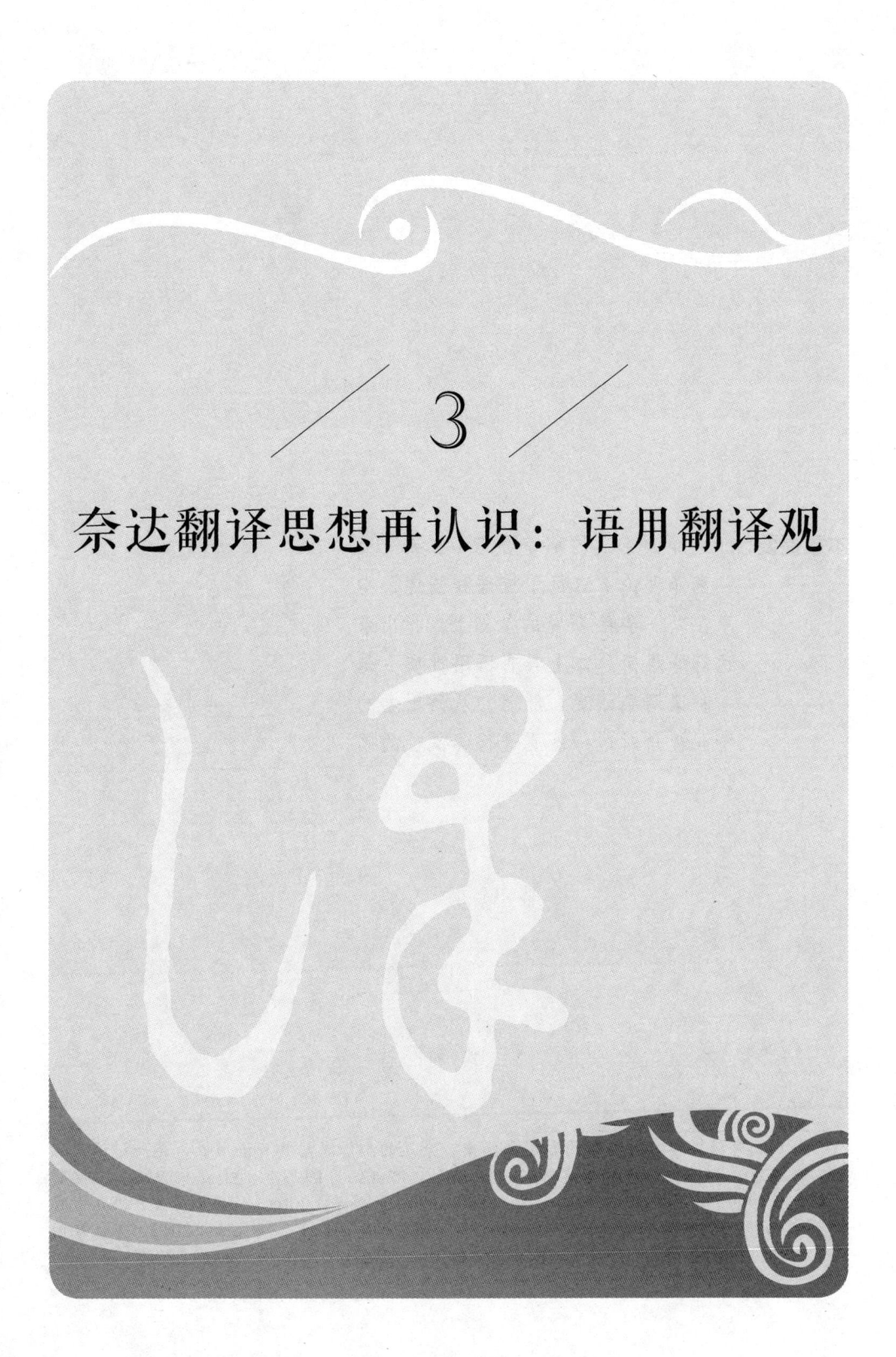

奈达翻译思想再认识：语用翻译观

本章提要： 上一章对奈达的翻译思想（主要是交际翻译理论）进行了梳理和阐述，本章在以往学者*研究的基础上，指出奈达翻译思想总体上具有语用性质，是一种语用翻译观。继而，从语用学的不同视角对这一性质进行尝试性的阐述。

---

* 国内外很多学者均在不同程度上指出，奈达的翻译思想具有语用性，是一种语用翻译观。如，在国内学者有蔡毅（1995）、何自然（1997）、叶苗（1998）、赵明（1999）、蒋骁华（2002）、葛校琴（2006）、蔡平（2008）、侯国金（2008）、冉永平（2012）、谭载喜（2011/2012）、刁克利（2012）、杨俊峰（2012）等，在国外，则有Munday（2010）、Hornby（2001）、Hatim（2010）、Baker（2010）等。

3
奈达翻译思想再认识：语用翻译观

鲁迅先生说过，一部《红楼梦》，"单是命题，就因读者的眼光而有种种：经济学家看见《易》，道学家看见淫，才子看见缠绵，革命家看见排满，流言家看见宫闱秘事……"（鲁迅，2005：179）同理，对奈达翻译思想的认识，不同的学者也有不同的见解：有学者认为其只适合指导与宗教素材相关的翻译；有学者认为其属于功能型的翻译思想，仅适合广告、旅游等功能型语料的翻译；更多的学者认为其属于没有文化介入之纯文本转换的结构主义翻译思想[1]；等等，不一而足。笔者认为，奈达的翻译思想带有语用性质，应属于语用翻译观[2]。而且，自奈达从事《圣经》翻译研究之日起，其翻译思想就带有语用性质，因为当初美国圣经公会聘请奈达的目的，就是要他去研究《圣经》译文在全世界的理解、表达及接受问题，而这些恰恰又是语用研究的重要议题。奈达在遗著《语言迷》的第142页，对自己的人生、事业总结道，自己就是一名语用翻译学家（Nida，2003：142）。此外，奈达的"翻译就是交际"（translating means communicating）（Nida，1993：116；2001：86）这一命题本身也蕴含着一定

---

[1] 参见本书4.5.1.2部分。
[2] 语用翻译或曰语用翻译观指的是从语用或语用学的角度阐述翻译，注重口头语言、修辞性和艺术性语言的翻译，解决翻译中的理解与重构、语用和文化以及原作的语用意义的传达及其在译作中的得失等问题（方梦之，2011：134），旨在"努力传达诸如内涵意义、隐喻意义以及交际中涉及人际方面的意义，如会话含义、语调、语域等"（Shuttleworth, Mark & Moira Cowie，2004：129），是一种以语用信息或语用功能的理解与表达为核心的翻译观，其实质在于实现语用等效（冉永平，2012：201）。从20世纪90年代起，国内外许多专家对此进行过专门探讨。在国外，主要有哈蒂姆与梅森（Basil Hatim & Ian Mason，1990）、贝尔（Roger Bell，1991）、希基（Leo Hickey，1998）、科米萨罗夫（Комиссаров，1999）等；在国内主要有曾宪才（1993）、钱冠连（1997）、何自然（1997）、冉永平（2006）、曾文雄（2007）等。

的语用或语用学翻译观。语用学[1]是一种语言使用学，以语言使用和语言理解为研究对象（Akmajian，1979：267；Verschueren，2000：1，2，10；Levinson，2001：6；Mey，2001：6；等），特别强调听话人的准确理解，以话语参与者的顺畅交际为旨归（Yule，2000：1）。这样，"理解"和"交际"这两个关键词自然成了奈达翻译思想与语用研究或语用学研究共同的纽带，使得两者走到了一起，确立了不可割舍的亲缘关系。

有关奈达翻译思想的语用性质或翻译语用观，国内很多学者有所提及[2]。在1995年，蔡毅认为，奈达的翻译定义中增添了语用因素（蔡毅，1995：10）；而何自然、叶苗和蒋骁华分别在1997、1998、2002年也谈到，语用语言等效翻译近似奈达（1964）提倡的"动态对等翻译"（何自然，1997：186；叶苗，1998：11；蒋骁华，2002：76）；葛校琴认为奈达从语义学和语用学的角度探讨了意义，强调了意义的语用观，其"动态对等"是一种"语用对等"（葛校琴，2006：64-65）；而蔡平（2008：39）与孙圣勇（2010：137）指出，动态对等翻译的着眼点是译文的接受效果，因而是一种语用对等；冉永平在

---

1 何自然在其专著《新编语用学概论》（2009）中阐述，语用学这一门学科正式得以确定的时间是1977年，其标志是《语用学学刊》在荷兰的正式出版，共经过了三个发展阶段：（1）自20世纪30年代开始，C. S. 皮尔斯（C. S. Peirce，1839—1914）、C. W. 莫里斯（C. W. Morris，1901—1979）和卡纳普（Carnap，1891—1970）等把语用学作为符号学的一部分，其研究仅限于哲学，这是语用学发展的第一阶段；（2）从20世纪50年代初到60年代末，以约翰·朗肖·奥斯汀（John Langshaw Austin，1911—1960）、塞尔（Searle，1932—）和H. P. 格莱斯（H. P. Grice）等为代表的语言哲学家对言语行为和会话含意理论进行了探索，使语用学有了突破性进展，奠定了语用学的理论基础，但其研究仍限于哲学范围之内；（3）20世纪70年代之后，尤其是以《语用学学刊》的正式出版为标志，语用学学科正式确定。语用学是关于语言使用及理解的学科，最终目标在于交际。在具体的研究过程中，语用学家创造了一些术语或语用参数如行为理论、指示语、语境、预设、会话含义、顺应论、关联论、模因论等，为语用学这门学科的发展及成熟添砖加瓦、搭架建屋。不过，正如钱冠连（1990）先生所言，"我们心中得有个谱：这样的一个'框框'，还框不了语用学的全部内容"，此外，"能够反应语用规律的各项原则和准则，并没有穷尽"（钱冠连，1990：62）。但在这门学科出现之前，语用现象早已存在，也有学者进行过研究，只是没有使用语用学学科的相关术语。奈达的语用翻译观便是如此，由于时代的局限性以及后来年迈精力不济，奈达没有精力运用语用学中的相关术语对自己的翻译思想进行重新"洗牌"。故，奈达的翻译思想很少提及语用学相关术语，尽管如此，奈达的翻译观却是"无其名但有其实"的语用翻译观。

2 从20世纪90年代起，国内外学者提及过奈达翻译思想的语用性质，但没有从根本上对奈达的翻译思想进行定性。然而，从21世纪初开始，国内译学界基本上把奈达的翻译思想定位为结构主义语言学主导下的翻译思想，但笔者认为，这种定性是不恰当的，其翻译思想应属于语用翻译观，参见本书4.5.1.2小节。

3 奈达翻译思想再认识：语用翻译观

《词汇语用探新》一书中，特别指出奈达的所谓意义翻译，多是以语境为参照的推导意义。换言之，对原语中交际意义的获取离不开对交际主体语用用意或交际意图的推理，这在一定程度上体现了语言理解与使用的语用特征（冉永平，2012：188-189）。而谭载喜（2011：11；2012：xxiv）与邵志洪（2007：7）则认为奈达翻译思想带有语用性质；侯国金认为，奈达的等效论就是"语用等效"，后来在克服奈达思想不足的基础上提出了"语用标记等效原则"（pragmatic markedness equivalence principle，PMET）（侯国金，2008：62）；刁克利指出奈达的所追求的最大对等就是一种语用对等论（刁克利，2012：169）。在国外，根茨勒提到，奈达出于语用因素的考虑，对读者反应持有浓厚的兴趣，并指出奈达的语用学概念与乔姆斯基的深层结构概念没有什么区别（2004：52，53）。芒迪（Munday，2010：38）更是强调，奈达最具系统的研究方法是借用了语用学的理论概念和术语。玛丽·斯奈尔-霍恩比（Mary Snell-Hornby，1940—）则认为，奈达的动态对等论就是一种语用的求似翻译法（Snell-Hornby，2001：19）。哈蒂姆（Hatim，2010：51）与贝克（Baker，2010：97）这两位学者则直接把奈达的动态对等与语用对等画上了等号。

尽管如此，以上学者并没有对奈达的语用翻译观进行过详细的较为系统的论述：奈达的翻译思想为什么具有语用性质或属于语用翻译观？其翻译思想包含了哪些内容，又表现在哪些方面？我们将在下文中对这些问题进行详细阐释。

3.1 奈达的语用意义观

语用学把语言的意义，尤其是语言的语用意义作为中心问题来研究（Yule，2000：3；Verschueren，2000：8-9）。何兆熊把语用意义之研究作为语用学研究的两大基本概念之一[1]（何兆熊，2000：10）。可见，意义研究，尤其是语用意义的研究，在语用学中占有重要地位。那么，什么是语用意义呢？国内外学者对此进行过相关阐述：莫里斯认为，语用意义指的是语言符号与使用者之间的关系意义；芒迪认为词的附带联想意义属于语用学的范畴（Munday，2001：38-39）。而杰弗里·利奇（Geoffrey Leech，1936—2014）则认为，判断一个意义是否属于语用学范围，需要考虑以下几个问题（Leech，1981：320-321）：

---

[1] 何兆熊认为，意义与语境是语用学研究的两个基本概念（何兆雄，2000：10）。

(1)是否考虑了说话人和听话人；

(2)是否考虑了说话人的意图或听话人的解释；

(3)是否考虑了语境；

(4)是否考虑了通过使用语言或依靠使用语言而实施的那种行为或行动。

国内学者柯平认为，语用意义很多，包括表征意义、社交意义、祈使意义和联想意义（柯平，1993：27）；杨喜娥（1999：28）与刘军平（2019：179）认为，语用意义是语言符号与使用者之间的关系，是语言符号对人产生的影响，就是常说的蕴涵意义或联想意义甚至象征意义；陈刚（2004：121-122）认为，语用意义应包括表征意义、表达意义、社交意义、祈使意义和联想意义；卢玉卿认为，语义只有与语境结合才会构成真正意义上的意义，它随语境的变化而变化，这便是语用学的意义观——动态意义观（卢玉卿，2009：106）；而语用学研究专家雅各布·梅伊（Jacob Mey）、耶夫·维索尔伦（Jef Verschueren）、斯蒂芬·莱文逊（Stephen Levinson）、乔治·尤尔（George Yule）等认为，语用意义的产生与语境有关，具有语境依赖性，否则，就为语义意义。

以上是对语用意义的简单介绍，那么，奈达本人对语用意义又做了怎样的阐述呢？从奈达的几本有关翻译的专著来看，他没有对语用意义下过定义，也没有给语用意义框定出任何范畴。尽管如此，但他说过：

> 与语义学和句法学不同的是，语用学指的是语言符号与行为者之间的关系。人们逐渐认识到，意义的这种语用元素很重要，因为，在交际过程中，任何信息的有效意义在于能被受众所理解。因此，人们对语言符号的反应是分析任何意义的关键所在。……意义的这种语用元素在宗教词汇研究中尤为重要，因为这些宗教术语所携带的语用意义非常浓厚，与它们相对应的所指意义远不相称。（Nida，2004：35-36）

与此同时，奈达对联想意义也进行了界说，认为一个词的联想意义主要由三大因素构成：词语的使用者、词语所使用的实际场合以及词语特有的语言环境（Waard & Nida，1986：147；Nida & Taber，1969：92-93）。综合相关学者对语用意义的界定以及奈达本人对该问题的间接阐述，我们可以说，语用意义与语言的使用者有关，指的是语言符号对人所产生的影响。进一步说，语用意义就是奈达所说的情感意义[1]或联想意义。

由上可见，奈达对情感意义或联想意义的阐述，也就是对语用意义的阐述，在一定程度上表现出了奈达的语用意义观。以下将从发音层面、词位层面、句法层面以及语篇层面等四个方面来阐述奈达的联想意义的语用观。

3.1.1 发音层面的语用意义观

奈达认为，某些言语所采用的特殊发音方式（即音素在语言实际中的某些变体）有一定的联想意义。如在某种纽约方言的发音里，"bird"变成"boid"，"girl"变成"goil"，"third"变成"thoid"……要听懂这些发音并不难，人们认为它们是不标准的发音，"不标准"也就成了这些发音的联想意义。方言中许多不标准的表达法也属于同类情况（Nida & Taber, 1969: 96-97）。

3.1.2 词位层面的语用意义观

词位的联想意义是人们在使用语言时所附加给语言的意义，是语言之外、人体感觉以及社会行为方面的意义，具有主观性，主要源于语言与语境（语言语境与文化语境）之间的"磕磕碰碰"，词典中每个词项定义后面所标识的"粗俗语""俚语""迂腐语""污秽语""儿语"等意义范畴均属于此。奈达对词位层面的联想意义或语用意义进行的相关阐释，主要表现在其产生以及判定之上。奈达在《翻译理论与实践》《从一种语言到另一种语言》《语言与文化——翻译中的语境》等专著中对这些问题进行过多次阐述，不断进行修订及完善，使之走向成熟。

对于词位联想意义的产生缘由，奈达起初列出三大因素：词位的使用者、词位的使用场合以及词位特有的语言环境（Nida & Taber, 1969: 92-93; Waard & Nida, 1986: 147）。后来，他对此进行了细化、修订及完善，把联想意义的产生因素分为六种（Nida, 2001: 31-32）：

（1）与使用这类词位的人有关。具体而言，词位联想意义的产生跟词位使用者的态度、教育水平、性别、出生地域等因素有关。例如，我们一听到

---

1 奈达在《翻译科学探索》（2004）一书中使用的是情感意义（emotive meaning）（Nida, 2004: 57, 113）或情感联想（emotive association）（Nida, 2004: 36），后来改为了联想意义（associative meaning）。笔者认为，后者的覆盖范围更广、更科学。

"dearie""my goodness""oh no"等词时，就知道这是女性用语；而听到"chick"（小妞儿）、"airhead"（傻帽）、"nerd"（讨厌鬼）等词时，就知道这是校园流行语，具有一定的联想意义；又如，乡下人与城里人的语言表达有着不同的特色，因而有着不同的联想意义；等等。

（2）与词位使用的环境有关。同一个词位在不同的场合可以有截然不同的含义，如"damn"这个词在教堂和酒店使用时，即便是出自同一人之口，其含义也会有天壤之别；又如，"son of bitch"这个短语在通常情况下是一个粗俗的表达，有粗野的联想意义，但是，当两个哥们久别重逢时，若说出"And how are you doing, you old son of bitch"这样的句子时，"son of bitch"就带有亲切的联想意义。这样，我们在翻译时，就应充分考虑其语用意义（即联想意义）而进行意象转换，可译为："你这个家伙，最近混得怎么样？"此外，有一些语言表达往往与特殊的语言环境相关，如在拍卖场、市场、警察局、住所、避暑胜地、学术讨论会等，几乎所有的人都会根据所处场合的不同而使用几种不同的"语体"，而各种语体都有自己的联想意义（Nida & Taber, 1969：93）。

（3）与一个词位的出典有关。例如，短语"verily, verily"（真正地），"in Christ"（在基督里）和"in the beginning"（太初）具有"《圣经》用语"的联想意义，而"to be or not to be"（生存还是死亡）具有"莎士比亚用语"的联想意义，而"of the people, by the people, for the people"则会使人想起林肯在葛底斯堡的演说。值得注意的是，1986年奈达把这一点笼统地归入语言使用的场合这一范畴。而在《语言与文化——翻译中的语境》（2001）一书中，奈达则把它单独列出，显得更为明晰，符合条理。

（4）与语言搭配的感染错合有关。有些特定词位在特别好或特别不好的表达中出现时，其联想意义会因其搭配语境的感染而发生变化。例如，"green"这个颜色词出现在某些搭配中时，会出现负面的联想意义，如"green at the gills""green with envy""green on the job""a green worker"等表达。

（5）与一个词位的同形异义词之感染错和有关。例如，"rumpus room"这个表达法的意思是"娱乐室"，但由于"rumpus"和"rump"的发音接近，而"rump"则是指"（动物的）臀部"，致使"rumpus room"染上了不好的联想意义；又如，"cock"一词既有"rooster"意思，又有"penis"的意思，由于两者的相互渲染，使人容易对该词产生负面的联想。所以，美国人在做出售或出租娱乐室的广告时就考虑了"rumpus room"这个字眼的语用意义，而尽量避免使用该词（同上：94）；同理，因考虑到语用意义，我国"金鸡牌"闹钟没有被译为"Golden Cock"，而是"Golden Rooster"（包惠南，2001：275-276）。

（6）与一个词位所指对象相联系的文化价值有关。奈达以"猪"为例对此进行说明：表示"猪"的词在西欧通常具有负面联想意义，而"猪"在美拉尼西亚（Melanesia）却是重要地位的象征，所以称呼这种动物的词就具有非常正面的联想意义。笔者认为，奈达的这种提法是正确的，对我们的实际翻译具有很大的指导作用。例如，在中国，与"狗"相关的词语具有较多的负面联想意义，而在欧美其联想意义却都是正面的。所以，我们在翻译"An old dog can not learn new tricks"时，不能译为"老狗学不了新把戏"，而应为"老人学不会新把戏"；同理，在翻译"爱屋及乌"时，译文就应该为"Love me, love my dog"。这样，就充分照顾了译入语的文化语境，实现两者的语用对等，进而实现其跨文化交际。一般认为，联想意义具有主观色彩，游离不定，缺乏系统，因而，语言学家往往忽视对这些意义的研究。尽管有些语言学家尝试去研究这些意义，但不尽如人意。比较而言，奈达指出，奥斯古德（Osgood）[1]用表格量化法去研究这些意义是较为理想的，具体为根据被调查人以好与坏、美与丑、强与弱、明亮与黑暗、高尚与低下、热情与冷淡等十个刻度对词位的评估，建立起了对联想意义的整体概念，而这些联想意义对具体语言—文化来说具有惊人的稳定性。

3.1.3 语法层面（或句法层面）的语用意义观

值得注意的是，这里所说的语法仅仅指各语言单位之间的组合法则。奈达认为，语法并不是词、词组或短语之间简单的形式组合关系，而是一种具有意义的语言现象，并把这种意义称为语法意义。与词位意义一样，语法意义也有所指与联想等两个层面。语法的所指意义仅仅表示各语言单位之间的关系，既可指组合关系，也可指替代关系。而语法的联想意义则与其使用场合有关，有什么的使用场合就有什么样的联想意义。例如："he go now"这种句法结构的联想意义是句子表达不规范，属于次标准用法；"between you and I"的联想意义可描

---

[1] 有关奥斯古德对联想意义的测试法的详细情况，请参见中国对外出版公司1999年版的《新编奈达论翻译》第189-191页。

述为:"传统用法上不可接受,但现在逐渐普遍使用";而"What right hath my beloved?"这句话的联想意义是"句式陈旧,不适宜于当代使用语境"(Waard & Nida,1986:124)。鉴于语法结构存在联想这一层面的语用意义,翻译时就需注意这些联想意义的正确理解与传译,以便达到翻译的语用功能对等。换言之,翻译时要注意原文形式风格的传译,不要随意更改,因为"任何信息中的这两层意义是不可分割的有机整体"(Nida,2004:164)。同理,当我们遇到"The reinforcing impacts of natural resource depletion and human destitution are exemplified by trends in the world's farmlands"这种句法结构时,其联想意义可以描述为学术性的句式及语言表达。翻译这种类型的句子时,我们就得遵守原文的学术句式结构,使原文的这层语用意义得以译出,这其实十分吻合奈达在《从一种语言到另一种语言》提出的观点:翻译时不要轻易牺牲原文本的形式风格,因为形式风格也有意义(Waard & Nida,1986:36-39;谭载喜,2004:239)。奈达认为,有些语法结构在某些话语类型中用得如此普遍,以至于我们会给这些结构取上不同的名字,如法律文体、官方文体或学术文体(Waard & Nida,1986:124)。

3.1.4 语篇[1]层面的语用意义观

目前,学术界对语篇的界定没有定论,但一般都从形式及功能这两个方面去努力界定(黄国文,2001:5),通常具有以下三个特征:(1)表达一个完整的思想并实现一定的交际功能;(2)一个语篇定有一个主题;(3)语篇是一种意义单位,而不是形式单位(方梦之,2004:208)。而奈达认为,语篇是由完整的话语(即文本)构成,其范畴较为宽泛,既可指一个感叹词,也可指一首诗、一篇散文,甚至一本书,语篇的类型几乎也包罗万象(Nida,2001:59)。

奈达认为,语篇层面的联想意义要比词位及句法的联想意义复杂得多,原因是语篇本身就是由语音、词位、句法等三个方面按照一定的法则组合而成,因而,语篇的联想意义要受到语音、词位、句法这三方面的联想意义之影响(Nida,2001:60),可谓"牵一发而动全身",所以,语篇的联想语用意义不

---

1 奈达用的是"discourse"而没有使用"text",原因是"discourse"指的是使用中的语言,包括口头及书面两种形式,其意义由语境确定;此外,功能派语言学或翻译一般都使用"discourse"(黄国文,2001:5)。

易划定及阐述。不过，苏联学者叶格尔有关语篇的联想语用意义之判定，对我们认识奈达对语篇的联想意义（即语用意义）的阐述有一定的借鉴作用。他提出，文本或语篇的语用因素主要有四个：（1）文本以某一语言形式（如议论、疑问、祈使或祝愿）存在本身就是一种语用因素；（2）考虑交际环境与交际者特点而选定的文本内容；（3）语言表达的方式，即用什么语言来表达文本，如标准语、非标准语、方言、外来语等；（4）具体的语言手段（叶格尔，1980：105-106；转引自杨仕章，2004：19）。

3.2 奈达语境观

3.2.1 语境与语用

语境指词语使用之整个环境（Nida & Taber，1969：199），任何语言的使用都离不开语境。语境一直与语言研究相伴，在语言研究中占有重要一席。鉴于此，从19世纪到现在，很多学者对语境进行过不同层面的论述或阐发。语境的最初显现是在语言学领域，由德国语言学家威格纳（Wegener）在1885年提出，然而，他的语境思想没有在语言学界引起多大反响；现代语言学家之父费尔迪南·德·索绪尔（Ferdinand de Saussure，1857—1913）也对语境有所提及，仅仅指前后语言项目的毗邻形式关系，与语言外因素无涉。较为系统地对语境进行论述并对此进行分类的学者要数马林诺夫斯基（Malinowski，1884—1942），他是一位人类学家，根据人类学研究方法及知识分别于1923年及1935年提出了"情景语境"和"文化语境"这两个语境概念，把语境研究推到了一个新的高度。英国语言学家J. R. 弗斯（J. R. Firth，1890—1960）接受并发展了马林诺夫斯基的情景语境论，指出情景语境不仅包括说出来的话，而且还包括说话人的面部表情、手势及身体的姿势，所有参与交谈的人以及这些人所处的那一部分环境。总之，弗斯把马林诺夫斯基的语境思想引入语言学领域，使语境具有了狭义和广义之分。弗斯的学生M. A. K. 韩礼德（M. A. K. Halliday，1925—2018）从三个维度对语境进行了细化，即场景、交际者以及方式。这可说是语境论的最大突破及飞跃。从此之后，很多语言学家尤其是语用学家对语境进行了不同层面的阐述或分类，如约翰·莱昂斯（John Lyons，1932—2020）、利奇、D. 海姆斯（D. Hymes，1927—2009）、凡·戴克（van Dijk，1943—）、耶夫·维索尔伦（Jef

Verschueren，1952—）等。这些语言学家对语境研究的共性如下：都认识到语境对语言使用的重要性，都对纷繁复杂的语境变量进行抽象归纳及分类，并不同程度地对这些变量与语言结构或功能之间的对应关系做了阐释。

以前的语言研究限于在语言系统内研究语言，如，在系统内研究语义和句法的逻辑关系或真假值，或在理想的人工语言中大做文章，当遇到一些解释不了或不可理喻的句子时，就扔到"垃圾箱"里去。随着对语境研究的益发重视，以及语境因素在语言研究中的频频介入，语言学研究的视野大大拓宽，更多的语言现象得到解释，不仅如此，还萌发了新的学科——语用学。正如俞东明所言："语境因素一旦进入了语义研究的范围，便为语用研究开辟了道路。语用研究进而迅速发展成一门相对独立的学科。"（俞东明，2011：8）这样，语境便成了语用学得以形成的前提条件，牢牢地盘踞在语用学各个层面之中，如指示语的研究离不开语境，会话结构研究离不开语境，言语行为理论亦是如此。总之，语境是语用研究的基础及前提，犹如一座高楼大厦的基脚，没有基脚就没有高楼大厦，同理，没有语境就没有语用或语用学（白解红，2000：89）。

此外，国内外很多专家学者对语境与语用的关系都谈过自己的见解或看法。何自然就指出，"语用学中的语境因素决定人们对话语做出不同反应，使句子结构功能发生变化"（何自然，1987：24）。而上海外国语大学的何兆熊则认为，"语用学是对意义的研究，但它所研究的不是抽象的，游离于语境之外的意义，而是语言在一定的语境中体现出来的具体的，具有交际价值的意义"（何兆熊，1987：9），并坦言道，"离开了语境，便无所谓语境意义了"（同上：10-11）。朱永生谈道，"任何一种语用学离开了语境研究就再也称不上语用学，任何一个语用学家离开了语境研究就再也称不上语用学家了"（朱永生，1996：7）。陈科芳则提到，"语境研究是语用学研究的生命"（陈科芳，2010：19）。而熊学亮更是宣称，"语用学实际上是一门语境学"（熊学亮，1996：1）。国外一些专家学者也进行过类似阐述。尤尔认为，"语用学就是语境意义之研究"（Yule，2000：3）；斯塔尔内科指出，"语用学是对语言行为以及实施这些行为的语境所做的研究"（Stalnaker，1972：383）。哈蒂姆与梅森认为，"语用学就是研究语言与话语语境之间的关系"（Hatim & Mason，2001：59）。维索尔伦认为语用学所研究的语境是动态语境，与语用研究相伴随（Verschueren，2000：75-76）；梅尔也认为语境是动态，与语用研究息息相关（Mey，2001：39-40）。

从以上学者对语境与语用之间关系的阐述来看，语境与语用是不可分割的有机整体，语言研究一旦涉入语境，就触及了语用的触角，属于语用性质的研究，而语用研究或语用学必定包含语境，没有了语境，语用研究或语用学就失去了灵魂。难怪有学者把语境研究归属于语用学的四大支柱理论之一（刘会英，2008）。

3.2.2 奈达的语境观[1]

语境观是奈达整个翻译思想的重要组成部分，而且是整个翻译思想的基础性内容。奈达说过："翻译就是翻译意义。"（Waard & Nida, 1986: 60）所以，做好翻译的第一步就是分析原文本的意义，而原文意义的分析不是单纯逻辑意义的分析或真假值的判断，而是要结合相关语境进行语用推理，以便弄清原文本的真正意义或意图之所在。

鉴于此，奈达非常重视翻译中的语境，并专门著有《翻译中的语境》[2]（*Contexts in Translating*, 2001）一书，由约翰·本杰明出版公司在2001年出版，后来又与1993年版的《语言、文化与翻译》（*Language, Culture and Translating*）合在一起，集结为《语言与文化——翻译中的语境》（*Language and Culture: Contexts in Translating*, 2001）一书由上海外语教育出版社出版[3]。我们发现，无论是阐述自己的语义分析观还是建构自己的功能对等论，奈达处处体现了自己的语境观，可以毫不夸张地说，奈达最为出名的形式对应论以及功能对等论也是在其语境论的驱动下不断走向成熟及完善的。语境在奈达翻译思想中的重要地位及作用，由此可见一斑。那么，奈达有着什么样的语境观呢？他是怎样进行阐述的呢？

---

[1] 奈达对语境的阐述主要见于《翻译科学探索》《语言与文化——翻译中的语境》两本书，尤其是后者。另外，奈达与沃德合著的《从一种语言到另一种语言》也对语境有所提及。

[2] 奈达的《翻译中的语境》是2001年出版的，而谭载喜的《新编奈达论翻译》出版于1993年，而国内很多学者对奈达的了解几乎全部来自该书，故，很多学者对奈达翻译思想的了解不是很全面。

[3] 对这两本书合并的理由，请参阅上海外语教育出版社在2001年出版的《语言与文化——翻译中的语境》一书奈达所写的序。

奈达的语境概念源于维特根斯坦的语言游戏论及马林诺夫斯基的语境论。在早期，奈达把传统的语境分为非语言语境及语言语境，非语言语境仅指交际事件的场合及场景特点，而语言语境指句法结构特征和语义结构特征（Nida，1972：104-105）。后来奈达不断扩大、完善自己的语境论，把它细化为口头语境、情景语境、横组合语境、纵聚合语境、文化语境等十多种。这些大小不同、类别各异的语境既有动态性，也有静态性；既有宏观性的，也有微观性的；既有主观性，也有客观性……远远超过了奈达早期对语境范围的界定。

为了更加准确及全面地阐述奈达的语境观，本书按照白解红对语境的分类及界定，对奈达的语境类型进行厘清、梳理及归类，并逐一加以阐释。白解红把语境分为语言语境与非语言语境，但语言语境指的是在交际过程中某个语言单位表达某种特定的意义时所依赖的上下文，既包括书面语中的前言后语，或是一个词与另一个词同现或搭配的可能性，又包括口语中的前言后语；而非语言语境指的是在交际过程中某个语言单位表达某个特定意义时所依赖的各种非语言的因素（白解红，2000：89）。她认为，语境的这种分法及界定是合理的，因为非语言语境是无止境的，可以包罗万象。笔者认为，白解红对语境的这种分类及界定是合理的，不仅有更大的弹性，而且有更强的解释性。此外，蒋坚松则直接把奈达的语境分为语言语境和非语言语境（彭利元，2008：序1.1）。职是之故，用语言语境与非语言语境来阐述奈达的语境观，能够使我们更加全面、客观地认识奈达的语境观以及他的语用翻译思想。

3.2.2.1 奈达的语言语境观

奈达对语言语境的阐述较为全面且深刻，大致分为以下三种。

（1）横组合语境。

奈达的横组合语境与结构主义语言学派创始人索绪尔所提出的横组合关系貌似一致，但"貌合神离"，有着本质的区别。索绪尔的横组合关系在当时只谈词项之间的形式关系以及价值关系，而奈达的横组合语境指的是单个语言项目的意义受到前后毗邻的词或短语，甚或句子的影响，其目的是研究交际者或原文本的意义。在确定一个词的具体意义时，其字典意义的核心部分被弱化，而其语境发挥了最大作用（Nida，2001：160）。奈达以词语"run"为例对此进行阐述（同上：160-162）。首先，在谈到"run"这个词语具体意义的确定时，认为应考虑与之毗邻的横组合语境，并以"boy""horse""snake""crab"为例，说明

"run"这个词的具体意义确定,不是以多少脚着地或速度快慢为依据,而是以"run"和"某个动物"这种语境之结合为根本。又如:

①The salmon are running.
②The blue fish are running.
③The porpoises are running.

在以上三句话中,"run"的意义之确定,不是依赖其主语,而是取决于其语境;由于它们的语境都是"水"这种物理语境,我们可以把"run"理解为"水中的快速运动"。接着,奈达指出,"run"还可以用在其他更为宽广的领域。如:

①The play runs for three months.
②The line ran off the page.
③The bill ran to sixty dollars.
④The rose bush ran along the fence.

在以上四句话中,"run"在各个句子中具体意义的确定,取决于"run"与各个句子的具体横组合语境之综合体。这说明,词语意义的确定不在于一个词的核心成分,更多地在于其所出现的横组合语境。最后,奈达指出,"run"还可以出现在其他无数个语境中,其意义要么与"run"的核心意义成分有关,要么有点遥远,等等。但是,这些情况能说明一个问题,"run"的意义不是固定不变的,而是处于模糊状态,其最终意义的确定取决于"run"与其所出现的横组合语境之整体结合。奈达还指出,横组合语境不仅决定一个词该如何理解,还决定一个词该如何翻译。如,汉语表达中的"鱼"(fish)和"水"(water)等词语不能与"跑"(run)相搭配,所以,当"a fish runs"(一条鱼跑了),指的是它"disappeared"(消失了);而英语中的"water runs"(水跑了)中的"run",指的是"漏水了"(it leaks)。最后,奈达强调道,一些词素或词语在其横组合语境中的复合词以及短语中,意义也不一样。例如,"soft egg""soft music""soft drink""soft ware"等短语表达中的"soft"在每一个短语中的意义是有差别的,有时就是一个新的词语(Nida,2001:164)。

奈达提出的横组合语境对翻译是非常有用的，因为翻译的第一步就是要分析原文本的词语意义，而词语意义的确定不是单纯靠一本双解词典就能解决，而是要看该词的前后毗邻关系，即横组合语境关系。诚如弗斯所言，要理解一个词的词义，就要看它的结伴关系（Firth，1968：179）。而奈达的横组合语境就是弗斯所说的结伴关系。

（2）纵聚合语境[1]。

当一个词或词组意义受到与之相关词组意义的对比和比较关系之影响时，我们可以说，该词或该词组处于纵聚合语境之中。奈达主要以"whisper"为例，对纵聚合语境对词义的影响进行较为详尽的阐释（Nida，2001：165）。在对"whisper"下定义时，必须把它与"shout""numble""sing""shriek""hiss"等词的语义范围加以比较，才能最终确定其具体意义。所有这些词都具有"口头交际"的共同特征，但同时也有某些重要的区别性特征。例如，"whisper""hiss"指不振动声带的无声动作，"shout""mumble""sing""shriek"则是振动声带的有声动作。"sing"与其他词的区别，在于它所涉及的声音具有音乐感；"whisper"则没有音乐感。"shout"和"shriek"两者包含"音量大"的意思，而"whisper"主要指低音量的动作。鉴于此，我们可以把"whisper"[2]定义为：不振动声带、属于言语范畴、无音乐感、低音量的口头交际（Waard & Nida，1986：144-145；谭载喜，1999：160）。此外，奈达还以"march""dance""walk""hop""skip""jump"等词为例，说明"绝不可能孤立地对言语符号的意义加以解释，只有把它与相同或相关语义场的其他言语符号加以对比，才能得到解释"（Waard & Nida，1986：181）。换言之，言语符号意义的分析或解释离不开纵聚合语境，其最终意义的确定取决于它所在的纵聚合语境。

奈达的纵聚合语境对研究语义问题，尤其理解一个词或词组的意义非常重要。例如，当我们说"我们老师在开会研究这个问题"这句话时，无法知道"我们老师"这个词组有没有包括说话人在内；但如果紧接着说"你们学生也要研究那个问题"时，"我们老师"的含义便可以从它的纵聚合关系词"你们学生"

---

1 笔者认为，对语义分析的纵聚合视角更接近认知语言学的原型范畴学视角，这也说明奈达已经运用了认知语言学的相关知识来分析词汇的语义成分。
2 对"whisper"一词的定义，奈达还从横组合语境进行过论述（谭载喜，1999：160-161）。

中知道，即包括了说话人在内的老师们。又如，"He calls him a hypnotist or a thief or a home-breaker"这句话中"hypnotist"的意思就不是"催眠师"，因为"hypnotist"与"thief"和"home-breaker"处于纵聚合语境[1]之中，因受后两个词义的影响，其语气是一个比一个强烈，因而"hypnotist"不能理解为"催眠师"，而应理解为"骗子"之意。不仅如此，奈达对纵聚合语境的提出及阐释对翻译实践的指导也非常重要：不仅有助于我们准确理解一些语词的具体意义，还能避免在翻译中犯错。例如："参差荇菜，左右流之"一句，许渊冲先生将后半句译为"water flows left and right"，但原诗节中还有"参差荇菜，左右采之""参差荇菜，左右芼之"这样两句，这里"采"与"芼"和"流"处于纵聚合关系之中。无疑，"采、芼"均是"采、摘、取"之意，由此可知，"流"也应为"索、取、求"之意。此诗节中的这三句是一种反复的手法，暗喻了"窈窕淑女，君子好逑"。故而，与许渊冲先生相比，A. 韦利（A. Waley）把它译成"To left and right one must seek it"则更符合原义。

尽管奈达的纵聚合语境给我们的语言研究及翻译研究带来了许多便利，也推进了语义研究的进程，但美中不足的是，奈达的纵聚合语境的论述还处于词语层面，研究的宽度及深度都不够，属于纵聚合研究的"青涩"期。我们可以把奈达的纵聚合语境延伸到句法层面，甚或话语及语篇层面。这有待于我们继续对此进行挖掘、发展以及完善。我国学者林玉霞（2000）在这方面做出了一定的贡献，在对纵聚合语境的定义、纵聚合语境与词语或句子的关系以及如何把它运到翻译实践中去等方面做了较为翔实的研究。

（3）语篇语境。

奈达提到，一个特殊语言片段的意义分析如段落、章节甚至一本书，都离不开与之相关的更为宽广的语篇语境（Nida，2004：243）。换言之，语言片段的意义分析不能独立进行，必须作为整个语篇不可分割的有机整体加以考虑。此外，整个语篇意义的分析必须考虑到整个语篇内容以及组织结构。例如，在《启示录》这本书中，一些特殊内容的阐述就受到该书结构框架很大的影响（同上）。不仅如此，一个文本意义的确定在很大程度上还取决于某些完全不同的文本，这也是文本间性之关系。例如，一看到"out damned spot"和

---

1 "hypnotist""thief""home-breaker"这三词从形式上看似乎是处于横组合关系中，其实不然，因为这三个词不是用"and"而是用"or"来连接的，表明三者是可相互替代的，因而是处于纵聚合语境之中。

"to be or not to be"等表达时，就会想到莎士比亚；而一读到"verily, verily"和"hallelujah"，就会让人联想到《圣经》这本书。换言之，我们若要理解一个文本的具体意义，就需了解文本中的一些互文性语境，即弄懂与某些著名语段或谚语相关的典籍、历史传奇、神话故事等。此外，文本内容的不确定也可作为一种语境，有助于我们分析象征性的语言表达，这在抒情诗歌及宗教语篇类型中尤为如此。抒情诗歌以及宗教题材中的主旨内容是模糊的，语言的能指与所指之路径不是透明的，而是曲径通幽；而这种模糊不清的语境则有利于我们去分析其语言表达。最后，奈达指出，词语的语音象征主义是文本意义得以加强的重要手段，可以把声响语符与语义内容之间的语境关系构建起来。这样，在分析文本时，需仔细分析其声响语符的方方面面，以便更好地把握文本之意义。

3.2.2.2 奈达的非语言语境观

除了语言语境，奈达还对非语言语境进行了分类及阐述，笔者对此进行了梳理及归类，大体将其分为以下六种。

（1）口头语境。

奈达所说的口头语境（oral context）指的是音质、音量、语速、语调等副语言特征（Waard & Nida, 1986：13）。这在日常交际中非常重要，有助于我们辨别对方想要表达的真实意义。就语调而言，不同的语调带给同一话语不同的意思。例如，当某人怒气冲冲地说"I love you"时，只表示不喜欢或厌恶，毫无爱意可言（奈达，1999：21）；而用升调说此话时，则表示对某人的爱可能是不确定的或含糊的；若用温柔甜美的语调说时，则可能是名副其实的爱意表达。又如，用升调或降调说"I beg your pardon"时，其意思是截然不同的：升调表示"请再说一遍好吗"，而降调则表示"对不起"。又如，若用拖长的语调来说"It was a looong way home!"时，明显表示说话人在强调"路程很长"，加强其语义的内涵（Nida, 1993：25；2001：20）。此外，回答的迟疑性或慢语速也可能表示其他意思。例如，在菲律宾，一个电视修理工或水暖工总是告诉打电话的顾客，说他会马上去解决问题，但是如果他迟疑了3到5秒才答复对方的话，说明他不会来了。菲律宾人会通过对方的迟疑这种副语言特征很快判断出该修理工不会来了，还得请其他人来修，因为菲律宾人知道，对方的这种迟疑答应帮忙，只是为了不伤和气，尽管他们不愿意或无法办到。又如，在给待聘雇员资历的证明人打电话时，证明人做出一个既不得罪人又能提

3 奈达翻译思想再认识：语用翻译观

供真实情况的答复所需要的时间与待聘人的期望值通常是成反比的。换言之，回答时措辞的时间越长，待聘人符合条件的可能性就越小（Nida，2001：20-21）。

（2）交际语境。

奈达所说的交际语境指的是信息产生以及接受所牵涉的各种因素，并指出：要充分分析原文的信息意义，就得考虑原文在交际时所涉及的各种情景，如时间、地点、原文信息的创造者、受众、意图以及有关各种反应的记录（Nida，2004：243）。具体而言，指的是要考虑源语与接受语中存在的对信息意义产生影响的相关因素。首先是原文在源语中所受到的相关制约因素（同上：243-244）：①源语的背景知识，如，若要试图对原文的信息进行解码，就得对原文的创造者做一些了解；②原文信息产生的特殊方式；③对原文信息的实际背景知识做些了解，如文中的简历材料是个人的或是源自他人的，是口头形式还是书面形式，等等；④源语生活场景。为了更准确、全面地确定原文的信息意义，奈达主张要系统深入地分析与原文受众相关的因素：①受众的背景知识；②原文信息实际接收的方式；③使这一信息得以产生的受众之行为方式；④受众可能对信息所做出反应之方式（同上）。

（3）交际者或场景语境。

奈达使用交际者语境或场景语境，主要是为了阐述其与语域之关系。众所周知，每一个语篇都有其固有的语域，其语域变化要受到一定的语境影响，一般受话语范围、话语基调、话语方式三种语境的影响（朱永生，2005：46-72）。奈达谈语境对语域的影响，是仅仅从小说人物或演说者以及场景语境这两个层面去论述的（Nida，2001：168）。小说或其他题材中的人物关系已经使用的场景决定其语域变化，或专业用语，或正式用语，或非正式用语，等等。话语交际也是如此，我们可以根据言说者的用语判断对话者之间的关系。例如，若对话者是很好的朋友，就会使用非正式用语或随意用语，而极少使用正式用语；若对话者初次见面，所使用的语体可能就稍微正式一点，等等。此外，若对话者虽是好朋友，但处于上下级关系，而且在正式工作期间，其用语可能会更为正式。简言之，我们要从语篇中人物间的关系或与听者之关系以及话语场景，去确定语篇中存在的不同语域或曰语体，还应从语篇中存在的不同语域去判断语篇中对话者之间的社会关系或身份关系。

笔者认为，奈达对于交际者及场景语境与语域之关系的阐述，有利于我们准确地认识原文以及全面把握原文中存在的各种语体关系，进而把原文本的语域更好地传译出去。用奈达自己的话说，"抒情诗应该译得要像抒情诗，朋友间的来往书信译得要像书信，而不应该译成非常正式的论语体"（Nida & Taber，1969：129）。

（4）文化语境。

文化语境指的是交际发生之整个文化背景以及具体的非语言场景（同上：199）。我们总是生活在文化之中，言行举止都离不开文化因素的制约，而语言活动尤为如此：处处都有文化的烙印，时时可见文化的踪迹（包惠南，2001：V）。可见，语言与文化的关系非常密切：语言既是文化的一部分，同时又是文化的载体。这样，通过对语言词汇的研究，可窥见其背后的文化背景。例如，在苏丹安努亚克人的语言中，用来描述牛的不同种类和特征的词语就有好几百个，而秘鲁高原的盖邱亚人对于不同种类和形状的马铃薯就有几十个不同的名称（Nida，2001：80），这说明牛与马铃薯分别在苏丹安努亚克人以及秘鲁高原的盖邱亚人的文化中占有重要地位，有着重要的文化意义；又如，通过对"nigger""negro""colored""black""Afro-American"等词语的分析，可以了解到美国所存在的种族歧视现象。

文化语境对一个词语的生存及发展起着极大的作用，可以说是一个词语的灵魂，鉴于此，奈达指出，要准确了解一个词语的意义，或该词语更多的内涵意义，需了解其更为宽广的文化语境（Nida，2004：244）。当然，最好是深入该国的文化氛围，进行文化体验，进而更为全面系统地掌握其文化语境。正如奈达所言，要掌握好语言，应先掌握好该语言背后的文化，而要达到此目的，最好到所学语言的外国社会中进行亲身体验，或待上一年半载的时间（Nida，2001：82）。简言之，奈达非常重视文化语境对词语理解中的重要作用，"要真正出色地做好翻译，掌握两种文化比掌握好两种语言更为重要，因为词语只有在其特定的文化语境中才有意义"（同上）。

除此之外，奈达指出，在分析原文本意义的时候，还应考虑接受语中的文化语境。尽管在很多人看来接受语文化语境与原文本的意义分析毫无关系，但是情况并非如此。奈达特别指出：除了一些开拓性文本翻译[1]外，《圣经》译者一般不会忽视在接受语中业已存在的经文表达方式。如果在接受语中存在一些相应的

---

1 就是曹明伦所说的原创性翻译（曹明伦，2009：46-50）。

语言表达形式，就应进行形式对应翻译；这些形式对应的翻译尽管在某些时候不尽人意，但确实易于影响译文的接受效果，即便在最大可能地追求在形式、内容以及精神等方面都忠实的情况下亦是如此（Nida，2004：245）。

（5）语篇受众语境。

语篇的受众也可以作为一种语境，可以突显原文的语篇意义（Nida，2001：168）。例如，在《路加福音》第15章中，父亲与两个儿子的故事其实是面向两类受众而记载的：一类是悔改的流浪者，他们非常乐意倾听着神讲的这个故事；另一类则是法利赛人，他们怀疑耶稣，且鄙视流浪者。奈达认为，受众的不同类型与两个儿子的经历与行为非常相似，也就是说，有的受众的经历与行为与小儿子的经历及行为十分接近，因而乐意聆听耶稣讲的这个故事；有些听众十分欣赏大儿子的经历与行为，因而认为耶稣的这种讲解不可理喻（同上）。由此，我们可以说，为了迎合受众的心理趋向或审美情趣等语境，或曰受众语境，译者就不得不对一些待译文本进行选择或对某些翻译策略"情有独钟"。

对奈达所提的语篇受众语境，我们可以我国改革开放前后的欧美文学文本的翻译为例来进行阐述。在改革开放前，译者所译文本之题材几乎都是揭露资本主义腐朽及堕落，或反映劳苦大众的凄凉悲惨生活的，如《双城记》《简·爱》《红与黑》《茶花女》等，迎合了当时人们的审美取向和阅读情趣，能够赢得更多的读者；改革开放后，人们的阅读爱好逐渐多元化，乐于进行悠闲式或闲情逸致的阅读，译者的选材趋向也随之变化，如《儿子与情人》《东方财团》《爱情与叛逆》等。

（6）意义剧变语境。

有时候，为了吸引受众的注意力，作者会使用一些古怪的词语搭配，所谓古怪，指的是所运用的词义与该词的本义相差甚远，而这种搭配又是合理的，给人耳目一新的感觉。这里面就牵涉了一种语境，奈达把它称为"意义剧变语境"（Nida，2001：167）。在我们平常的语言活动中，这种语言现象也不少见。例如，在"delicious idea"这个短语中，"delicious"与味道毫无关联，理解这种特殊的语境之后可以明白该词指的是对某个观念所持的愉悦态势；同样，在考虑到存在一种意义剧变语境之后，布鲁塞尔的一家旅行社为了吸引更多的顾客，使用了"Stop and Go"这个标示来做招牌。

除了以上语境，奈达还对即时语境（immediate context）、移就语境（displaced context）、转让语境（transferred context）等进行了简单论述

(Nida，2004：31）。语境是一个庞大的系统，用彭利元的话来说，是一个"庞然大物"，我们需要变化视角，从四面八方对之进行全面审视（彭利元，2008：295）。尽管奈达对语境的分类及论述有点庞杂、缺乏系统，某些部分有重合之处，但可称得上"面面俱到、全面审视"，不仅触及文本结构的方方面面（语音、词汇、语法、文化历史），还包含了语境的方方面面，如语言语境、文化语境、情景语境（如读者、话题）等。奈达对语境进行强调及突显的目的在于：译者通过语境对原文进行全面分析，获取恰当的意义；而在译文表达时，能懂得如何选词，把原文信息内容精准地传译到目的语中，从而顺利进行跨文化交际。

我们知道，如何通过语境推导原文的意义，以及把原文意义准确无误地传译到目的语去，这是语用翻译的最基本的要求（Shuttleworth，Mark & Moira Cowie，2004：21；方梦之，2011：134；冉永平，2012：195）。职是之故，奈达的语境论体现了丰富的语用翻译思想，这种说法一点也不为过。

3.3 奈达功能对等论的语用翻译思想

3.3.1 对等语

冉永平认为，"语用翻译观以意向读者/听话人对象为前提，强调原语信息理解的准确性、译语形式选择的恰当性、适宜性与可接受性"（冉永平，2012：195），最好"采用近似于读者习惯的译语表达式，再现语用信息及交际用意，最大程度地顺应读者"（同上：200）。而奈达功能对等论的实现手段则是使用目标语中最切近而又最自然的对等语。换言之，最切近而又最自然的对等语是实现翻译的功能对等的前提条件，也是奈达功能对等论整个理论体系的固有部分。把冉永平对语用翻译观的界定与奈达功能对等论的实现途径进行对比，我们可以发现：对受众语言表达形式的迎合或顺应是两者关注的焦点，两者存在很大程度的暗合。由此，笔者认为，"最切近而又自然的对等语"这句话蕴含着丰富的语用翻译思想。为什么这么说呢？以下将从"最自然"和"最接近"这两个关键词来对此进行阐述。

3.3.1.1 最自然

奈达对"自然性"的特征描述为"使用不违背一种语言通常模式的语法结构和词汇组合"（Nida & Taber，1969：203）。可见，译文的自然性指的是译文表达要符合接受语的语法规则及词语组合模式，而翻译中最自然的对等语就是奈达所说的不带任何翻译腔[1]的最理想的译文。

奈达所说的最自然的对等语这一说法源于对《圣经》翻译的研究。《圣经》翻译把读者阅读取向作为第一要义，而要照顾读者的阅读取向，译文表达就需符合读者母语的用语规范，这样，要求译文表达与原文表达是最自然的对等语就成了情理之中的事了。奈达认为，在翻译古老的《圣经》时，不能使译文听起来好像是临近城镇上十年前发生的事情，因为《圣经》所涉及的历史环境至关重要，我们不能使法利赛人（Pharisees）和撒都该人（Sadducees）脱胎换骨，变成现代宗教的派别。换言之，在翻译古老的《圣经》时，原有的文化意象应该保留，然而，我们不能以此为借口，按照古老的《圣经》用语，译为含混的句法及晦涩的词法，即在译文中不要显露出语法上或语体上任何生硬奇特的痕迹，而应译成让现代人能够读懂的译文（同上：13）。古老的《圣经》是在古老的文化语境中创作的，为那个时代的读者服务，而对处在那个时代文化语境的读者而言，《圣经》的语言表达不会有太多的古味，用语也是规范以及合乎情理的。但时过境迁，现代读者的阅读取向发生了变化，因而，《圣经》译作的语言表达也应进行变化，符合现代读者的阅读习惯。否则，翻译的结果不仅会与原文不忠，还会失去信息交流理应达到的交际效果（同上）。而语用交际讲究的也是语言表达的规范性，顺应读者的认知语境，以及迎合读者的阅读取向和审美情趣，这样，才能达到交际的成功。鉴于此，奈达所说的"最自然的对等语"与语用思想存在很大程度的暗合，体现了一定的语用翻译思想。

3.3.1.2 最切近

这里所说的最切近，指的是意义上的最切近，尤指语用意图的最切近，主要体现在奈达所提倡的"翻译就是翻译意义"以及"功能对等"这两大目标之

---

[1] 翻译腔（translationese）指的是由于过于强调形式对应而违反接受语的语法及语义模式所形成的人工语言体（Nida & Taber，1969：208）。

上。例如：在翻译《圣经》中"heap coals of fire on his head"这个习语时，不应照着"堆火团于他头上"这层意义去翻译，因为这层表面意义是不切近的，而应寻找其语用意义，译为"使他惭愧"。又如，若把"the sons of the bride chamber"这个短语翻译成"洞房的儿子"，就没有捕捉到原文最切近的意义，而应在认识该短语的逻辑语义的基础上，再结合其上下文，寻找出它的语用意义"新郎的朋友"。故，奈达所说的最切近的意义，是指能够把原文的意图反映出来的语用意义。我们再通过以下对话进一步阐述奈达所说的最切近意义的实际所指：

A：那就是冲你的面子，我发现你很有面子。

B：我有面子，其实我从来不爱帮人走后门，也从来没走后门，帮你这是第一次。我很少出门，出门也没有什么事，用不着求谁。（莫爱屏，2010：179）

译文：

A：That's for your sake. You're very prestigious.

B：Not really. In fact, I don't like using my social influence to help people and have never done that before. It's the first time I take advantage of it, just for you. I seldom go around and I have nothing to ask for help.

这组对话中的"帮人走后门"，其实指的是"利用某人的影响力去给人谋取方便"，而不是"为了他人从后门进去"。若按照奈达的"最切近的对等语"去翻译，应译为"using my social influence to help people"这一语用意义，而不是"go back door for others"这种表面意义。同理，在翻译"firmament"（天穹）时，就不应简单地将其译为"vault"，而应对此进行语境增补或语用充实（冉永平语，2012：190），译为"vault in the sky"，以实现最切近的语用意义对等（Nida & Taber，1969：110）。

不过，奈达所说的最切近对等语还有一个前提，即在语言表达"最自然"基础上的语用意图之"最切近"。若没有这一前提，就很难得到受众的认同及接受，因而也达不到应有的交际效果。如，奈达认为：我们不能使用当代词

语 "mentally distressed" 来译 "demon possessed" 这个短语，这是不恰当的；同理，我们也不能使用 "iron oxide" 来取代 "rust"，或用 "universe" 来翻译《创世纪1：1》中的 "heavens and earth"（Nida，2004：169）。"mentally distressed" "iron oxide" "universe" 等词都不恰当，因而显得很不自然，若照此进行翻译，肯定得不到接受语受众的认同及接受，从而达不到翻译的效果。

3.3.2 意图性

语篇的意图性（intent/intention）指话语的传出者想使他的话从形式到意义有连贯性，并借此达到一定的目的（罗选民，1990：2）。在论述功能对等论的时候，奈达特别强调，功能对等论必须清晰地反映原文的意义和意图（Nida，2004：166）。由此可见，原文的意图能否被发现、理解及传译是功能对等得以实现的最终标志，因而是功能对等论的重要内容。我们可以说，功能对等是基于意图的功能对等，若意图是底座，功能对等就是高楼大厦；若意图性不能实现，功能对等就无从谈起。

奈达主要从事《圣经》翻译研究，而《圣经》翻译的特殊性，在很大程度上决定了奈达对原文意图传译的关注。如："《圣经》翻译工作者要想出色地做好翻译，就必须充当知识的桥梁，让受者能够跨越语言与文化的鸿沟，尽可能充分地理解源发话语的含义。"（Waard & Nida，1986：14）这里的话语含义指的就是原文作者的意图。在通常情况下，原语中的任何话语在交际中仅仅只有一个意图（Nida，2004：101），因而，译者需要从知识上及情感上了解原作者的意图（Waard & Nida，1986：14），并尽力把这种意图恰如其分地传译给译文读者（同上：32）。不仅如此，奈达还反复强调原文意图正确传译的重要性。例如，"如果第二语言中的接受者在阅读时总是误解原文信息的意图，显然，这不算一篇合适的翻译"（Nida，1972：267）。"然而，很重要的一点是，必须认识到动态对等翻译并不仅仅是提供和原文信息大致类似的另一个信息。它终究是一种翻译，因此它必须清晰地反映原文的意义与意图。"（Nida，2004：166；谢天振，2008a：50）另外，奈达还把原文意图传译的明白与否作为判断一篇译文是否成功的重要标准之一（Nida，2004：182）。"译者也只有使目的语读者了解到原作者的意图，从而与原语读者产生相同的效果，即达到所谓的'动态对等'，翻译才算成功。"（石淑芳，1999：5）此外，罗选民把译文意图与原文意图的吻合度称之为一种"合作原则"，也就是语用学家赫伯特·保罗·格赖斯

(Herbert Paul Grice，1913—1988）所提的语用合作原则（罗选民，1990：2）。这其实就是语用翻译所遵循的基本原则。

笔者认为，语用学能与奈达的翻译理论走在一起是因为两者存在许多"共核"，而对意图性的共同关注是它们之间最大的"共核"，语用学以语言应用者如何表达或领会在言谈中的"意图"为重点（薛雁、戴炜华，2003：47），而且语用学的价值之所在也是基于一定场景中言说者或原文作者的意图性是否得以传达（Hatim & Mason，2001：91），而奈达的功能对等论也是以原文意图的传译与否为己任，并与读者反应紧紧地内镶在一起，成为不可分割的有机整体（Nida，2004：183）。关于这一点，何自然（1997：195）说得更明白，认为语用翻译理论的重点是译意，而这个"意"指的就是原文作者的意图。这也难怪Hatim（2010：51）、Baker（2010：97）、冉永平（2012：193）等认为，奈达的功能对等论相当于语用翻译（冉永平，2012：193）。

3.3.3 读者反应

语用学是理解语言、使用语言的学问，其目的在于如何使双方的交流得以顺利进行。而要使交流顺畅，言语表达需顺应交流参与者的心理特征及审美情趣等。同理，具有交际性质的语用翻译也非常关注译文的消费者——读者，并"始终强调以目标读者（或听话人）为取向，使其最大限度地接近于读者的语言、社会（或社交）文化习惯"（冉永平，2012：201），最终使读者得以理解及接受。有学者指出："再现原作的语用潜力，努力保障译文接受者产生应有的反应——这两点对翻译过程与翻译结果的影响，就是翻译的语用学方面或翻译语用学。"（杨仕章，2004：19）鉴于此，笔者认为，作为功能对等论重要组成部分的读者反应也反映了一定程度的语用翻译观。

奈达自始至终都注重读者因素的研究，尤其关注原文读者对原文信息之反应与译文读者对译文信息之反应的基本对应。由于原文读者所处的文化语境及语言语境与原文创造者所处的文化语境及语言语境是一致的，所以，原文读者在阅读原文时就显得很"自然"，不会碰到笨拙的语法或词法以及怪异的文化之障碍（笔者注：除非原文作者为达到某一创作目的故意为之）；然而，当原文译成接受语时，由于存在语符及文化差异，译文读者读译文就比不上原文读者读原文那么"自然"，所获得的感受也大不一样。为了使译文读者读译文自然顺畅，并获得大体一致的感受，奈达强调道，译文要从语法及词汇等方面做

3
奈达翻译思想再认识：语用翻译观

一些调整，以适应接受语的文化语境及语言语境，进而使译文读者更好地接受及理解译文。一般而言，语法调整较为容易，因为很多语法变化都受制于接受语中的必要结构（obligatory structures）（Nida，2004：167）。如，我们在翻译时须做出词序改变、动词取代名词、形容词代替名词等各种语法调整。至于词汇结构方面的调整要复杂得多，如果词汇在两种语言中有着一样的能指符号和所指对象，就不会有什么问题；如果存在很大的差异，就需做些调整。如，"as white as snow"这个表达中的"snow"，若接受语中没有"snow"，就只有用其他的白色物体替代，如"mushroom"（蘑菇）、"frost"（霜）、"kapok"（木棉花）等[1]。此外，形式结构上的相应调整也会使译文读者最大限度地接受及理解译文，从而获得不错的感受（同上：170-171）。例如，源语中的离心结构表达[2]（exocentric expressions）翻译成接受语时，就须进行调整，否则就会毫无意义或产生误导。如，"gird up the loins of your mind"（束紧你思想上的带子）这个闪族成语，就须进行调整，译为"get ready in your thinking"（在思想上做好准备）。这样，接受语读者就会很"自然"地接受这种表达，吸收该表达所蕴含的语用意义。

为了更好地使译文顺应读者，取得大体一致的功能对等，奈达还对读者类型进行研究，认为读者大体可分为四类：儿童、初识文字者、成人以及专业人士；应该针对不同的对象进行翻译，否则就是对牛弹琴。此外，还要对读者的兴趣爱好有所了解，有的放矢地进行翻译。如：同一篇有关非洲神话的原文，若读者群只是想满足对陌生地方和陌生人的好奇，翻译时就得保持新奇的文化，进行所谓的"异化翻译"，而读者群若是语言学家，对语言的表达结构感兴趣，那么，翻译的结果则是另一回事（Nida，2004：158）。简言之，译者对读者类型及其阅读取向的了然是译文得以成功的重要保障，也是译文读者对译文之反应与原文读者对原文之反应能够达到基本一致的重要条件。

最后要指出的是，奈达所说的读者反应不是单纯的读者反应，而是与原文意图的传译捆绑在一起的，换言之，原文读者与译文读者的反应不是貌合神离式

---

[1] 这种替代是有前提条件的，即原文的这个文化意象不是很重要；否则，就需保留这个文化意象，详情论述参见本书第4章。
[2] 奈达把短语结构分为向心结构（endocentric structure）与离心结构（exocentric structure）。所谓向心结构就是一般的短语表达，整个短语的意义可以从其构成成分进行推测；而离心结构指的就是固定的短语表达，整个短语结构的意义是不能从其构成成分推测来的。

的随意性反应，而是在原文意图得以传达的基础之上的反应：两者的反应是以意图性的传达为前提的，意图与读者反应是紧密相连、不可分割的（Nida，2004：183）。鉴于此，笔者认为，奈达的读者反应具有很大的语用翻译思想，因为"再现原作的语用潜力（笔者注：意图），努力保障译文接受者产生应有的反应……就是翻译的语用学方面或翻译语用学"（杨仕章，2004：19）。

当然，仅仅从以上几点就认定奈达的功能对等论具有语用翻译这方面的性质，似乎还不够，为了更为充分地阐明功能对等论的语用性质，以下将从顺应论这一视角进行较为全面的阐述。

3.4 功能对等论的顺应论阐释[1]

3.4.1 顺应论概述

顺应论（adaptation theory）是比利时国际语用学学会秘书长耶夫·维索尔伦在20世纪80年代开始酝酿的。他在其著作《语用学新解》（*Understanding Pragmatics*，2000）中对顺应论进行了全面而清晰的阐述。维索尔伦认为：人们使用语言的过程是一个不断选择语言的过程，不管这种选择是有意识还是无意识，也不管是出于语言的内部原因还是外部原因（Verschueren，2000：55-56）。人们之所以能够在使用语言的过程中做出各种适当的选择，是因为语言本身具有变异性（variability）、商讨性（negotiability）和顺应性（adaptability）的特征。变异性是指语言具有一系列可供选择的可能性，可供选择的范围并不是一成不变，永久管用，相反，选择的范围总是变动不居；商讨性是指语言的选择不是机械地或严格地按照形式—功能关系做出的，而是在高度灵活的原则和策略下完成的（Verschueren，2000：59）；顺应性是指语言能够让其使用者从可以选择的项目中作灵活的变通，有策略地进行选择，并顺应双方的交际目的（同上：61）。顺应性是语言使用的核心。这三个特征互相联系，构成了语言运用的整体：变异性与协商性是条件和基础，而顺应性是目

---

[1] 维索尔伦的顺应论抛弃了语用学传统的分析单元，以全新的视角来研究语用现象，此外，奈达在其著作中也多次使用过"翻译的顺应性"（adaptation in translation）这一术语，并把它作为其专著的基本检索词之一（Nida，1969：209；2000：7；2001：259；2004：321）。故，笔者选此来阐述奈达功能对等论所蕴含的语用翻译思想。

的；前两者为语言选择分别提供了可能性和方式，而顺应性则是在其基础上以恰当的方式以及在可能的范围内做出符合各种交际需要的语言选择，最终使语言交际得以顺利进行。

简言之，顺应论认为使用语言的过程就是选择语言的过程，而语言的选择可以发生在任何层面上，它包括语言形式和交际策略的选择；语言使用过程中的选择必须顺应交际环境、对象、时间性、语言结构等。具体而言，就是要从语境、语言结构、动态性以及意识程度这四个角度来考虑语言的选择，使交际得以成功进行。

3.4.2 顺应论与功能对等论

顺应论是一种有关语言使用的语用理论，"认为语言使用就是一种顺应过程，不仅需要顺应交际意图，而且需要顺应交际环境"（何自然，2007：102）。正如上文所言，语言具有变异性、商讨性、顺应性这三个特征，变异性与商讨性是前提条件，而顺应是目的，"没有变异性和商讨性，就没有顺应性"（同上）。这是语言得以正常交际的一般特征。不仅如此，在我们日常生活中，语言交际还要顺应彼此的语境以及语言结构等，这样才能使交际顺畅进行。简言之，语言交际之所以成功，是因为人们利用了语言的变异性及商讨性，从而选择了有效的表达方式，进而顺应了交际对方的意图及语境。笔者认为，奈达的功能对等论带有很大程度的顺应论性质，与顺应论有着很大程度的亲缘关系，因而体现了浓厚的语用翻译思想，以下将从维索尔伦顺应论中的四个研究角度对此进行详细阐述。

3.4.2.1 语境顺应与功能对等论

维索尔伦把语境分为交际语境和语言语境（Verschueren，2000：75）。交际语境由物理世界、社交世界和心理世界组成，三者融为一体，在语言结构中密不可分，达成共识，动态发展着。语言语境又称为语言信息通道，即信道，指语言在使用过程中根据语境因素而选择的各种语言手段。奈达的功能对等即动态对等，可以描述为"与源语信息最切近的自然对等物"（Nida，2004：166），其中所蕴含的"对等物"（指向源语信息）、"自然的"（指向接受语言）和"最切近的"（源语与接受语言结合在一起的最高导向值）（同上）这三个关键性术语本身就足以体现译语抉择中语境关系的相互顺应。换而言之，在奈达看来，译文最终的抉择是既顺应源语信息语境又顺应目的语语境的最佳结晶。

3.4.2.2 语言结构顺应与功能对等论

语言结构顺应指的是在语言各层面的结构方面做出的顺应以及结构构成原则的选择，包括四个方面：① 语言、语码和语体的选择；② 话语构建成分的选择；③ 话语与语段的选择；④ 话语构建原则的选择。这四个方面的语言选择不是孤立的，是相互依托及相互顺应的，每一方面的选择都是一种顺应结果。从宏观上讲，语言结构顺应其实属于语境关系的顺应，因为语言语境也属于语境的一部分（刁克利，2012：175）。而从结构顺应的内容来看，几乎体现在语言的各个方面，包括语音、词汇、句子、语篇等。因为，在奈达看来，功能对等翻译的目的在于反应的对等，而不是形式的对等，所以对"自然"（natural）一词之内涵的充分把握显得尤为重要（Nida，2004：166），而对于"自然"一词把握之关键又在于对目的语语言结构的顺应，即对目的语各个语言层面的顺应，奈达在《翻译科学探索》一书的第168页对此进行了专门的阐述，主张从词类、语法类别、语义类别、篇章类型、文化语境、语调以及句子节奏等方面在目的语中获得自然性的表达，更为充分地顺应目的语，从而实现跨文化交际。奈达在《语言与文化——翻译中的语境》一书中还特别强调，若原文的语篇结构过于复杂，或原文包含了高于译文读者知识水平所能接受的内容，译者就应进行"顺应性"翻译，从而使译文能为读者所接受（Nida，2001：93）。例如，在《圣经》翻译中，为了顺应不同的译文读者，奈达认为应有不同语言结构的译文（Waard & Nida，1986：31）：①反映语言传统，多用于教堂及其他宗教场所的译文；②反映现代文学语言，为文化水平高的读者所用的译文；③反映大众语言，为一般听众或读者所用的译文。

3.4.2.3 动态顺应与功能对等论

动态顺应是维索尔伦整个顺应理论的核心，因为语境顺应及结构顺应只是提供了顺应的内容，而这些内容必须放在具体的顺应过程中才具有意义。具体而言，动态顺应包括三方面的内容：① 时间顺应，具体而言，它指的是语言的产生与理解要受到时间因素的影响，因而要根据时间的变化而对语言选择做出调整及顺应；② 不同语境对语言选择的制约，而语言的选择又会产生新的语境，两者是相互的，处于动态之中；③语言线性结构的动态变化。动态顺应与功能对等或曰动态对等之间的亲缘关系很强，因为两者都强调"动态"，都强调语言的选择要顺应时间、语境以及语言的线性结构。由于奈达功能对等论的重要一维在于强调读者的理解及反应，因而译文的选择就要顺应动态的时间、变动的语境以及灵活变化的线性结构，也只有这样，目的语接受者才能更好地接受译文，取得跨文化交际的成功，最终实现最大程度的语用对等。在动态对等论中，奈达认为，不合时宜的语言会破坏信息和语境的互相顺应，因而，在翻译时就要考虑时间因素以及语境因素。如，在英译《圣经》中如果使用"iron oxide"（氧化铁）来取代"rust"（铁锈），在技术上是正确的，但显然不合时宜。再如，用"mentally distressed"（精神上痛苦）来翻译"demon possessed"（魔鬼附身）也显然曲解了不同历史时期的生活（Nida，2004：169）。至于线性结构的动态变化，奈达认为，译文的确定要动态地顺应目的语的线性结构，亦即翻译时行文要自然晓畅，不要出现翻译腔（同上：163-164）。如果翻译目的不同，还会出现不同的译文，而奈达的根据目的不同译为四种不同译文（Nida，2004：158）这一主张就足以体现译文线性结构的动态性。

3.4.2.4 意识程度顺应与功能对等论

意识程度指的是说话者的社会和认知心理因素，有些选择几乎是自动的，而其他一些选择具有高度的理据性。这样，"在语言顺应过程中，不同的社会心理会导致使用不同的语言手段。这些社会和认知心理的存在，使语言交际者做出顺应的意识程度不同，语言选择也就不一样"（魏在江，2005：22）。奈达的功能对等论的相关论述就明示了这一点，强调译者根据自己的经验或知识，去估计译文接受者的思想、态度、知识和文化心理等，然后选择适当的译文来顺应目的语的社会及认知心理，从而实现跨文化的交际目的。例如，在把"to love with the heart"译为其他不同语言时，就应根据这些不同语言的社会心理因素译成不同的表达。如："love with liver"，"love with stomach or abdomen"或者"love with throat"（Nida，1984：13）。功能对等论所强调的要求译文的"自然性"以及读者的接受力以及理解力，也能在某种程度上说明顺应的意识程度与功能对等论之间的亲缘关系。

以上从四个研究角度分别论述了顺应论与功能对等论之间的渊源关系，彰显出奈达功能对等论的语用性质。为了更好地阐明功能对等论的顺应论性质，笔者将以下面两篇译文为例做进一步说明。

原文：国酒文化城占地3000余平方米，建筑面积8000余平方米，规模浩大，气势恢宏，建有汉、唐、宋、元、明、清及现代七个馆。每个馆均体现了各个时代建筑美学的典型风格。（袁仁国、何同欲、王素华，1998：5）

译文：①It covers over 3,000 square meters with a built-up area of over 8,000 square meters. Combining 7 museums namely Han, Tang, Yuan, Ming, Qing and Contemporary Museum, it is broad in scale and imposing in manner. Each museum reflects the typical style of the architecture aesthetics of its time.（原译）

②It covers an area of over 3,000 square meters with a floorage of 8,000 square meters odd. Home to seven museums about wine culture from Han Dynasty (206 BC–220 BC) to Contemporary times (1912–the present), the whole cultural museum complex is broad and imposing, with each reflecting the typical style of architectural aesthetics of its own.（笔者译）

译文①不仅翻译痕迹明显，而且对七个历史时期的处理显得非常模糊。原文所提到的七个时期，中国人一看就明白，而英美读者可能就不太清楚。译文②保留了前后两个时期并加注具体时间，其他的历史时期略去不译，这不仅符合接受语的民族文化心理以及心理认知的要求，而且译文表达也通顺自然，遵循了英语的语言结构，实现了功能对等，使翻译这种跨文化交际的目的得以实现。与此同时，我们也看到译文②考虑到了译语读者的接受能力，其实"就是顺应读者所处的社交文化以及受这种文化影响所形成的心理世界"（杨俊峰，2012：102），是顺应论在翻译领域的体现。

由上可见，功能对等论与顺应论有着很深厚的渊源关系，如同孪生兄弟，足以说明功能对等论其实就是一种语用顺应论，充分地利用了语言的（这里指的是译语）变异性和商讨性，以非常灵活的对等方式顺应了交际目的及交际环境，从而实现了翻译的跨文化交际目的。诚如奈达所言，功能对等论就是"译者要做出成千上万次的涉及选择与处理的决定，以顺应另一种文化，顺应另一种语言，顺

3
奈达翻译思想再认识：语用翻译观

应不同的编辑和出版商，最后还要顺应读者群"（Nida，2000：7），从而最终实现跨文化交际目的。

所谓语用翻译观，顾名思义，指的是与语用或语用学相关的翻译理念，"它更多地探讨口头语言、修辞性和艺术性语言的翻译，解决翻译中的理解与重构、语用和文化以及原作的语用意义的传达及其在译作中的得失等问题"（方梦之，2011：134），旨在"努力传达诸如内涵意义、引喻意义以及交际中涉及人际方面的意义，如会话含义、语调、语域等"（Mark Shuttleworth & Moira Cowie，2004：129），是一种以语用信息或语用功能的理解与表达为核心的翻译观，其实质在于实现语用等效（冉永平，2012：201）。而奈达的翻译思想主要在于理解原文的意义，尤其是充分理解原文的语用意义（即联想意义或内涵意义）[1]，并在翻译中尽可能地加以传译，同时最大化传达原文的意图，实现语用意义的等效。因而，可以说奈达的翻译观应为一种语用翻译观[2]，而不是以往译学界所说的属于结构主义语言学主导下的翻译思想。

我们知道，做研究必须综合研究前人对该研究对象已取得的成果，自己在综合研究和分析的基础上去发现问题，探讨问题，将研究引向深入。本书也是如此，即在综合前人研究的基础上，将奈达翻译思想进行初步定位，并尝试性地进行较为系统全面的阐述；如果没有前人的研究成果，本书不可能对奈达翻译思想进行深入研究，从而得出"奈达翻译思想是语用翻译观"这一结论。

此外，我们对奈达的翻译思想做出的这一初步定位，有利于我们增进对奈达翻译思想的了解与认识，有利于我们更好地吸收和利用奈达的翻译思想，为我国的翻译理论研究与翻译实践研究服务，尤其是为我国的翻译实践研究服务。正如林克难所言，"奈达的理论毕竟还是有许多值得借鉴的地方，特别是在翻译以信息为主的文章时是很有用的。他的理论其实也需要给予正确的'定位'"（林克难，2003：4）。而罗选民（2002：93）也指出了奈达翻译思想的实践价值之所在，认为奈达提出的翻译标准是翻译的建构标准，用于对翻译操作的指导，更多是实用性的。

1　奈达的联想意义包含内涵意义和修辞意义，谭载喜对此进行过专门阐述（谭载喜，1999：176-184；2004：238-239）。
2　尽管笔者在文中提到有些专家学者认为奈达的翻译思想具有语用性质，但并未认定奈达的翻译思想就是语用翻译观，在译学界也未形成主流；至于把奈达的翻译思想定为结构主义语言学主导下的翻译思想，从21世纪初以来，中国译学界一直就这样认为，参见本书第158页。

不过，由于现阶段所占有的资料有限以及本人水平能力之不足，书中肯定存在不少缺陷或不足，大有提升之空间，故希冀：瓦器微鸣，以待黄钟，尚祈于同仁方家指教、斧正。

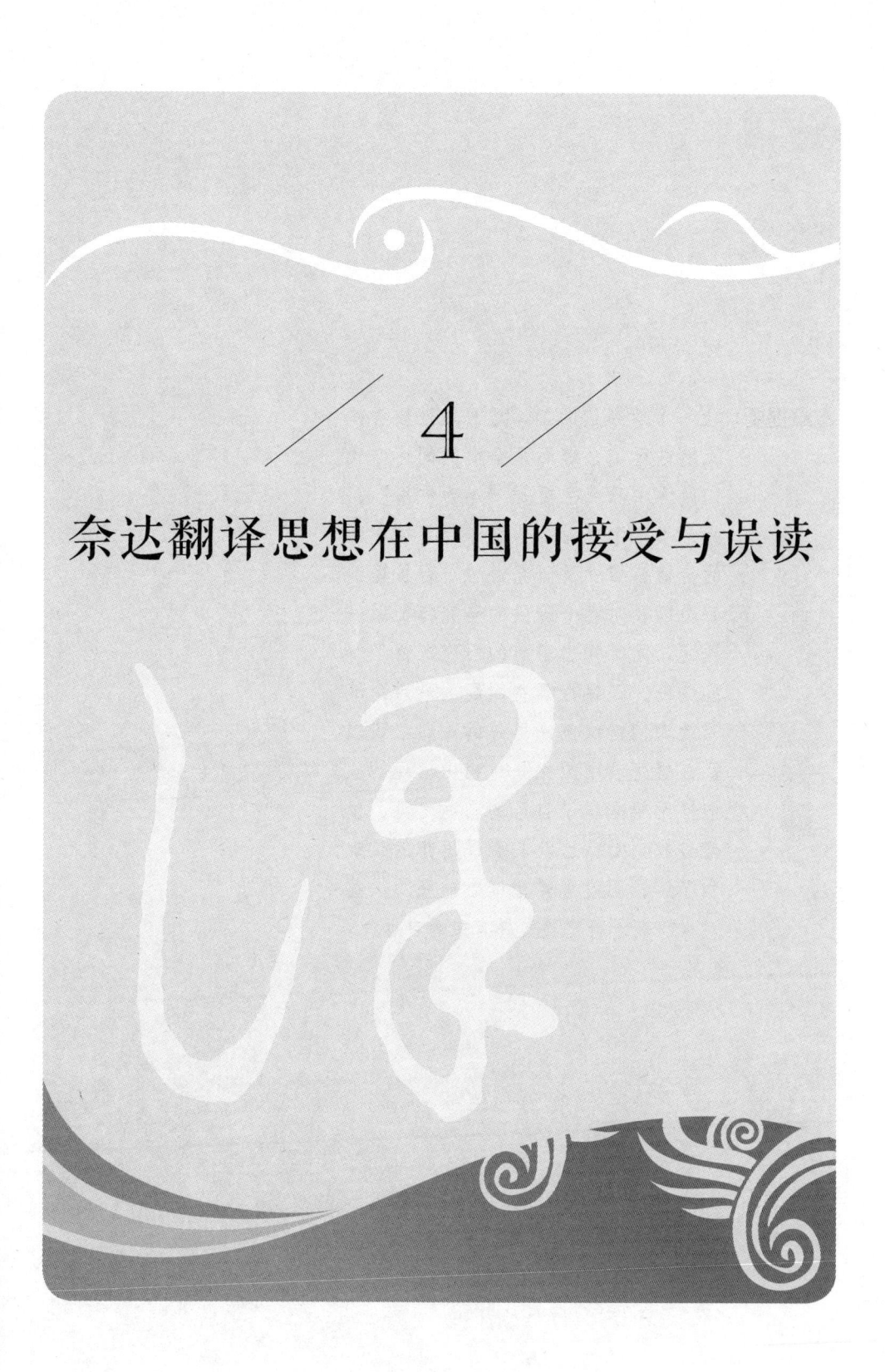

4
奈达翻译思想在中国的接受与误读

本章提要： 上一章对奈达的翻译思想之性质尝试性地进行了系统而又全面的阐述。我们做学术研究主要是"洋为中用",故,本章主要对奈达翻译思想在中国的传播、接受及研究过程进行梳理、归类以及对各个阶段的研究特征做一评述,同时指出当前的研究取得了哪些成绩,还存在哪些问题。最后,笔者就人们对该翻译思想的一些争议以及该思想"中国化"过程中出现的倾向性问题呈现了自己的刍荛之见,以增进我们对奈达及其翻译思想的认识和了解,同时也希望读者能获得一些对当前翻译研究及发展有益的启示。

4 奈达翻译思想在中国的接受与误读

奈达的翻译思想在中国译学界无人不知，无人不晓，自20世纪70年代末传入中国后，可谓是"一石激起千层浪"，不仅启动了中国现代的翻译研究，还激发了中国学者向西方学习翻译理论的热情，在中国译学界产生了很大的影响。刘士聪曾经这样评价过奈达在中国的知名度："奈达的观点，你可以同意，也可以不同意，但是奈达的名字你不可能不知道。"（转引自林克难，2012：81）可好景不长，到了后来，奈达的命运可谓多舛，其翻译思想跌落为人人批判的靶子，不仅是"言必称奈达理论之缺陷"（杨晓荣，1996：8），而且到了"对奈达的一些核心理论横加批判、甚至彻底否定"（谭载喜，2011：4）的地步，或认为奈达翻译思想已被打入"冷宫"（张经浩，2006：60），抑或已从译学界除名（王秉钦，2011）。一言以蔽之，奈达翻译思想在中国经历了不同寻常的大起大落。那么，奈达的翻译思想起初为什么非常顺利地被引介到中国且大受欢迎？后来为什么又跌入低谷？到底经历了什么样的"大起大落"？在具体的每个时期，我们都做了哪些方面的研究？取得了哪些成绩？存在哪些方面的不足？我们对奈达及其翻译思想是否了解得非常全面而深刻？笔者将在本章对奈达翻译思想在中国译学界的运行轨迹做一梳理、归类及总结，并就人们对该翻译思想的一些争议以及该思想"中国化"过程中出现的倾向性问题呈现自己的刍荛之见。

4.1 奈达翻译思想传入中国的相关缘由

4.1.1 奈达翻译思想传入中国的时代背景

改革开放后，随着"解放思想、实事求是""实践是检验真理的唯一标准"等口号的提出，中华大地掀起了继五四运动之后的第二次思想大启蒙及大解放，民众充满着精神追求，干劲十足，激情四射；各个领域呈现出前所未有的新气象，经济改革稳健推进，民主法制逐步确立及完善。当时的译学界亦不例外，由于受到思想大解放这股清风的吹拂，译学研究也进入了春天，欣欣向荣、蓬勃发展，呈现出一片繁花似锦的新景象。此时，译学界的专家学者觉得，对中国静态、经验式的传统翻译理论研究远远不够，需要寻找新的养料及"兴奋点"，激发翻译研究的新活力。而此时的西方，翻译对等论尤其是奈达的对等论的最热时期尽管已成"明日黄花"，但在欧美还有一定的势头；又由于当初中国对外开放的方向已从单一的社会主义阵营国家变为了欧美国家，对欧美有一种特别的好奇及向往。故而，奈达的翻译思想走入中国也就顺理成章了。

4.1.2 奈达翻译思想传入中国的学术因素

除了时代背景，学术因素也是促使奈达翻译思想走入中国的重要驱动力。这种学术因素主要体现在理论间的相似性，具体为奈达翻译思想与中国传统翻译理论存在着很大程度上的契合或视界融合。

首先，奈达翻译思想强调翻译的对等，主张最大限度地把原文的意义传达出来，这与中国几千年翻译研究的主流话语是暗合的。早在三国时期，著名的佛教翻译理论家支谦就提出了"当令易晓、勿失厥义"及"因循本质、不加文饰"等翻译主张，与奈达的核心理论主张有异曲同工之妙，道安的"案本而传，不令有损言游字"亦是如此。到了近现代更为明显，如严复强调"信、达、雅"中的"信"，林语堂提出了"忠实标准"，以及朱光潜提出"信"字标准等。尽管傅雷与钱钟书的"神似论"与"化境论"似乎偏离了原文意义的传译，但更强调译出原文之"精神"，与奈达翻译思想中的"功能对等"如出一辙。此外，在20世纪五六十年代，我国许多翻译家接触到了苏联的翻译等值论，这又使我国传统的注重对等的译论得到进一步的强化。可见，奈达的对等论在很大程度上早已包孕在中国传统译论之中（杨柳，2009：13）。

其次，奈达翻译思想所强调的"读者"这一维度的重要性，也与中国的传统译论唇齿相连。中国传统译论一直注重读者这一维度，如唐朝的周公彦在其《周礼义疏》这本书中就提到，"译即易，谓换易言语使相解也"。"使相解也"就照顾了译文读者这一维度。清末时期著名学者梁启超与马建忠非常关注译文读者：梁启超认为，译文应该以广大读者读懂的文体为标准；而马建忠的"善译论"非常观照读者的反应。中国近现代史上亦不例外，许多翻译家都不同程度地注重读者的反应。如傅斯年提出的"两个负责"就包括了"对读者负责"；鲁迅把读者进行了分类，将其分为普通读者与专家；林语堂提出的"三个责任"也包括了对读者的责任，要求译文要"美"，符合中国人的审美情趣；而茅盾在1954年第一届全国文学翻译工作会议上则说得更明白："文学的翻译是用另一种语言，把原作的艺术意境传达出来，使读者在读译文的时候能够像读原作时一样得到启发、感动和美的感受。"（转引自罗新璋，2009：575）

最后，就整个理论的性质而言，奈达的翻译理论主要是"等效论"，在中国传统译论中也能找到它的影子。如马建忠早在1895年谈到的"善译论"就含有"等效论"的影子；金隄先生则认为，瞿秋白在1931年写给鲁迅的一封信中，已经提出了较为完整的等效论这一概念（金隄，1998：14）；此外，上文刚提到的茅盾在1954年第一届文学翻译工作会议上所发表的观点，其实就是较为完善的等效论。

除了理论间的相似性外，中国传统翻译思想存在的一些缺陷，对奈达翻译思想走入中国也起到了一定的推动作用。中国传统的译学理论几乎是翻译家对自己的译事所发表的随感式及评点式的译序或感言，几乎是围绕形式与内容、直译与意译来展开的，而对翻译的其他议题如翻译过程、效果评价、文体对应、语义转换、翻译批评等的探讨比较缺乏或严重缺乏。而奈达的翻译思想对这些问题恰好做了比较系统的回答，具有统摄性及系统性，正好填补了中国译学研究这方面的空白。这样，奈达翻译思想在中国得以迅速传播也就自然而然了。

可见，奈达翻译思想之所以能在中国扎根并迅速传播，吸引众多学者对之进行研究，是因为在中国早就有了适合奈达翻译思想扎根的学术土壤。

4.1.3 奈达翻译思想传入中国的人为因素

奈达翻译思想能在中国扎根并迅速传播开来，还与奈达本人的不懈努力分不开。为了推广自己的翻译思想，奈达周游世界各地，先后走访了逾90个国家和地区，用生动而形象的形式，向成千上万的人宣传他的翻译思想。在这些国家及地区之中，奈达对中国尤为关注：截至2000年，奈达先后13次来到中国，并在25所不同的大学发表演讲，推广自己的翻译思想。此外，每到一所大学，奈达都要捐出一些自己的藏书，而这更有利于他翻译思想的传播。如，在1982年，奈达在广州一所大学演讲后，就给该校捐献了300册图书（斯泰恩，2007：227）。

此外，奈达还充分利用中国著名的期刊或出版社发表文章或出书，传播自己的翻译思想。如，在1984年，奈达就与金隄合著《论翻译》（*On Translation*）一书，同年，奈达又在《外语教学与研究》《外国语》等外语类核心期刊上连续刊发了好几篇文章，外语教学与研究出版社在1998年还出版了奈达的《懂英语》（*Understanding English*）这本专著。奈达能把自己的翻译思想"推销"得很成功，还跟其独有的辩论及沟通能力息息相关。在读高中时期，其辩论才能已初露头角，后来，在南加州的辩论锦标赛中，奈达获得了"最佳辩论员"这一头衔。奈达的沟通能力也是有口皆碑的。据奈达同事斯泰恩的叙述，"奈达卓越的沟通技巧往往令人赞叹不已；假如他没有这种能力，恐怕也就不会领导这场翻译改革"，不仅如此，奈达还能"一次又一次找到最奏效的办法，说服那些质疑他的翻译方法的人"（同上：232–233）。

除此之外，奈达翻译思想之所以能在中国迅速传播，还跟20世纪80年代初中国政府公派出国人员有关，没有他们的不懈努力，把国外相关的资料引介到中国，奈达的翻译思想就不会在中国得以迅速传播。其中留学人员林书武与谭载喜在这方面做出了巨大的贡献，尤其是谭载喜，他的《奈达论翻译》（1984）以及后来的《新编奈达论翻译》（1999）对奈达在国内的传播起到了重大作用。对奈达翻译思想传入中国以及对中国译学界的影响，叶子南做过相应的描述：

> 80年代早期，中国刚刚从封闭中走出来，系统的翻译理论研究相当薄弱。在这种情况下，奈达的到来恰如"久旱逢甘霖"，为嗷嗷待哺的中国学者提供了养料。在这一过程中，奈达为许多中国学者提供过学术上的帮助。他为他们解疑释惑，寄书作序，甚至写信推荐。目前活跃在中国翻译界的一些学者都不同程度地得到过奈达的提携或帮助。（叶子南，2011：86）

综上所述，奈达翻译思想之所以能在中国得以传播，是因为有着"天时、地利及人和"等有利因素。

4.2 20世纪六七十年代到80年代末：奈达翻译思想在中国的繁荣

4.2.1 奈达翻译思想的译介

国内最先提到奈达这一名字的不是翻译界，而是语言学界。1962年，劳宁撰写的《美国大学出版的语言学杂志》一文中提到，奈达的名字常常出现在《美洲语言学国际杂志》（*International Journal of American Linguistics*）上；同年，发表在《语言学资料》刊物第10期的《美国描写语言学的研究近况》一文也提到了奈达，说他仿照词素分析的方法对语义成分进行了分析（韩普等，1962：6）。至于奈达的翻译思想，现有资料显示，在1965年，刊登在《现代外国哲学社会科学文摘》第10期的《评关于翻译的理论和实践问题的几本著作》一文就已提到，奈达[1]谈到了翻译的五个问题：生活状态学、实物教育、社会教育、宗教和思想教育以及语言学教育[2]。1979年，学者郑南渡对奈达的出生、成长、教育情况以及学术研究做了扼要的介绍。

20世纪80年代，更多的学者加入奈达翻译思想的译介之中。最先把奈达较为成熟的翻译观介绍给国内译学界的要数林书武[3]。1981年，林书武在《国外语言学》杂志上发表了论文《奈达的翻译理论简介》，对奈达的翻译理论代表作《翻译科学探索》[4]做了较为详尽的呈现。1982年，谭载喜又对奈达的《翻译科学探索》做了更为详尽的介绍及评论，而学者徐文保则把《翻译科学探索》中"对翻译工作者的基本要求"（Basic Requirements for the Translator）这一小节译成了中文，刊发在《中国翻译》上。1986年，张复星又把《翻译科学探索》中的第二

1　当时徐仲年把"Nida"这个名字译为"尼达"。
2　从这里可以看出，国人接触奈达的翻译思想应该是1965年，而不是林克难所说的"国人最初接触奈达的理论是在1979年，中国改革开放之初"（林克难，2003：3）。
3　国内有学者认为，谭载喜在"1982年《翻译通讯》第4期发表《翻译是一门科学——评奈达著〈翻译科学探索〉》，率先对奈达的翻译观作了系统扼要的介绍"（张经浩，1998：5）；"谭载喜先生是最先把奈达的理论翻译介绍给国内的学者的"（刘军平，2019：181）；马会娟则认为，"奈达的翻译理论最早是由林书武（1981）介绍到我国的"（马会娟，2001：55）；范祥涛则认为，"国内自80年代初开始介绍奈达的翻译理论"（范祥涛，2007：59）。笔者认为，这些说法不够准确。其实在谭载喜译介奈达思想之前，徐仲年、郑南渡、林书武等学者都不同程度或较为系统地对奈达翻译思想进行过译介。
4　林书武当时把该书译为《论翻译科学》（林书武，1981：1）。

章译成了汉语。这样，经过以上四位学者的介绍或译介，奈达在《翻译科学探索》一书中的翻译思想更为完整地被引进了中国译学界。另外，还有学者对奈达的《翻译科学探索》中的一些核心概念或观点进行了重点介绍。如，1982年，谭理（即谭载喜）在《英美现代翻译理论侧记》中，对奈达的语言共性与翻译、读者反应论以及词类的四分法等进行了简单的介绍；1984年，邱懋如对奈达的翻译过程以及与之相关的问题做了扼要介绍。值得一提的是，1986年和1987年，陈光曛把奈达的有关翻译的语义理论等文献翻译了过来，连续刊载在《福建外语》杂志上，使国内更多的学者接触到奈达的语义分析理论，进而对奈达的翻译思想了解得更深入透彻。1987年，郑伟波在《语言与翻译》这家杂志上发表了《美国著名翻译家——奈达》一文，从早年生活、学术形成、崛起的影响、著书立说、教育家身份以及人品性格等层面对奈达进行了多维介绍，把一个丰满的奈达进行了立体式呈现，使国内学者对奈达有一个更为全面的了解与认识。1987年和1988年，有学者陆陆续续对奈达的其他著作进行翻译或介绍：仅在1987年，就有三位学者对奈达的翻译理论进行过译介。蔡毅在《外语教学与研究》第4期发表了《国外语言学中的翻译理论问题》一文，对奈达的翻译分类、等值物、自然性、读者反应等核心概念进行了介绍及解读；时和平则对《从一种语言到另一种语言》中的"功能对等""意义""修辞"三个方面做了重点介绍；与此同时，沈寿源把《从一种语言到另一种语言》中第182页的"附录A"（Appendix A）译成了中文，刊发在《中国翻译》第5期。第二年，楼世正对奈达的《翻译的障碍和桥梁》（Bridges and Barriers in Translating）进行了评介。与此同时，罗进德对奈达有关社会符号学翻译法的若干观点做了较为深入的介绍。这样，经过以上四位学者的努力，国内译学界更好地了解到奈达思想的新发展。

对奈达思想在中国的译介，谭载喜特别值得一提，他在这方面做出了很大的贡献。在英国埃克塞特大学就读期间，谭载喜结识了奈达，在奈达的引导及启示下，对翻译产生了浓厚的兴趣，之后，他开始对奈达翻译思想进行大量的阅读及整理。奈达的同事斯泰恩在《文以载道——奈达对圣经翻译的贡献》这本传记中有以下记录：

> 1978年，有一名中国留学生，名叫谭载喜，来自湖南，在英国埃克塞特大学（University of Exeter）就读，他在伦敦听了奈达演讲，并在演讲结束后与奈达见面。这次演讲和他与奈达的讨论引起谭载喜对翻译

的兴趣，并激发他研究翻译，阅读这方面的著作。（斯泰恩，2007：226）

回国之后，谭载喜不断地给各个期刊撰文，向国内译学界介绍奈达的翻译理论。1982年，谭载喜在《中国翻译》第4期发表《翻译是一门科学——评介奈达著〈翻译科学探索〉》一文，对该书的全貌进行了大致的介绍；1983年，谭载喜在《中国翻译》第9期发表《奈达论翻译的性质》，对奈达的某些有关翻译的论述做了简单的介绍；最为关键的是1984年，谭载喜编译了《奈达论翻译》，该书以奈达的《翻译理论与实践》为基础，同时参考《翻译科学探索》《奈达论文集》《翻译的社会语言学理论》等著作，较为全面系统地译介了奈达的翻译思想，在当时的译学界产生了很大的影响，国内译学界的很多学者几乎是从这本书开始了解奈达及其翻译思想的。1989年，谭载喜在《外国语》刊发了《奈达和他的翻译理论》一文，重点对奈达及其思想体系的发生、发展和演变过程做了系统考察。

此外，奈达本人对其思想在中国译学界的传播也起到一定的作用。正如上文所言，截至2000年，奈达先后13次到达中国，在25所大学进行了学术讲座和交流，并把自己的图书送给很多高校的图书馆，进而把自己的翻译思想传播开来。此外，奈达还在中国知名学术期刊刊发自己的文章或与国内学者进行合著，借此宣传自己的翻译理念或思想。例如，奈达在1984年与国内学者金隄合著《论翻译》一书，借以宣传读者反应的翻译标准。同年，奈达在《外语教学与研究》第2期发表了"Approaches to Translating in the Western World"一文，介绍了奈达对西方翻译理论及原则的四大分类；1986年，奈达在《外语教学与研究》第3期又刊发了一篇名为"A Functional Approach to Problems of Translating"的文章，较为详细地介绍了动态对等论的基本方法及必要性（Nida, 1986: 25）。1989年，奈达在《外国语》刊发了"Theories of Translation"一文，这篇文章主要是他根据自己在1989年3月在上海外国语学院英语系十余天的讲座内容整理而成。

4.2.2 奈达翻译思想的综合研究

4.2.2.1 对奈达翻译思想核心概念或观点的研究

正如陈宏薇所言，国内学者对奈达翻译思想的研究只专注于少数几个重要观点（陈宏薇，2001：48）。这一点在20世纪80年代的译学界尤为如此，主要体现在对奈达的对等论、读者反应论、翻译过程或模式以及文化翻译等层面的研究之上。

首先，国内学者对奈达的对等论做了不同程度的研究。1986年，郭建中在其撰写的《论西方的翻译对等概念》一文中指出，奈达的动态对等论是基于交际意义之上的，与形式对应是截然相反的，并用实例说明之。1987年，戴灿宇发表在《外语教学》第3期上的《论奈达翻译思想中的动态对等》一文，对动态对等论做出了较为全面深入的研究。该文首先指出，动态对等是奈达思想的核心部分，包含两方面的意思：语言学及信息理论基础和读者因素，然后对功能对等论的功绩进行阐述，最后指出功能对等论的不足之处。同样，林克难在1988年也对奈达功能对等论的意义与不足进行了说明：该理论的意义是，动态对等理论以读者反应为翻译标准，避开了争论的锋芒（林克难，1988：69）；此外，"在阐述翻译本质，纠正'译文偏死'的倾向中，的确有着重大的作用，而且这个理论有着具体、实在简便易行的特点，比以往的译论确是一大进步"（林克难，1988：70）。林克难接着指出其不足："这一理论有着十分明显的针对性或局限性，并不一定适用于翻译不同体裁的所有文章……读者反应并不是在任何情况下都是整齐划一的。"（同上：71）而郑伟波认为，由于文化、语言以及文字系统的不同，奈达所说的绝对的翻译等值论是不存在的（郑伟波，1988：21）。此外，值得一提的是，在1989年，国内学者王宪在《科技英语翻译中的功能对等》一文中，用大量的示例从术语、语句结构以及文体等方面来阐述功能对等在科技翻译中的可行性，把奈达的功能对等论往实践层面进行了推进，而不是单纯地进行元理论阐述。

其次，奈达的读者反应论也引起国内一些学者不同程度的兴趣及关注。1983年，郭建中在其论文《译文如何重现原著风格——从〈傻瓜吉姆佩尔〉的三种译本谈起》论述了奈达读者反应的可行性。郭建中认为：

> 过去的观点是把重点放在重现原文的形式上，认为译文只有保留原文的形式，才能重现原文的风格；现在的观点则把重点从形式转移到了译文读者的反应上，即译文读者对译文的反应越接近于原文读者的反应，译文就越是成功地再现了原著的风格。（郭建中，1983：38）

郭建中对三种译本进行详细分析及对比，认为奈达的读者反应翻译标准是可行的，且能说明一些问题。简言之，郭建中完全赞成把读者反应作为翻译的标准，因为"译文读者对译文的反应越接近于原文读者的反应，译文就越是成功地再现了原著的风格"（郭建中，1983：38）。而吴景荣在1986年发表的《中国古典诗歌的翻译》一文中也提到，"奈达重视译文读者的反应，尤其是他把译文读者（R2）的反应同原作读者（R1）的反应作比较去衡量译文的准确性，无疑是对的"（吴景荣，1986：6），并用大量中国古典诗歌的翻译为例证来说明之。同样，国内学者臧仲伦对奈达的读者反应论是持完全赞成态度的："笔者认为，这个观点是正确的和科学的，应当成为我们翻译实践的出发点和检验译文质量的标准和尺度。"（臧仲伦，1987：6）然而，把读者作为翻译的标准这一观点在当时并没有得到译学界每一个学者的认可。其中，钱霖生就对此提出过严厉批评，他在《读者的反应能作为评价译文的标准吗？——向金隄、奈达两位学者请教》一文中指出，强调把读者的反应作为评价翻译作品的标准这种提法是有害的，而且也是行不通的（钱霖生，1988：2）。

第三，国内不少学者对奈达的转换模式或翻译过程进行了相应研究。1984年，劳陇在《外国语》第2期发表的《望文生义——试谈深层结构分析与翻译》一文中，用一些例子来阐述奈达使用乔姆斯基的转换生成语法的缘由及其可行性，同时谈了劳陇自己的一些体会和不成熟的意见。而臧仲伦在其论文《翻译模式与翻译层次》中对奈达的转换模式则做了较为中肯的评价，认为奈达的转换模式是很科学的，符合人们生成言语的规律，但也有一些缺点（臧仲伦，1987：5）。但陈东东不以为然，认为奈达对乔姆斯基理论认识不透，进而扩大了深层结构这一概念的意义、功能与应用价值，以致过高地估计了生成语法在翻译工作中可能起的作用（陈东东，1987：8-9）。针对这一情况，李运兴也谈了他的意见，在《外语学刊》第3期发表的《试评奈达的逆转换翻译程序模式》一文中指出，奈达的逆转换（back-transformation）翻译理论与乔姆斯基早中期的生成语法有联系，但并不是乔姆斯基理论的全部，认为奈达的翻译模式还是具有可行性的（李运兴，1988：51）。

此外，李泰然对奈达的文化与翻译的关系进行了研究，认为奈达的文化翻译观是：翻译并不是一种物理性搬动，而是文化、思维上的移植（李泰然，1988：30）。而孙迎春（1989）在《剩余信息理论与英汉翻译中的增、减词技巧》中对奈达提出的"剩余信息理论"进行了阐述，认为剩余信息论应为增词法与减词法的理论基础。

4.2.2.2 对奈达翻译思想的整体评析

20世纪80年代初，国内学者在引介奈达翻译思想的时候，就已经做出了不同程度的整体评析。1982年，国内学者庄绎传和郭秀梅运用大量实例对不同的《圣经》译本进行对比，借以说明奈达翻译思想中的新观念。庄绎传在《外语教学与研究》第2期发表了《〈圣经〉的新译本与关于翻译的新概念》一文，论文用大量的例子把《圣经》"钦定本"（Authorized Version，简称AV）和《新英语圣经》、《好消息圣经》（Good News Bible，简称GNB）这三个译本进行对比，得出了在奈达翻译理念下译出的《好消息圣经》是比较理想的这一结论。而郭秀梅在《外语教学与研究》第4期发表了具有同样性质的论文——《谈英文〈圣经〉"钦定本"》，把《圣经》"钦定本"和《新英语圣经》《好消息圣经》也进行了比较，在详细分析和充分论证后指出，在奈达翻译理念主导之下的GNB译本要比传统的AV译本优胜很多。这两位学者尽管表面在谈译本的优劣，其实在很大程度上对奈达的翻译理念做出了很高的评价。

同年，谭载喜在《翻译是一门科学——评介奈达著〈翻译科学探索〉》这篇文章中提到，奈达对翻译的研究涉及种种课题，还对理论上及实践上可能涉足的主要问题几乎都进行过严肃的论述，自始至终都从"科学的"观点出发，以现代语言学理论为指南，采用的是描写性而不是规范性的方法，对翻译理论及实践做出了重大贡献（谭载喜，1982：4）；但同时也指出，奈达的理论固然丰富，优秀作品也不少，但其理论具有一定的局限性，如转换生成翻译法有着理论和实践上的局限性。此外，奈达没有强调语言间的对比分析（同上：11）。1985年，谭载喜在其论文《西方翻译史浅谈》中指出，奈达的翻译理论是"等同读者反应"的交际翻译理论，整个理论是全面的、系统的（谭载喜，1985：38）。1986年，国内学者刘祖慰在其论文《现代语言学和翻译理论》中提到，奈达的理论是用语言学知识充实起来的，"李奇的普遍语义深层理论，以及其他学者在语用学、风格学、社会语言学等方面的成果，丰富了奈达的理论"（刘祖慰，1986：6）。1988年，朱树飚在对比了"和合本"《圣经》与《现代中文译本圣经》后指出，在奈达主持下的《现代中文译本圣经》要比"和合本"《圣经》好得多，是一部更切合教内外人士阅读和研究的好译本（朱树飚，1988：75）。这说明朱树飚对奈达的翻译理念认可度很高。

1989年，国内有四位学者对奈达及其理论做过不同程度的评价。刘宓庆认为:"奈达的探索道路是一个为西方翻译理论的科学化而不断开拓新的领域的道路,特别能说明西方译论中的语言学派的成就和发展趋势。"(刘宓庆,1989:3)而学者乐眉云直接把奈达的理论定性为"交际翻译理论",而不是语言学翻译理论,比语言学翻译理论前进了一大步,"不仅考虑到翻译的形式等值,而且还考虑到翻译的功能等值,不仅考虑到语言结构而且还考虑到语言在交际活动中的具体使用,考虑到语言与社会文化等方面的关系。因此,交际理论比普通语言学理论又前进了一步"(乐眉云,1989:40)。劳陇认为,奈达的翻译理论是不断发展的,在20世纪80年代末,奈达提出"直译基础上意译"这一论点符合翻译实践的一般规律,是切实可行的(劳陇,1989:6)。而谭载喜对奈达则做出了中肯的评价,认为奈达的翻译理论既有成就,也存在些不足,最后指出:"对人不可求全责备。我们对奈达的翻译理论也应如此。诚然,奈达的翻译思想不可避免地有这样或那样的缺点和不足,但从整体上看,它仍不失为西方翻译思想宝库中一颗璀璨的玉石。"(谭载喜,1989:49)

4.2.2.3 对奈达翻译思想的本土化运用

在20世纪80年代,国内学者对奈达的翻译理论不仅仅进行了引介并对其理论的某个核心概念或整体翻译理论进行评析,还致力奈达思想的本土化运用,或曰"中国化实践"。1983年,国内学者劳陇在其论文《"雅"义新释》中认为,严复的"雅"在于"运用读者所最乐于接受的文体,使译文得以广泛流传,扩大影响"。接着,劳陇借用奈达的翻译观来对此进行解读,认为严复的"雅"字与奈达的翻译观如出一辙,不仅对翻译功能的认识是一致的,而且出发点也是一样的(劳陇,1983:14-15)。而李坚则认为,"信、达、雅"这三字标准中的求"信"这一环节应该同化吸收奈达的语义分析理论(李坚,1987:2)。

值得一提的是,1986年,金隄在吸取奈达翻译思想以及结合汉语翻译实际情况的基础上,提出了具有中国特色的等效翻译论。金隄所说的等效翻译是源自1984年与奈达的合作[1]而得到的启发,关注的是两种效果的对等,而不是奈达所说的两种关系之对等,强调的是信息接受者的"感受",而不是奈达所说的"反应"。金隄接着说道,等效翻译不是像林纾、庞德等的主张,一味追求翻译效果,而不顾原文精神实质的传达。换言之,只有把原文的主要精神、具体事实、

---

[1] 1984年,金隄与奈达合著了《论翻译》。

意境气氛等传达了，翻译的效果也就达到了。这就是金隄等效翻译的基本内涵。令人遗憾的是，金隄提出的等效翻译在国内并没有产生多大的影响，这可能是因为这一理论超越不了奈达的翻译理念。

1986年，吴景荣在《中国古典诗歌的翻译》一文中把奈达的读者反应运用到中国古典诗歌的翻译之上，强调古典诗歌翻译要注重读者反应这一维度，应把奈达的读者反应作为评定古典诗歌翻译是否准确的一个标准。国内学者黄龙受到奈达"翻译科学"的启示，在1988年，以《翻译学》为名正式出版了一本专著，论述了翻译定义、翻译功能、翻译标准、翻译史等内容，尤其是对翻译的对等观进行了详细论述。同样，受奈达的启发，邱懋如在《外国语》发表了一系列文章，论述了自己提出的翻译对等观[1]，并用大量实例阐释了他的翻译对等观在英汉翻译实践中的可行性（邱懋如，1989）。

4.2.3 奈达翻译思想在中国"旅行"情况之分析

由上可见，从20世纪六七十年代到80年代末，在这近二十年的光阴内，奈达翻译思想不断得到中国学者的译介及研究，在中国得到了较为广泛的传播和接受，对中国的翻译研究产生了很大的影响，成绩是有目共睹的，具体如下。

第一，开阔了中国译学界的视野，增添了翻译研究新的生长点。我国传统译论一般是绕着翻译性质、翻译目的、翻译标准、翻译原则、语言对比、文体比较、译作评析、翻译主体以及翻译组织等议题展开，而对翻译的转换过程或模式、效果评价、语义转换以及翻译批评等问题的研究似乎显得不够或严重缺乏。此外，中国传统译论运用临近学科的相关知识来阐释翻译问题的意识也不浓。奈达翻译思想被引介到中国以后，情况则大为改观：不仅让中国译学界开阔了学术眼界，如译论建构的多学科性、译作评定的效果性、语义分析的系统性，而且促使中国译学界的学者不断寻找新的学术生长点。最为典型的例子就是，由于奈达曾运用乔姆斯基的深层表层结构讨论翻译的逆转换问题，国内学者因此而得到启发，也使用乔姆斯基的理论来阐述翻译问题。例如，在1983年，杨光慈在《用乔姆斯基的理论分析翻译中的某些问题》一文中，用大量的事例论证了乔姆斯基的深层结构与翻译是须臾不能离的，而且，这一理论具有普遍性、科学性以

---

[1] 邱懋如的翻译对等观是：翻译对等应包括三方面的对等，即语言对等、文体对等和社会—文化对等。

及实用性（杨光慈，1983：13）；而李胥森在奈达运用乔姆斯基理论进行翻译研究的启示下，用大量实例进一步论证了将乔姆斯基的深层表层结构理论用于翻译研究的可行性，并试图探究如何利用深层表层结构理论为"翻译技巧"寻找理论根据（李胥森，1985）。此外，陈东东（1987）、郑伟波（1988）、张泽乾（1988）、李学平（1989）等则运用乔姆斯基的相关理论对翻译问题进行过不同程度的探讨。同样，除了乔姆斯基的理论，有的学者还运用其他学科知识来谈翻译问题。例如，1985年，时和平从信息论的角度对风格翻译的标准进行了阐述；1987年，吴秀秀从语义学的角度对奈达的翻译理论进行了解读；而郑伟波在1988年从符号学的视角阐述了翻译等值的限度；等等，不一而足。

第二，唤醒了[1]中国翻译研究的学科意识。奈达在《翻译科学探索》以及《翻译理论与实践》这两本专著中，对翻译性质的一番论述，激发了国内学者的浓厚兴趣，继而唤醒了中国翻译研究的学科意识。这主要体现在，把翻译从其他学科剥离开来而建立独立的翻译学。1984年，董宗杰在其论文《发展翻译学，建立专业队伍》中指出，翻译与其他学科一样，具有一门科学所应具备的基本特征。因此，它是一门名副其实的科学，而从文艺翻译的角度来讲，它又是一门艺术。所以，应该把它称之为翻译学。之后，罗进德（1984）、桂乾元（1986）等学者都撰写了与翻译学相关的文章。1987年，谭载喜旗帜鲜明地提出，必须建立翻译学，这必将极大地推动翻译理论的研究，并把翻译事业推进到一个蓬勃发展的新阶段（谭载喜，1987：7）。关于如何建立翻译学以及建立什么样的翻译学，国内学者张泽乾（1987）、赵云中（1988）、杨自俭（1989）、穆雷（1989）等都谈了自己的见解与看法。总之，在奈达翻译思想的影响下，国内译学界对翻译的认识逐渐深化，有了建立独立学科的意识，把中国的翻译研究推向了新的阶段。

第三，激发了对西方译论的研究兴趣。随着对奈达翻译思想的不断引介，中国翻译界对奈达的翻译理论了解得更多及更深；不仅如此，奈达的翻译理论还激发了中国译学界对西方译论的兴趣。据陈宏薇（2001）的统计，1980到1984年，中国译学界仅介绍了5位外国翻译家的理论，而1985年到1989年，这一阶段则介绍了20位外国翻译家的著作及翻译思想。另据方梦之的统计，从1980年到1989

---

1 用"唤醒"这一表述是因为在20世纪50年代董秋斯就曾提出过建设翻译理论的问题，欲把此作为独立的学科来发展，不过，这一主张当时在国内没有产生什么影响。

年，中国译学界共有70篇文章是有关外国译论的，而在这之前，即从1950年到1979年，仅仅有18篇文章是有关外国译论的（方梦之，2003：51）。简言之，奈达翻译思想的多学科背景以及该理论的系统性，引发了中国译学界的专家学者对西方译论的兴趣，使中国的翻译研究在20世纪80年代呈现出一片繁荣景象。

奈达对当时中国译学界的影响是非常大的，可以这么说，奈达翻译思想在当时中国的"旅行"，不仅"孕育了中国翻译学学科兴起的雏形"（杨柳，2009：11），还在很大程度上启动了中国现代的翻译研究。不过，奈达翻译思想在中国这一时期的研究并不总是赢得喝彩一片，也有不少学者指出了奈达翻译思想的缺点或不足。

早在1982年，谭载喜与庄绎传就适度地点出奈达翻译思想之不足。谭载喜在《翻译是一门科学》一文中指出，奈达的转换生成翻译法有理论及使用方面的局限性；还认为，奈达的整个理论体系没有强调对语言间的对比分析。而庄绎传认为，"奈达谈的是怎样翻译《圣经》，不能说他的理论一定适用于任何翻译工作"（庄绎传，1982：15）。1987年，陈东东与戴灿宇对奈达的翻译理论也略有微词。陈东东认为，奈达对乔姆斯基理论认识不透，进而扩大了深层结构这一概念的意义、功能与应用价值，以致过高地估计了生成语法在翻译工作中可能起的作用（陈东东，1987：8-9）。而戴灿宇认为奈达的动态对等有着内在的矛盾性，还与文体有着不可调和的矛盾性。1988年，国内学者郑伟波、林克难、钱霖生分别对奈达的对等论及读者反应论进行了相应批判，郑伟波认为奈达所说的文体及意义上的绝对等值是不存在的，而林克难认为奈达的对等论过于灵活，不太注重翻译的细节，此外，理论本身也不够严密及完美；钱霖生则不然，他直接批判读者反应论，认为把读者反应作为评价翻译作品的标准是纯主观性的东西，是行不通的。不过，尽管对奈达翻译思想存在这样或那样的质疑及批评，但那一时期对奈达翻译思想研究的热情以及对其理论的认同感占据了主流话语，质疑与批评只是少数，且都是在认同奈达整体翻译理论优点的基础上所指出的某些瑕疵，旨在说明"瓜无滚圆，人无十全"。

对奈达翻译思想缺陷之点评，彰显出当时中国译学界对西方翻译思想或理论的理性思考，对待外国思想或理论不是盲目跟从，而是学会冷静、客观地接受及运用西方理论。不过，总体而言，从对奈达翻译思想引介及研究的热情，对当时中国译学界造成的影响以及对奈达翻译思想评定的主流话语来看，奈达的翻译思想研究在当时中国的译学界处于"繁荣"阶段。

4.3 20世纪90年代：对奈达翻译思想研究的争鸣

4.3.1 对奈达翻译思想研究的积极话语

4.3.1.1 对奈达翻译思想的继续引介

到了20世纪90年代，中国译学界对奈达的翻译理论继续进行译介。这一时期，最先对奈达翻译思想进行介绍的是谭载喜。在其1991年撰写的《西方翻译简史》一书中，谭载喜从理论原则、翻译的性质、翻译的功能、正确的翻译、语义分析以及翻译的程序和方法等六个方面对奈达的翻译理论进行了较为系统的扼要介绍，使国内学者对奈达翻译思想的了解更为系统。同年，徐丹翻译了奈达的《同构关系与等效翻译》一文，刊发在《上海科技翻译》上。从该文可以看出，奈达的翻译理论有一定的理论基石，即各语言间的翻译之所以能够达到等效，是因为各语言之间存在着同构关系。

1993年，漓江出版社出版了谭载喜的《跨语交际》。该书是对奈达的《从一种语言到另一种语言》的编译，此书的出版，极大地丰富了中国译学界对奈达翻译思想的认识。与此同时，上海外语教育出版社引进了奈达的英文新作《语言、文化与翻译》（*Language, Culture and Translating*）。第二年，孙玉在《中国翻译》第3期上对此书进行了评介，认为此书对奈达以前的翻译观的看法有所变化及发展，对中国译学界进一步了解奈达而言是一本较新的参考书。《从一种语言到另一种语言》与《语言、文化与翻译》的译介与引进，使国内学者深化了对奈达翻译思想的认识，对奈达翻译思想的新变化及发展也有了及时的了解。

1995年和1998年，奈达在《外国语》杂志上刊发了《语际交际中的社会语言学》（"Sociolinguistics in Interlingual Communication"）及《语言、文化与翻译》（"Language, Culture and Translating"）两篇文章，对自己的最新成果进行了介绍，使国内译学界对奈达的翻译思想理解得更全面。1998年，张经浩在他所写的《奈达究竟怎样看待翻译与翻译理论》一文中，对奈达在1991年发表的《翻译：可能与不可能》（"Translation: Possible and Impossible"）中几段重要的论述进行了译介，并附带原文，让国内学者对奈达的某些翻译思想有一个更为客观的认识。胡壮麟还把外语教学与研究出版社在1998年出版的奈达的《懂英语》（*Understanding English*）译成中文，让国内更多的学者及专家接触到奈达的翻译思想。同年，《外国语》杂志的记者就翻译的相关内容对奈达进行了访谈，访谈内容涉及翻译与实践的关系、构建翻译学、翻译与文化、动态对等以及欧美翻译研究的最新发展等内容，而后，该杂志把与奈达交流的相关内容记录并整理刊发出来。这对国内学者对奈达翻译思想的全面掌握起到一定的引领作用。

1999年，谭载喜对他的《奈达论翻译》进行了修订，不仅与1993年版的《跨语交际》进行了合并，还增添了奈达1996年出版的《跨域交际的社会符号学问题》中的部分研究成果，这样，对奈达翻译思想的呈现就显得更为全面系统。而同年《语言、文化与翻译》中文版的出版，使国内更多的学者接触到了奈达的翻译思想，也进一步了解了奈达的翻译思想。

4.3.1.2 对奈达翻译思想研究的多维视角

（1）对奈达翻译思想的评述。

20世纪90年代，国内译学界对奈达翻译思想的评论仍集中在几个关键的概念上，如对等论、读者反应论、翻译的定义等。

对奈达翻译思想研究的最多的要数对奈达对等论的研究。1992年，桑思民在《翻译等值与文化差异》一书中指出，奈达的对等论对指导当代翻译理论与翻译实践具有重大的现实意义，但是，在现实的翻译教学和翻译实践中，人们没有很好地使用这一理论，总是把等值论理解为绝对的等值，如把"individualism"译为"个人主义"等。接着，该文运用奈达的翻译转换模式以及翻译示意图，说明译出语与译入语的文化有差异，因而不存在完全的等值翻译。1994年，卢振飞在《论翻译的等值问题》一文中认可了奈达对内容等值的强调。同年，廖七一针对吴义诚提出的"等值翻译对翻译研究和翻译实践没有多大用处"这一命题进行了针锋相对的反驳，在《也谈西方翻译理论中的等值论》中指出，奈达的等值论并非吴义诚所说的绝对的理想化的等值，而是相对的，接着又指出，奈达等值论的"大体相同"与吴义诚所说的"具有相似性""基本相同"的含义是一致的，不应理解为"绝对等值"。无论怎样，廖七一对吴义诚观点的反驳是学术界一个好的现象，因为真理是越辩越明的。

1995年，有三位学者对奈达的对等论做了进一步的研究。曹青在其《奈达理论与跨文化翻译》一文中，对奈达动态对等的核心内容以及实现途径进行了较为具体的阐释，并指出"它对更好地理解并解决译作中的意义对等问题有很大的启示,对跨文化翻译的实践也有着现实指导意义"(曹青,1995:98)。而学者苑耀凯在《论全面等效》一文中,对奈达的对等论给予了较高的评价。文章首先引出老舍常说的文学翻译常犯的"两个毛病"——语言累赘和缺乏风格;接着对奈达的对等论进行深入阐述;最后指出,奈达的对等论是可行的,能给解决翻译中的"两个毛病"指明正确的方向。蔡毅在《关于国外翻译理论的三大核心概念——翻译的实质、可译性和等值》一文中对奈达对等论的定义给予较高的评价,认为奈达给对等论下的定义克服了传统等值问题的局限性,增加了语用因素,这是完全正确的。

1998年,沈苏儒在其专著《论信达雅:严复翻译理论研究》一书中对奈达的翻译思想进行了一番较为翔实且中肯的评述,认为奈达的思想是不断发展及完善的,如对翻译中形式与内容的处理问题便是如此,还认为奈达检验译文质量的三条标准[1]同"严复的'信''达''雅'几乎是完全一致的"(沈苏儒,1998:139)。

值得关注的是,在1999年,国内有四位学者对奈达对等论给予了不同程度的肯定和认可。李传伟在《翻译的最高境界——"得意忘形"》这篇论文中,对奈达的对等论给予了高度评价。他在评价了李赋宁、周珏良、许国璋、夏济安等翻译家的译文之后,得出了这样一个结论:只有以奈达的动态对等为指导,掌握扎实的语言基本功,才能准确把握及表达原文的义旨与风格,进而使翻译达到"最高境界"。刘晓丽认为奈达的动态对等在译论史上有着重要的贡献,避开了中西方争执不下的直译与意译之争,换了一个角度来思考问题。而黄娟认为,奈达的动态对等正确地看待了翻译中的文化及历史等诸多方面的因素,不可能达到完全的对等,只能达到所谓的"动态对等"。马会娟在《对奈达的等效翻译理论的再思考》中,对奈达的对等论做出了客观且中肯的评价。她首先对奈达的对等论做了较为翔实的阐述,认为国内很多学者把奈达的对等论与西方的等值论混为一谈,造成对奈达的对等论毫无根据的批判,接着指出奈达强调的对等论是基本对等,而非完全一致的对等。最后,马会娟结合相关实例说明,尽管奈达的对等论有一定的局限性,但对我们的翻译实践尤其对中英互译有着重大的指导意义。笔者认为,马会娟对对等论的正确认识,是基于她对奈达原著的大量阅读以及深入

---

[1] 这三条标准是:(1)能使读者正确理解原文信息,即"忠实原文";(2)易于理解;(3)形式恰当,吸引读者(Nida & Taber, 1969: 173)。

研究而得出的，不是浮于表面的断章取义或浅尝辄止的研究。

除了对奈达的对等论以积极评价，很多学者对奈达翻译思想中其他内核思想也表示赞许或认同。例如，1991年，黄天源在其论文《"似"也是一种"忠实"——兼论忠实作为一种翻译标准》对读者反应论做出了相应的评述，认为奈达所谓的读者反应是基本一致的反应，而不是完全一致的反应，应该作为翻译是否忠实的标准。而秦洪武（1999）从接受美学的视角对奈达的读者反应论进行了重新阐释，认为奈达的读者反应论并没有过时，应该成为翻译理论与翻译批评的重要维度。孟国华对奈达的翻译定义给予了高度评价，认为奈达对翻译所下的定义是科学的，因为这个定义不仅反映了时代的特点，而且重视对原文的语义分析，还确定了原语信息、语义与文体之间的关系（孟国华，1991：71）。而黄振定（1998）在《简论现代西方译论的艺术观与科学观》一文中，就奈达对翻译的艺术观与科学观之阐述给予了高度评价。文章先对西方有代表性的翻译理论进行简要考察，揭示出艺术观与科学观都有双重性及两者会必然走向统一的综合趋势，因而，翻译活动也是艺术的创造性与科学的忠实性的辩证统一；最后，文章指出，奈达对艺术性与科学性的阐述达到了很高的水平，在这方面做出了很大的贡献，使科学与艺术的结合走向了必然。国内学者劳陇（1994）与关朝峰（1997）均认为，奈达的翻译理论是动态发展的，先由语言学研究路径转向了交际学研究路径，而后，又转向了社会符号学。接着，两位学者又指出，奈达在翻译领域五十多年的曲折探索，给我们译学研究提供了重要借鉴。杨晓荣（1996）和崔永禄（1999）也对奈达翻译思想的功绩做了某种程度的肯定。崔永禄认为，尽管奈达翻译思想存在些不足，但不应全面否定，而应做进一步的研究；杨晓荣认为，奈达那具有相当厚度的翻译理论对我国翻译理论建设具有很大的启示作用。

（2）对奈达翻译思想研究的跨学科视角研究。

从跨学科的视角对奈达翻译思想进行研究是一个有代表性的尝试，而从乔姆斯基的语言学观点来审视奈达的翻译理论又是那个时期较为典型的翻译跨学科研究。那个时期，有三篇[1]颇有影响力的文章运用了乔姆斯基理论来解读或阐述奈达的翻译理论。这三篇文章分别是李大刚的《从乔姆斯基的语言观再论奈达的

---

1 按理说，应该是四篇，但是魏标的论文与李大刚的论文一模一样，这里仅提及李大刚的论文，是因为李大刚的论文发表在1994年，比魏标发表的时间早四年。

翻译思想》、刘军平的《现代翻译学的构筑——从乔姆斯基到奈达》和李运兴的《翻译研究的跨学科移植》。李大刚（1994）在《从乔姆斯基的语言观再论奈达的翻译思想》中提到，奈达是第一个将乔姆斯基的语言思想引领到翻译领域的，夯实了奈达翻译思想的基石，李大刚对乔姆斯基语言观中的人类句法普遍原则这一核心内容进行了重新阐释，进而加深了奈达的"逆转换"和"动态对等"等关键概念的认识；而刘军平（1996）对乔姆斯基的理论与奈达的翻译理论的构建理念做了一番比较之后，指出奈达的翻译论与乔姆斯基的语言学观念有很大的区别，尽管如此，但奈达的现代翻译学是在受了乔姆斯基的语言学思想的影响而形成的。换言之，奈达的现代翻译理论的构筑，是在充分借鉴了乔姆斯基的转换生成语法的精华之后形成的。1998年，杨莉藜在《系统翻译功能引论》中指出，奈达翻译思想或多或少受到系统功能语言学的影响。而李运兴（1999）从跨学科移植的相关性原则来论述，指出：奈达运用乔姆斯基语言思想中的核心概念来巩固自己的理论基础是不恰当的，应该把语义学的相关理论与概念用来夯实自己的翻译理论基石。除了以上三位学者阐述了奈达翻译思想与乔姆斯基语言观之间的"唇齿"关系外，也有学者从语用的角度阐述了奈达的翻译理论。如赵明（1999）在《言语行为理论与等效翻译原则》中就讨论了奥斯汀的言语行为理论与奈达的翻译理论之间存在着许多相似之处和辩证关系。

（3）奈达翻译思想与其他译论的对比研究。

通过对比研究，我们可以对两种理论的优劣有更为客观的了解，可以捕捉到两者的共性与个性、普遍性与特殊性以及抽象性与实用性；此外，通过对比研究，我们还能使翻译理论工作者从两者的理论体系中得到一些启示，以便取长补短，促进译事译论更好地发展。

我们发现，在与奈达翻译思想进行对比研究中研究得最多的译论家要数纽马克。在当时，把奈达译论与纽马克译论进行对比研究的较为有影响的论文共有四篇：劳陇（1990）的《"殊途同归"——试论严复、奈达和纽马克翻译理论的一致性》、林克难（1992）的《奈达与纽马克翻译理论比较》、陈琳（1994）的《尤金A. 奈达与彼得·纽马克翻译理论之比较》以及苏文秀（1998）的《奈达与纽马克翻译理论比较》。劳陇通过理论推理及其事例论证，指出严复、奈达与纽马克这三家理论的基本原理其实是一致的，而把东西方的译论糅合在一起，成为我国完整大翻译理论体系，是完全可能的（劳陇，1990：62）。林克难

（1992）在《奈达与纽马克翻译理论比较》一文中较为详细地比较和对比了奈达与纽马克的翻译理论。文章指出，这两位译家提出各自翻译理论的出发点及其研究方法是一致的，都是着眼于解决翻译实践中出现的问题，欲从理论研究中找出一些规律性的东西来指导翻译实践；接着，林克难对两大理论不同的侧重点进行了说明：奈达强调的是读者反应，而纽马克强调在忠于双语规范之后才忠实于读者，不过，无论怎样，林克难认为这两种理论其实是"貌离而神合"；最后，文章指出，奈达与纽马克的翻译理论对我国的译论建设有着很大的启示作用，能促进我国的译学建设。而陈琳（1994）在《尤金A.奈达与彼得·纽马克翻译理论之比较》中对奈达与纽马克的翻译理论做了更为详尽的比较，不仅把纽马克的语义与交际翻译法与奈达的对等论进行逐一的比较，还在翻译标准、翻译方法的优劣、翻译性质等具体的维度上进行了对比研究。苏文秀（1998）则在《奈达与纽马克翻译理论比较》一文中，从理论基础和形式与内容这两个层面对奈达与纽马克的翻译理论进行了比较或对比研究。

张明林（1995）在《奈达与严复的翻译原则比较》中对奈达与严复的翻译理论做了比较研究之后，得出以下结论：第一，奈达的对等论并没有逃离直译与译意之争；第二，奈达的理论重点在于强调读者这一维度，而严复强调忠于原作内容；第三，严复的理论适宜指导文学翻译，而奈达的翻译理论则很难适用于文学翻译。

还有学者把奈达的翻译理论与鲁迅的翻译思想进行比较研究，指出尽管两位大家生活的时代及国度不同，但对翻译的论述却有相同之处（张丁周，1995：92）。

（4）对奈达翻译思想的应用实践研究。

在这一时期，对奈达翻译思想研究的另一个向度就是运用奈达翻译思想中的相关理论来研究翻译实践问题，这在某种程度上来说也是奈达翻译思想的一种中国化实践。

1991年，唐正秋撰写的《土耳其挂毯的另一面——论翻译的对等原则及其在实践中的运用》重点讨论了对等论的运用问题。文章首先肯定了对等论的可行性：尽管存在极少数的不对等，但绝大多数是对等的，当然，这种对等也是相对的，是基本的对等，犹如土耳其的挂毯一样。接着，唐正秋把文学翻译中的对等细化为四类——本位对等、近似对等、借代对等和反逆对等，然后用大量的事例进行阐述，借此说明奈达的对等论是正确的。与此同时，王秉钦认为，奈达的等效翻译用作普遍的翻译标准不是很合适，但作为某些民族特有的语言现象（如某些成语、双关语等）的翻译标准则是恰当的。接着，王秉钦（1991）在《略谈双关语与"等效翻译"》中，运用等效翻译原则对不同构成的双关语的翻译方法逐一进行介绍。而蒋磊（1994）则在《谈商业广告的翻译》一文中，把奈达的等效论细化为语义对等、社会文化对等、文体对等这三个层面上的对等，并认为取得翻译对等越多，翻译质量就越高。最后，蒋磊以奈达的对等论为基石对商业广告的翻译做了详细阐述。1995年，衡孝军在《等值翻译理论在汉英成语和谚语词典编纂中的应用》中指出，奈达的功能对等论在《汉英成语和谚语词典》编写中的运用是一种成功的尝试和努力，接着，对此进行理论论证及事例说明。而对奈达翻译思想进行较为全面实践检验的要数林克难。在其《奈达翻译理论的一次实践》中，林克难（1996）结合自己在第43届世乒赛中的翻译实践体会，对奈达翻译思想中的核心概念或观点逐一进行论证，说明奈达翻译思想在翻译实践中是可行的，尤其适合那些以传递信息为目的的文字翻译。1999年，彭红在《结构调整和语义调整——信息有效重组的保证——以奈达信息传译理论析〈科技英语惯用结构〉中汉译文的一些失误》中以奈达的信息传译理论为基础，对刘巩编著的《科技英语惯用结构》的误译现象进行了匡谬，认为只要很好地领会奈达信息传译理论中的结构调整与语义调整，就不会出现那么多翻译错误。此外，受到奈达翻译思想中信息论的影响，廖七一（1996/1997）对信息论与翻译的关系进行了较为系统深入的阐述，使人们对翻译性质的认识更为深刻。

4.3.2 对奈达翻译思想研究的批评话语

在20世纪90年代，随着对奈达翻译思想的不断引介，以及对该理论研究的不断深入，中国译学界对奈达翻译思想的质疑与批判的声音也多了起来。

受质疑及批判最多的要数奈达翻译思想中的对等论。在1991年，刘峥在《论翻译标准多元化——从接受理论谈起》中指出，奈达的完全等效翻译论虽然受了接受美学的影响，强调读者的因素，但是，由于忽视了语际转换过程中一些可变因素，最终也只是一种理想化的标准。而吴义诚（1994）在《对翻译等值问题的思考》中也认为，奈达等人的等值翻译是不切实际，过于理想化；因而，不适宜于翻译研究，更不适宜于汉外翻译。这一观点立即遭到廖七一和马会娟这两位学者的反驳。杨忠和李清这两位学者认为，尽管奈达的等效论明确地把原文作者、读者与译文读者都纳入译者思维活动范围之内，但作为翻译标准这种提法在不同程度上过于理想化（杨忠、李清和，1995：10）。1997年，申丹在《论翻译中的形式对等》一文中，对奈达提出的形式对等论进行了最为严厉的抨击。申丹认为奈达的形式对等论是"逐词死译"的代名词，然后揭示出造成"逐词死译"认识上的原因及其历史的原因，接着探寻形式对等翻译论的相关路径，最后指出，奈达的形式对等论是不切实际的，会为"逐词死译"提供理论上的支持。这是对奈达思想最典型的误读，是对奈达翻译思想最为典型的"片段式"的抨击，原因是奈达的形式对等是与动态对等相对应提出来的，奈达看重的是功能对等，而不是形式对等，更不是僵化的形式对等。不过，奈达不排除形式对等，只要功能上存在对等，形式对等也是可取的。如果不是这样，那就只好做出取舍，"取"功能而"舍"形式，这是奈达整个翻译思想的核心所在。吕俊（1998）在《翻译：从文本出发》中指出，奈达的等效论受到接受美学的启发并以它为理论依据，是一个建立在接受美学基础之上的等效翻译论。尽管接受美学对翻译是有价值、有启发作用的，但是，由于接受美学过多地强调读者的作用，违背了作品本身的本体特性，强调主观而忽视客观，因而，不能把它作为翻译的一条原则，更不能把它厘定为翻译标准。由此，吕俊得出一个结论：奈达的等效论在理论上缺乏可验证性，在实践上缺乏可操作性。而与此同时，张春柏则对奈达的对等论给予了彻底否定，理由如下：

> 等值翻译理论是建立在不牢靠的普遍语法的基础之上的。它片面强调思维对语言的决定作用，忽视了语言对思维的反作用，片面强调语言的共性，忽视了语言的个性，忽视了文化差异对翻译的影响。从翻译的功能的角度看，等值翻译理论也是不可取的，因为它片面强调翻译的交际功能，强调外国语言的本土化，从而忽视了翻译对丰富和发展译入语文化和语言的重要功能。（张春柏，1998：95）。

在1999年，国内译学界对奈达对等论的批判几乎达到了顶峰，先后有五位学者对奈达的对等论进行了不同程度的批判，他们是周继麟、韩子满、陈道明、张美芳、张南峰等。周继麟认为，由于文化差异、语言形式以及风格等因素的制约，奈达的等值翻译有其局限性（周继麟，1999：120）；而韩子满认为，奈达等效论的可操作性更是值得怀疑（韩子满，1999：69）。陈道明（1999）在

《翻译中的"部分功能对等"与"功能相似"》中指出，尽管奈达的功能对等对我们的翻译研究有一些重要启示，但奈达把目标定得太高，应该设立诸如"部分功能对等"和"功能相似"等下限标准。而张美芳则从语境的视角阐述奈达的对等论具有三大局限性：第一，原文与译文的目的不一致时，其功能不可能对等；第二，接受者的文化背景和阅读经验不相同时，读者反应不可能对等；第三，译语语篇的交际者及其之间的关系与原语语篇不相同，译文风格有可能随之变化（张美芳，1999：13）。而张南峰在《从奈达等效原则的接受看中国译论研究中的价值判断》中强调，奈达的《圣经》翻译，其原则和策略并不能完全适用于其他语篇的翻译。

除了以上五位学者，还有些学者指出奈达动态对等的种种不足或瑕疵。如罗新璋（1994）在《中外翻译观之似与等》中认为奈达的动态对等只适合印欧语系的翻译，对中外翻译并不适合；而孙致礼（1997）则在《关于我国翻译理论建设的几点思考》中指出，奈达的动态对等论只适合于西方拼音文字之间的翻译，而要在拼音文字与东方的象形文字之间的翻译实现对等是不那么容易的；香港学者刘靖之（1994）在其专著《翻译与生活》也指出，奈达的翻译理论基于语言学，而他的翻译实践来自《圣经》翻译，由此而来的翻译理论也与《圣经》翻译有关，因而该理论有一定的局限性。

除了对奈达翻译对等论进行质疑或批判，也有学者对奈达的读者反应论进行了批判。如，1992年，王守仁在《论译者是创造者》中，提出由于能指与所指有着不同的对应关系，要达到等值翻译是很困难的，而从读者反应批评理论的角度看，"相等反应"只能是一个幻觉。1997年，张冲认为，用读者反应来检验翻译是否正确，至少有两个问题似乎很难解决：一是对信息的所有层面的反应不一致，另一个就是造成近似反应的原因也不一致（张冲，1997：18）。与此同时，刘英凯（1997）则对奈达的读者反应论几乎进行了彻底否定。在《试论奈达"读者反应"论在中国的负面作用》中，刘英凯从六个方面批判了奈达的读者反应论：认知能力、求真心理、求新求异心理、美学追求、方法论和文化融合。此外，韩子满（1999）在《翻译等值论探幽》一文中对奈达的读者反应论也颇有微词，认为读者反应不具有可操作性，如果对读者反应加以量化，取平均值，又过于繁杂。

还有些学者对奈达的其他翻译思想颇有微词。如，范文芳（1992）在《文化翻译与读者》中对奈达的文化翻译观进行了批判，认为奈达低估了译语读者的文化领悟能力,不应更改原文的文化信息。有学者认为,奈达的翻译理论本身就有许多问题:第一,它强调了读者的相同反应,忽视了文化的差别,而且读者的反应,理论上讲容易,实际很难操作。第二,核心句和反向转换,来源于乔姆斯基的理论,意在避免乔姆斯基理论的缺陷,但似乎也并不十分可行。第三是内容与形式的关系,他提出要传达内容必须改变形式,忽略了形式的作用和形神之间的关系。后来他曾对此进行修正,但不够彻底(崔永禄,1999:15)。

4.3.3 对奈达翻译思想研究之状况分析

从上述国内译学界对奈达翻译思想研究的情况来看,既有对奈达翻译思想的肯定及认可,也有对奈达翻译的质疑和批判。

对奈达翻译思想的肯定及认可首先表现在对奈达翻译思想的引介上,这一时期,对奈达翻译思想的引介不亚于20世纪80年代,不仅注重数量,还注重对奈达翻译思想引介的深度及宽度,对奈达翻译引介的纵深取向,有利于国内译学界对奈达的翻译思想有一个全面系统的理解及把握;此外,也有学者如张经浩(1998)、谭载喜(1999)等对奈达的翻译思想的最新动态进行介绍,便于国内学者对奈达翻译思想的认识进行刷新。第二,研究的视角比20世纪80年代更为宽广。这一时期的研究不仅仅体现在对奈达翻译思想几个概念或核心观念的积极评述之上,还表现在对奈达翻译思想研究的深度及广度上,有的学者从乔姆斯基的语言观这一视角来论证奈达翻译思想的合法性,如李运兴(1999)与刘军平(1996)便是如此,也有学者如赵明(1999)则从语用学的维度去探讨奈达的翻译理论,这在某种程度上使国内学者进一步认识到奈达翻译思想所蕴含的理论元素。不仅如此,国内学者还把奈达的翻译理论与其他译论家的翻译思想进行对比研究,进一步加深了对奈达翻译思想的认识,如劳陇(1990)、林克难(1992)等。还有衡孝军(1995)、林克难(1996)等学者对奈达的翻译理论进行实践研究,将其运用到一些具体文体的翻译实践中去进行检验及论证。这一切都或多或少地彰显了国内学者对奈达翻译思想的肯定及认同。

尽管对奈达翻译思想进行认同和肯定的话语不少,但与此同时,对奈达的翻译思想,尤其是奈达的一些核心思想或理念进行批评和质疑的声音也逐渐多了起来。例如,一些学者如王秉钦(1991)、林克难(1992)、彭红(1999)等对奈达的对等论和读者反应论表示认同或褒扬，而其他学者却表示反对或批判，如刘峥（1991）、吴义诚（1994）等；对奈达对等论的适用阈，国内学者对此也众说纷纭、莫衷一是：有的认为只适用于《圣经》翻译，如刘靖之（1994）、张南峰（1999）等；而有的学者认为只适用于印欧语系之间的翻译，如罗新璋（1994）、孙致礼（1997）等；林克难（1996）则认为只适合传达信息为目的的文体翻译；等等，不一而足。

除此之外，国内译学界对奈达读者反应论的理论基础之认识也不一致，张春柏与吕俊认为，奈达的读者反应论是受了接受美学的影响或启发而形成的，而国内大多数学者认为，奈达的读者反应论只是一般的译文批判标准，没有什么理论基础。简言之，对奈达的一个翻译理论或理论中的核心概念或观念，国内译学界持不同的观点，有时候，国内学者为了一个观点而展开争辩，如吴义诚与廖七一对等值论的论辩就属于此。这两位学者之间的论辩是一种良性的学术论辩，能使国内学术界对某一问题达到较为一致的认识，不断地接近科学真理，因为"真理是越辩越明"。然而，这种动态性的论辩在那时的学术界实在太少。尽管在当时人们对奈达的观点褒贬不一，但几乎都是各说各话，彼此之间没有进行很好的对话或交流，以至于对奈达翻译观中的核心思想或概念未能达成统一的认识。

总体而言，那时候的国内译学界对奈达翻译思想的研究是聚讼纷纭，莫衷一是，出现了百家争鸣的局面。这既反映出我国译学界对奈达翻译思想认识及了解的深入，也折射出我国译学界对西方翻译思想或理论的接受态度以及研究方法呈现出了多元化趋势，说明我国译学界对待西方翻译思想或理论的态度更加理性，对西方翻译思想或理论的认识也更为成熟。我们可以把这个阶段称之为对奈达翻译思想研究的争鸣期。

4.4 21世纪初期：奈达翻译思想在中国的"诘难"

21世纪初期，中国译学界对奈达翻译思想继续保持浓厚兴趣，并持续关注这一思想的新发展。仅从中国期刊网来看，从2000年至今直接引用或论述奈达翻译思想的文章高达18 878篇[1]，而与奈达翻译思想相关的硕士论文则有1 160篇，还有一篇专门研究奈达翻译思想的博士论文——《奈达翻译理论研究》（*A Study on Nida's Translation Theory*，2003），为马会娟所著。这一时期，对奈达翻译思想的研究，既有积极的话语，也有批评话语，但更多的是颇具颠覆性的批评话语，下文将作具体介绍。

4.4.1 对奈达翻译思想研究的继续推进

4.4.1.1 对奈达翻译思想的继续引介及评述

21世纪初期，国内译学界对奈达的翻译思想继续进行引介。与20世纪八九十年代不同的是，这一时期引介的主要形式是，在专著中单列章节对奈达的翻译思想进行系统的介绍或评述。

最先在著作中对奈达思想进行介绍及评述的要数郭建中、廖七一、陈德鸿、申雨平等。其中郭建中、廖七一和陈德鸿在同一年对奈达的翻译理论进行了不同程度的介绍及评述：郭建中在《当代美国翻译理论》一书的第四章分"奈达翻译理论概述""奈达翻译理论的影响""奈达翻译理论评析"三个部分对奈达的翻译思想进行阐释，不仅较为全面地介绍了奈达的翻译思想，还对其进行了中肯的评价，"奈达给翻译研究注入了一种新的活力，为当代翻译理论的发展做出了杰出的贡献"（郭建中，2000a：82）；廖七一则从"三个发展阶段""对等概念""逆转换概念"这三个方面进行了重点阐述，对奈达翻译思想也进行了较为中肯的评价，认为奈达翻译思想有缺点，但更有理论特色，"将翻译的重点转移到了翻译的功用上，保证了接受者准确无误地理解原文信息"（廖七一，2000：98）；而陈德鸿与张南峰（2000）在《西方翻译理论精选》中，对奈达的形式对等与灵活对等[2]进行了专门阐释。2002年，申雨平在其著作《西方翻译理

1　搜索中国期刊网（新平台）的时间为2013年9月9日，搜索的具体步骤为：先在"选择学科领域"确定"哲学与人文科学"以及"社会科学I、II"这两个领域，接着把"输入检索控制条件"中的"期刊年限"设为2000年到2013年，然后将"输入内容检索条件"中的"检索项"定为"全文"，在检索词中填"奈达"并且包含"翻译"，最后进行模糊检索，共得到18 878条结果；在"中国优秀硕士论文全文数据库"中对与奈达翻译思想相关的文献进行搜索，学位年度定为2000年到2013年，将"输入内容检索条件"中的"检索项"定为"主题"，在检索词中填"奈达"并且包含"翻译"，最后进行模糊检索，共得到1 160条结果。

2　灵活对等就是我们平常所说的动态对等。

论精选》中,把奈达的《翻译理论与实践》中的第一、第二、第八等三章和《语言结构与翻译——奈达论文集》中的一篇论文《词语与思想》("Words and Thoughts")进行了呈现,使国内读者能读到奈达原汁原味的翻译思想。

从2003年到2009年,国内学者对奈达翻译思想的译介及评述只集中在一个或几个核心概念之上。换言之,国内译学界对奈达思想进行焦点式的引介,集中介绍奈达翻译观的两三个点:如刘重德(2003)在《西方译论研究》中,对奈达的功能对等论进行了重点介绍,而李和庆(2005)等人在《西方翻译研究方法论:70年代以后》对奈达的功能对等论再一次进行介绍,只是用英语介绍罢了。2006年,由周发祥等(2006)合编的《国际翻译学新探》一书收录了由孙继成翻译的奈达的"翻译的理论",该章的引介为我们了解奈达的翻译思想增添了一个新的维度。2007年,李养龙的《西方翻译理论文献阅读》收录了《语言结构与翻译——奈达论文集》中的一篇论文《翻译的科学》("Science of Translation",1969),为我们更好地了解奈达对翻译属性之阐述提供了原始材料。2008年,谢天振主编的《当代国外翻译理论导读》则收录了由江帆翻译的奈达的《翻译科学探索》中重要的一章"对等原则"[1]。奈达的对等论思想是该章的核心内容,也是奈达整个翻译思想的灵魂所在。后来,又有两位学者刘军平(2009)和孙会军(2012)对此做了重点引介。其中孙会军在《语言学与翻译研究导引》中认为,1964年奈达发表的专著《翻译科学探索》中的第八章,即"对应原则"(Principles of Correspondence),为翻译原则增添了重要一维,堪为译界之典范(孙会军,2012:63)。

尤其值得一提的是2009年。在这一年,杨建华与刘军平分别在其著作中对奈达的翻译思想做了详细的介绍及评述:杨建华在《西方译学理论辑要》中,对奈达的翻译观从理论原则、翻译的性质、翻译的功能以及翻译学科的定位等四个方面进行了扼要介绍,并辅助一些英文原文,以便读者对奈达的翻译理论把握得更准确、深刻;而刘军平在《西方翻译理论通史》中,对奈达翻译思想做了非常翔实的介绍及评述。难能可贵的是,刘军平在书中指出,奈达的意义观就是语用意义观,因为奈达的意义观牵涉到了语符的使用者(刘军平,2019:179)。之后,刘军平结合了一些中文素材的英译现象对奈达的这种语用意义观进行了阐

---

[1] 该章节的英文标题为"Principles of Correspondence",由此,该英文标题应译为"对应原则",否则译学界会误解奈达的对等论。

述。最后，刘军平对奈达的翻译理论给予了较高的评价，认为奈达翻译思想中的许多原则是经过实践证明了的，是行之有效的，而奈达对西方等值翻译的特殊贡献，使西方在这一领域的研究达到了空前的水平（同上）。

值得一提的是，在这一时期，亦即从2001年到2004年，上海外语教育出版社连续引进了奈达的3本著名的翻译理论专著——《语言与文化——翻译中的语境》《翻译科学探索》《翻译理论与实践》，使国内学者能较为完整地接触到原汁原味的奈达翻译思想。此外，在这一时期引进的其他国外翻译研究丛书中，也都或多或少涉及奈达的翻译理论或重要概念。如芒迪在他的《翻译研究入门：理论与实践》（*Introducing Translation Studies: Theories and Application*）一书的"对等与对等效果"这一章中，对奈达的翻译理论进行了扼要的介绍；哈蒂姆和芒迪在其合著的《高级译学原典读本》（*Translation: An Advanced Resource Book*）中，对奈达的对等论进行了重点阐释；而莫娜·贝克（Mona Baker）等人编的《翻译研究百科全书》（第二版）（*Routledge Encyclopedia of Translation Studies, Second Edition*）对奈达的对等论、文化翻译等概念有所涉及；等等，不一而足。

而方梦之主编的《译学词典》（2004）和《中国译学大辞典》（2011）对奈达翻译思想中的一些概念也进行了收录，标志着奈达翻译思想已正式进入了中国译学界。

除了著作，国内译学界的一些专家学者也以论文的形式对奈达的翻译思想做了不同程度的呈现。2000年，奈达与廖七一在《外国语》杂志上发表了"Translation and Translation Studies: An Interview with Dr. Eugene Nida"一文，以对话的形式把奈达对翻译研究学派和文化与翻译之间的关系等问题的看法进行了呈现，使国内学者拓宽了对奈达翻译思想的了解视域；与此同时，张经浩把他与奈达的一次通信内容刊登在《中国翻译》第5期上，同时附有参考译文。就这次通信的内容来看，奈达流露出一定的悲观情绪，认为翻译理论对翻译实践指导性不大，但就整个内容来看，奈达还是认定翻译理论对翻译实践的积极作用，否则，他就不会提出翻译中的语言与文化、语境以及文本等问题，也不会提出有关翻译教学等的相关建议。从2000年12月8日与黄仁的通信[1]中，我们也可以看到，奈达并没有否定理论对实践的作用。再者，奈达在其最后的著作《语言迷》中，

---

1 该通信的内容可以在《语言与文化——翻译中的语境》第289页找到。

也没有否定翻译理论对实践的作用，而是对以前所创理论进行梳理、归纳及总结。不过，从奈达与中国这两位学者的通信中，我们能看到奈达情绪的一时波动，但我们不能因奈达一时的情绪波动就认定他否定了自己的整个理论体系，进而颠覆其整个的翻译理论体系。无论怎样，我们是否认定奈达已放弃自己的翻译观或翻译思想，不能单凭奈达一时的情绪波动，关键要看他正式出版的著作或发表的论文。只有这样，才能给奈达翻译思想一个总的较为客观的评定。在2005年，张经浩与穆雷对奈达的新的研究成果进行了译介，如张经浩对2003年奈达的《语言迷》进行了译介及评述，而穆雷对奈达的《语言学和计算机对〈圣经〉翻译的贡献》进行了翻译，刊登在《外国语言文学研究》这本杂志上，使国内学者对奈达的研究成果保持着动态的接触。

此外，屠国元和肖锦银（2000）、陈宏薇（2001）对奈达思想从20世纪80年代以来在中国的译介情况进行了归类及总结。虽然屠国元的文章并不是专门针对奈达思想在中国的接受及影响的，但屠国元对奈达思想在中国的"旅行"情况进行了浓墨重彩的叙述，分析得面面俱到。而陈宏薇对奈达思想自20世纪80年代到21世纪初在中国的旅行分为四个阶段，较为详细地分析了每个阶段的体现及特征，最后得出结论：我国的翻译研究正走向成熟。

4.4.1.2 对奈达翻译思想研究的多维视角

（1）对奈达翻译思想核心观念或概念的研究及认同。

这一时期对奈达翻译思想的研究仍集中在几个点上，如奈达的对等论、读者反应论、翻译属性等。就研究的这几个点而言，对奈达功能对等论的研究要占上风，但多从实用性这一层面来解读对等论的可行性。例如，2000年，国内学者陈亚丽在《超越"直译""译意"之争——论奈达的"动态对等"理论在英汉互译中的意义》中指出，奈达的"动态对等"论在英汉互译中具有很大的指导意义，既忠实了原文，也照顾了源语与译语的契合度，灵活地把握直译与意译之间的矛盾，是一种切合实际的、适应性很强的翻译主张；张蔚（2002）则在《奈达等效翻译论在翻译研究中的重要性》中从接受者以及等效这两个维度阐述了奈达的功能对等论在翻译实践中是可行的，是值得追求的一种目标；叶邵宁（2007）在《从等效原则看翻译中的信息转换》中，认为奈达的功能对等论对翻译中的各种信息之处理大有裨益；而邵红杰（2007）则在《翻译的等值理论与不可译现象》中指出，奈达的功能对等论对一些不可译素材的翻译具有指导作用。此外，倪万辉（2004）与刘艳芬（2008）则分别在《从翻译的文化本质看奈达"功能对等"理论之实用性》和《功能对等原则在文化因素翻译中的作用》中，从文化的视角论述了奈达功能对等论在翻译实践中对文化的处理具有很大的实用性。2010年，黄远鹏对奈达的对等论论述得较为深入，在《再论奈达翻译思想中的"功能对等"》一文中，首先列出过去相关学者对功能对等论的研究，并指出有关问题，接着对功能对等论进行理论阐释，最后，运用例证法和测试法对功能对等论的合法性进行了较为系统、深入的阐述。值得一提的是，杨俊峰（2012）的《动态等值理论的顺应论解读》则从顺应论的视角阐释了奈达的动态等值理论，认为该理论应属于语用翻译范畴，重新肯定了奈达对等论的理论价值。

除了对奈达翻译思想中的功能对等论进行研究，也有学者对奈达翻译思想中的读者反应论进行了不同程度的解读及认同。2003年，柴军在《对翻译中读者反应理论的思考》中认为，奈达的读者反应论是文学中的接受美学与翻译的结合，具有巨大的解释力，不仅丰富了翻译理论，还为文化传播增添了新的方法；陈卫斌（2004）在《欠额翻译与超额翻译的界定及规避策略》一文中指出，由于各种原因，在翻译实践中会出现偏离原文的欠额翻译与超额翻译，不好把握这个度，而奈达的读者反应可作为这方面的参考，换言之，可将奈达的读者反应作为界定欠额翻译与超额翻译的"度"。而范祥涛（2006）在《奈达"读者反应论"的源流及其评价》中指出，奈达的读者反应论有一定的渊源，不是奈达首创，该理论的提出是受到过去传统的影响，不过，范祥涛最后指出，无论怎样，奈达的读者反应论给予读者这一因素以极大的关注，拓宽了翻译研究的视野。2012年，林克难的《论读者反应在奈达思想中的地位与作用》对奈达的读者反应论重新进行了定位，认为奈达的读者反应不是一种比较模式，而是一种过程模式，并指出奈达的读者反应是"引子"，翻译的过程才是其实质。最后，林克难认为，造成对奈达读者反应论的这种误读源于对奈达翻译思想原著的不熟悉。

还有学者对奈达的翻译本质观，即翻译是科学还是艺术，进行了某种程度的解读及认同。例如，国内学者张瑞卿、张慧琴（2001）在《对翻译的科学性和艺术性的思考——谈奈达的"Towards a Science of Translating"》中指出，奈达在《翻译科学探索》中提出的"翻译既是科学又是艺术"这种观点是对的，并指出"翻译中对'忠实'目标的追求体现了翻译的科学精神，而为实现'忠实'又离不开艺术创造，因此科学性和艺术性贯穿于翻译活动的全过程，二者互为补充，缺一不可"。而徐晓艳（2001）在《奈达翻译观评介》中也对奈达的翻译科学及艺术观的发展历程做了简单梳理，使我们对奈达对翻译本质的阐述更为清晰明了。该文最后建议，我们要放宽视野，寻求翻译与语言学以及其他学科的切合点，找到翻译科学与艺术之争的答案，建立全面而系统的翻译理论。

这一时期，奈达翻译思想中的其他观点也得到了国内学者的关注，如郑海凌（2003）在《论"复译"》中谈到了奈达的50年一变的复译观，认为奈达的观点有点绝对，但是有些道理，然后用大量的史料进行了论证；王正文（2005）在《是合理的变通还是"意义"的流失——谈文学翻译中的"随意"现象》中，则用美国文学巨著《白鲸》（*Moby Dick*）的翻译情况来说明奈达的"翻译就是译意"这一命题的正确性；而苏瑜、侯广旭（2007）在《翻译中意义的多层次、多方位转换——以〈阿Q正传〉杨宪益、戴乃迭英译本为例》中，则以《阿Q正传》杨宪益夫妇的英译本为例，论证了这一命题的适当性；2012年，万兆元在《翻译程序之为用大矣》一文中，以自己获取第23届韩素音青年翻译奖汉译英一等奖的翻译经历为例，对奈达的翻译过程论进行了较为翔实的诠释，并展示了这套程序的应用过程及功效。

除了系列论文，有些专著对奈达的核心观点或概念也进行了或多或少的解读及肯定。特别值得一提的是，与应用翻译相关的专著或教程对奈达的翻译论都列有专门的章节，对奈达的翻译理论，尤其是功能对等论进行较为详细的解读以及认同。例如，方梦之2005年、2013年主编的《英汉—汉英应用翻译教程》和《应用翻译研究：原理、策略与技巧》以及贾文波（2012）的《应用翻译功能论》便是如此。其中方梦之在《应用翻译研究：原理、策略与技巧》中所提出的"奈达所走的研究路径是语用翻译"（方梦之，2013：24）这一观点，是对奈达翻译思想的新认识，令人耳目一新。除此之外，其他学者也在其著作中对奈达的对等论做过不同程度的解读及肯定。如李运兴（2001）就在《语篇翻译引论》中，对奈达的对等论进行过评说，认为奈达的动态对等论具有很强的理论解释力；而张今、张宁（2005）在《文学翻译原理》（修订版）一书中，也专门阐述过奈达翻译思想的重大贡献，即信息论与翻译的结合、语言学理论与翻译的结合以及提出了读者反应论这三大贡献。葛校琴在其专著《后现代语境下的译者主体性研究》中对奈达的理论给以正确定位，认为奈达的意义观具有语用性质，并指出，"奈达的对等是从形式到内容的对等，是从静态到动态的对等，作为翻译的原则其指导性也从具体走向宏观"（葛校琴，2006：67）。此外，许钧在其专著《翻译概论》中，对奈达的几个悖论进行了评析及认同；由于许钧本人亲自加入过《追忆似水年华》的合作翻译，深深感觉到翻译程序的重要性，就其翻译实践而言，许钧认为："从整个过程看，即从译前的准备一直到译后的交流，与奈达所提的《圣经》的翻译程序在很大程度上是相吻合的。"（许钧，2009：65）可见，许钧对奈达的翻译程序是高度认可的。

（2）对奈达翻译思想的实践研究。

对奈达翻译思想的实践性研究指的是，运用奈达翻译思想中的核心概念来指导汉英互译或阐释翻译实践中的某些问题。与20世纪90年代一样，这一时期国内学者还是运用奈达翻译思想指导或阐述翻译实践问题。例如，何慧刚（2000）认为奈达的等值理论对当下的翻译实践具有指导意义，并用许多事例进行论证；而刘锦明（2003）则用奈达的功能对等论来阐述"Culture"与"文化"的互译问题，认为由于语言间存在很多的差异，我们在互译这两个词时只能求得两者最大的功能对等。2009年，卜玉坤与王晓岚则认为用奈达的功能对等论来指导中国文化专有项的翻译具有可行性，既能使译文更符合目的语读者的语言习惯，同时又能准确完整地传达原文的含义。不过，随着对奈达翻译思想的不断引介及评述，越来越多的国内学者对奈达翻译思想的理解越来越透彻，认为奈达的翻译理论，尤其是功能对等论，是应用性很强的一种理论，对我们平常的翻译实践具有巨大的指导作用。职是之故，很多学者用奈达的翻译理论来指导各种领域的翻译实践活动。

首先，一些学者用奈达的翻译理论指导或阐述与文学相关的文字素材翻译活动。例如，王黎（2003）在《关于英语儿童诗歌的翻译》中，从奈达的功能对等论视角对英国儿童诗《扫烟囱的孩子》（"The Chimney Sweeper"）的四个汉语版本进行分析比较，结果发现这几个译本都注重了儿童的语言特点，有针对性地进行语言结构的调整，使译文通俗易懂，并提出：只有把奈达的功能对等与儿童读者的特征相结合，才能把儿童诗歌翻译得更好。孙建民、贾晓英（2006）用奈达的对等论解读了英国的一首短诗《深夜幽会》（"Meeting at Night"）的汉译状况，并指出只有在功能对等的前提下去实现形式对等，才能产生优秀的译文。而赵辉辉（2009）则以奈达的"动态对等"为利器，解读了一些译家在翻译经典著作时对"形"与"神"的关系处理之奥妙。

其次，一些学者用奈达的翻译理论指导或阐述戏剧影视类素材的翻译。例如，祝朝伟（2002）在《浅论戏剧的翻译》中指出，当原语与译语的文化不冲突时，可采用纽马克所说的语义翻译，而当两者文化产生冲突时，需运用奈达的灵活翻译法，但绝对不能用巴斯奈特的文化翻译法。其实，翻译在很大程度上就是不同文化关系的处理，鉴于此，祝朝伟赞成用奈达的灵活对等法指导戏剧的翻译。王丹斌（2002）认为，我们可以把奈达的功能对等作为影视翻译的标准，但不能用等值论，因为真正的等值翻译是不可能的。邵巍（2009）在分析了字幕翻译、奈达的功能对等论的特点后，认为用功能对等论去指导字幕翻译是非常恰当的，最后还用了很多例子进行证明。王晓菊（2011）在分析了电影片名翻译的特征和奈达功能对等论的理论特色之后指出，奈达的功能对等论也适合于电影片名的翻译，之后，文章用了很多例子论证了这一观点。

第三，一些学者用奈达的翻译思想指导或阐述与商标及广告相关的文体翻译。例如，在2007年，李红梅在《奈达"功能对等"理论在品牌翻译中的应用》中指出，品牌翻译应该遵循奈达的功能对等原则，只有遵循这一原则才能实现翻译的效果，接着从语义及语用这两个层面讨论了如何才能实现功能对等；袁建军、梁道华（2010）认为广告语言存在语用预设，因而这种文体翻译应遵循奈达的功能对等原则，针对不同情况采取不同的翻译策略，从而实现广告的宣传效果；莎日娜（2011）在论述广告语言的特点以及奈达功能对等论的理论特征后，认为功能对等原则对于广告翻译具有切实可行的指导意义；而朱益平、白辉（2010）认为，奈达的功能对等论对商标翻译也有一定的指导性作用。

最后，一些学者用奈达的翻译理论指导或阐述与政治经济及新闻相关的文体翻译。例如，2005年，庄起敏在《试论新闻词汇翻译中的"功能对等"原则》中提出，由于新闻词汇翻译讲究"真实准确生动及时"，因而奈达的功能对等论可作为新闻词汇的翻译原则，接着用许多实例证明了使用该原则的必要性，同时探讨了如何实现功能对等，以达到理想的传播效果。杨明星（2008）在《论外交语言翻译的"政治等效"》中，在奈达对等理论的启示下提出了"政治等效"，将其用来指导外交语言的翻译。尽管如此，杨明星的"政治等效"其实就属于奈达对等论的范畴，从某种程度上也说明了奈达的对等论同样适合于外交语言的翻译。此外，李镔（2011）在《商务英语翻译与文化信息等值研究》中，用奈达的功能对等论对商务英语中文化信息不等值的几种情况进行了讨论。

除了以上领域，还有很多学者把奈达的翻译理论用于指导或阐释其他领域的翻译活动，如网络流行语，公示语，法律、体育、科技语言等的翻译，囿于篇幅，在此就不一一叙说。其实，除了系列论文外，有些著作也把奈达的对等论进行了实践性运用，如方梦之（2005）的《英汉—汉英应用翻译教程》与贾文波（2012）的《应用翻译功能论》便是如此。总之，在这一时期，奈达翻译思想的应用域得到更为宽广的拓展，研究层面得到了较为充分的展示，有助于我们从对奈达翻译思想的无休止的理论论述或争辩中走出来，重新认识或评价奈达翻译思想的价值所在。正如林克难所言，"奈达的理论毕竟还是有许多值得借鉴的地方，特别是在翻译以信息为主的文章时是很有用的。他的理论其实也需要给予正确的'定位'"（林克难，2003：4）。

（3）奈达翻译思想与其他译论的对比研究。

与20世纪90年代一样，这一时期国内学者对奈达翻译思想的研究也采用对比或比较的方式进行，即把奈达的翻译理论与其他相近或相似的理论进行对比研究，借以检验该理论在异国他乡的适应性或找出两者的异同，以便更好地认识中西翻译思想。

在2003年与2008年，林克难与何立芳分别把奈达与严复进行了对比研究。2003年，林克难在《严复——奈达——严复？》中，把奈达与严复的翻译理论在中国的生存状态进行了对比研究，认为严复理论能在100年内独占鳌头而不衰而奈达仅仅只红火了10年就被打入冷宫的原因是，严复适合于中国的学术土壤，而奈达的理论毕竟是"舶来品"，因而在中国翻译学术领域中占据不了主导地位。2008年，何立芳把严复的"信达雅"理论与奈达的"功能对等"理论的应用做了粗略比较，认为"中国翻译理论具有'言简意赅、洗练含蓄'的特色，其中不乏真知灼见，具有较强的实用性，但多是主观经验归纳，缺乏系统性和科学性。西方译学理论重理性分析，讲究科学性和系统性，但实际操作性稍有逊色"（何立芳，2008：266）。

潘珺（2005）在《功能对等与交际翻译之交汇点：交际对等》中比较了奈达的功能对等与纽马克的交际翻译理论之后，指出两者具有一定的相似性：两种理论都是建立在语言学基础上的，都承认语言的平等性和可译性，都认为翻译是科学和艺术的统一，都注重翻译中的文本理论，尽管纽马克更注重文本对翻译方法的影响，另外，两种理论都以译文受众和读者的反应为中心。

而在2006年，对奈达翻译思想的对比研究出现了新的高潮。仅在这一年，国内就有三篇有关这方面的文章，包括《巴斯内特"文化翻译观"与奈达"读者反应论"比较》《"目的论"与"功能对等论"比较》《当代西方翻译理论中的二分法——以奈达、纽马克、诺德及韦努蒂为例》。在《巴斯内特"文化翻译观"

与奈达"读者反应论"比较》一文中,刘小玲(2006)在谈了两者的"同"之后,着重强调了它们的"异",并指出巴斯内特的"文化翻译观"是奈达"读者反应论"的继承与发展,更具有生命力;论文《"目的论"与"功能对等论"比较》亦是如此,在阐述了"目的论"与"功能对等论"之间的"同"之后,着重谈了它们之间的"异",认为前者是后者的突破和补充,并在一定程度上弥补了后者的缺点(朱浩彤,2006)。而文章《当代西方翻译理论中的二分法——以奈达、纽马克、诺德及韦努蒂为例》则把奈达、纽马克、诺德及韦努蒂这四个译论家的两分法理论做了对比研究,对其共性与个性进行了阐述,指出这些两分法都有其不足,在应用时应该加以注意(朱晓菁、杨方应,2006)。

除此之外,还有两位学者把格特(Ernst-August Gutt)与奈达的翻译理论做了对比研究:曹曦颖(2007)在《奈达与格特翻译理论比较研究》中指出,奈达与格特的翻译理论研究的客体相同,都是对翻译规律不同程度的探索和揭示,因而,它们在翻译的本质、语言共性、动态对等、以读者为中心等方面有不少共识,而黄远鹏、范敏则在其论文《关于应用翻译理论解释现象的思考——基于对格特的关联翻译理论与奈达的对等理论之比较》说得更直接:"格特理论中的直接翻译和间接翻译实际上和奈达思想中的形式对等和动态对等别无二致。"(黄远鹏、范敏,2011:65)其实,这两位学者认为的奈达翻译思想与格特理论的一致性,在很大程度上说明了奈达翻译思想具有语用的属性,属于语用翻译理论。

还有学者在其专著中把奈达的翻译理论与其他译家进行比较或对比研究。如,贾文波(2012)在其著作《应用翻译功能论》中单列一章,对奈达的翻译理论与纽马克的翻译观进行了比较,发现两者既有相似之处,也存在差异;而张南峰(2004)在《中西译学批评》中也提到了奈达、纽马克以及目的论这三者之间的区别;等等,不一而足。

4.4.1.3 对奈达翻译思想的"细嚼慢咽"

与20世纪90年代不同的是,这一时期在中国的译学界出现了对奈达翻译思想研究的"细嚼慢咽",即译学界对奈达翻译思想的几个核心概念的解读及其术语的翻译进行了更为细致的研究或探讨,主要表现为专家学者就奈达翻译思想中的几个核心概念的解读以及术语翻译而展开的两场论争。

第一场论争是李田心、邵璐、周领顺、丁国旗、姜淑萱等人之间的论争。2004年,李田心在《上海科技翻译》上发表了《谈奈达翻译思想中的几个基本概念词的误译与误读》。该文指出,在过去很长一段时间内,我国译学界对奈达的几个基本概念,即翻译的定义以及翻译的标准(动态对等和功能对等)存在严重的误读与误译现象。李田心指出,在国内存在的二十多种有关奈达翻译定义的译文都是错的,译文的意义与原文的意义相差甚远,给译学界造成了巨大的负面影响,也引发了长达二十几年的至今仍在进行的激烈论争(李田心,2004:60)。然而,对这些误读和误译现象,李田心在这篇文章中没有展开论述。在接下来的两年,李田心在国内知名的外语学术刊物上连续发表了三篇文章[1],继续阐述国内译学界对奈达翻译思想的误读和误译,认为"equivalent"或"equivalence"不能译为"对等"或"等效",因为"对等"或"等效"包含了一个"等"字,是一个精确的概念,倘若把"equivalent"或"equivalence"译成"功能对等论",就会误导读者,甚或孵化出许多对奈达思想变形的研究。为了避免这一现象,李田心认为,"equivalent"或"equivalence"应译为"相当"或"对应",此外,"dynamic"一词也应译为"动力"而不是"动态",只有这样,才会解决翻译界对奈达翻译思想的误读,即人们就不会对奈达翻译的定义以及标准产生误读,并由此产生各种对奈达翻译思想的变形研究。李田心尽管没有指名道姓进行批评,但很明显,他批判的矛头对准的是谭载喜。

针对这一情况,国内学者丁国旗、姜淑萱、邵璐等人进行了回应:丁国旗、姜淑萱在《也谈"对等"与"相当"》中,指出李田心对奈达翻译定义的汉译并不高明,定[2]中的"相当的自然信息"这一表达意义暧昧,极具误导性(丁国旗、姜淑萱,2005:69)。至于翻译标准的翻译,丁国旗、姜淑萱认为"对等"本身就是模糊词,不是绝对的概念,因而把"equivalent"或"equivalence"译成"对等"或"等效"是对的。邵璐连续撰写了两篇文章[3],对李田心的质疑和批判进行了较为详细且深入的反驳。不过,对"equivalent/equivalence"的翻译,北京师范大学的周流溪(2007)仍然认为有问题,认为把"functional

---

[1] 这三篇文章分别是2004年发表在《外语研究》第8期上的《奈达翻译定义之我见》、2005年发表在《外语学刊》第2期上的《不能用"等效"原则解读奈达的翻译理论》以及2005年发表在《上海翻译》第3期上的《谈译名"功能对等"及由此造成的负面影响》。

[2] 李田心对奈达翻译的定义的译文是:翻译是用接受语首先在意义上,其次在风格上再现与源语信息最接近的相当的自然信息(李田心,2005a:74)。

[3] 这两篇文章是:2006年发表在《外国语言文学》第4期上的《评误读论者之误读——与李田心先生谈Nida"翻译理论中几个基本概念词"的理解与翻译》以及2007年发表在《外语研究》第2期上的《误译·无意·故意》。

equivalence"译为"功效对当"比译为"功能相当""功能对等"更妥,这样既可以避免一些误会,也可使"formal correspondence"的翻译留有余地,译为"形式对应";若把"functional equivalence"译为"功能相当",那么"formal correspondence"就不好翻译。周领顺在分析了以上争议之后,认为对奈达翻译定义的译文应为:做翻译时,要用译语把与原文信息最近的、自然的对应项再现出来,首先是意义上,其次是风格上;至于翻译的标准,传统上的"动态对等/功能对等",不管合理与否,只要深悟其意且约定俗成就行(周领顺,2010:7)。

后来,李田心仍在不同的刊物上发表文章,继续为奈达翻译思想中的核心概念之误译误读而析疑匡谬、辩明正义。不过,李田心后来的有关为奈达辩护的文章创新性不大,加上当时中国译学界的研究风向标为"文化转向"以及"后结构主义译论"之研究,因而李田心后来的一系列论文在中国译学界没引起多大反响。

第二场论争是周开鑫与薛宁地之间的论争。2007年,周开鑫在《奈达翻译思想中的尴尬》中,从动态对等论、读者反应论、译语的表现能力、翻译即交际的观点等方面对奈达进行了具有颠覆性的批判,最后指出:

> 奈达的译论属于一种偏激的语言学译论。由于奈达把本应柔性的原则刚性化,把本是相对的概念绝对化,把该辩证的方法僵硬化,使其译论带上了明显的偏向性。这种"非中性化"译论也许适用于《圣经》翻译,但不具有普遍的指导意义,难以传为不朽。(周开鑫,2007:114)

针对周开鑫对奈达翻译思想的批判,薛宁地进行了反驳,认为周开鑫没有阅读奈达的原著,因而对奈达观点的驳难都是错误的(薛宁地,2009)。

除此之外,马会娟(2001)在《翻译学论争根源之我见》中,对奈达所提出的"翻译科学"进行了非常详细的阐述,目的是消除国内译学界对该命题的误读。针对人们对奈达的动态对等论、读者反应论、形式与内容、归化与异化等命题的误读,马会娟(2003)在其专著《奈达翻译理论研究》中,对以上概念之误读进行了较为详细的阐述及论证。

4.4.2 对奈达翻译思想的驳难

与20世纪90年代一样,国内译学界继续对奈达的翻译思想进行批判。但不同的是,这一时期批判的话语更多,涉及的范围更宽。

首先是对奈达对等论的批判,这主要以刘祖培、郑海凌、肖娴、林克难、王秉钦等为代表。2000年,刘祖培在《翻译等值辩》中对奈达的对等论进行了彻底否定,认为"'等值'范畴模糊,定义失准,名不副实;'等值'作为翻译的宏观标准只能是理想",还指出"'等值'于常理是悖论,与中华文化格格不入。翻译标准多元互补,唯'等值'不能入流,盖因其概念的绝对化"(刘祖培,2000:4)。郑海凌认为奈达在观念上始终没有摆脱对应这一概念(郑海凌,2006:85)。而肖娴认为,"奈达对等效理论的界定不清,出现语义冗余与等效原则在具体操作层面的悖论"(肖娴,2007:62)。林克难则认为奈达的对等论在指导实用素材翻译方面有着许多先天的不足(林克难,2008:58)。

除对奈达的对等论进行批判外,也有读者对奈达的读者反应论进行批判。例如,在2000年,王东风在《文化差异与读者反应——评Nida的读者同等反应论》中对奈达的读者反应论进行了严厉的批判,认为由于文化差异的客观存在,读者反应不可能完全相等,即便是异质同构的表达方式也不会产生相同的读者反应。尹衍桐(2001)在《读者反应与文学翻译——驳读者中心论》一文中,从接受美学的视角谈论了奈达读者反应论的缺陷与不足。文学作品中意义的空白以及不确定性因素的存在使不同读者能够获得不同的审美认识和体验,也就是说,不同读者的反应是不同的,这正是对奈达翻译思想批评的焦点。范祥涛(2006)在《奈达"读者反应论"的源流及其评价》中指出,奈达的读者反应论是一个局限于规定性观念的理论模式,有其自身的缺陷与不足。而林克难(2008)认为,即便字面上丝毫不差,译文读者与原文读者的反应并不一定高度一致。

还有学者对奈达翻译思想的其他核心概念或思想进行了批判。例如,林克难(2006)在《从对意义认识之嬗变看翻译研究之发展》中对奈达的意义观进行了批评,认为奈达对于意义本质的认识没有突破,局限于传统的意义观;而肖辉和张柏然(2001)则对奈达的翻译过程模式论进行了否定,认为奈达翻译过程模式没有揭示译者是如何分析原语文本,如何分裂成基础结构以及如何将他们转换成目的语的。更有学者对奈达翻译思想进行了几乎全方位的批判或否决。例如,刘四龙(2001)认为奈达翻译思想对翻译理论作用的认识有偏差,只强调单一的翻译准则，过于强调和依赖语言学的作用。

而王洪涛、周开鑫、万莉等学者对奈达翻译思想进行了几乎全盘之否定。王洪涛（2003）在《启发与警示：奈达思想之于译学建设》中，指出奈达翻译思想具有三个方面的不足："方法论方面结构主义语言学方法的不足、理论结构方面规范性的内部研究的不足以及应用性翻译理论的局限。"（王洪涛，2003：52）王洪涛从这三个方面对奈达翻译思想的批判几乎就是对奈达翻译思想的全盘否定。2007年，周开鑫的《奈达翻译思想中的尴尬》则从动态对等、读者反应、语言表现力、翻译即交际以及翻译"三原则"等五个方面对奈达翻译思想进行全盘否定，认为奈达的翻译理论是一种偏激的语言学译论。万莉（2011）在《译者主体性论析——从奈达的"功能对等"理论到勒菲弗尔的改写理论》中指出，奈达翻译思想具有忽略语言的外部因素、不讲文化差异、复杂的翻译公式化等缺点。孙迎春强调，奈达的整个翻译理论就是一个自相矛盾的悖论（paradox），"奈达本人也是一个paradox"（孙迎春，2002：75）。

除系列论文之外，有些著作也含有对奈达翻译思想的批判话语，尤其对奈达思想中的核心理论进行了严厉批判，甚至彻底否定。例如，2005年，赵彦春在《翻译学归结论》中写道："奈达的区分（笔者注：指形式对等与动态对等）在实践上虽然有一定的指导意义，但也有误导作用——诱使译者重'效果'而轻形式、轻意义，在理论上则难以自圆其说，欠缺理论的刚性（rigidity）特征。"（赵彦春，2005：126）孙会军（2005）在《普遍与差异》中指出，奈达的翻译理论过于强调语言的共性，忽略了语言之间的差异，过于强调科学性，认为翻译就是一个单纯的转换过程，等等。而蔡新乐（2005）在《翻译的本体论研究》中，对奈达的对等论进行了彻底颠覆，认为不仅在现实中实现不了，在概念上也是一种彻头彻脑的虚构。在2007年，任东升在《〈圣经〉汉译文化研究》一书中单列了两个小节，即第二章第六节和第五章第五节，对奈达的翻译理论逐一进行了严厉的批判；王洪涛（2008）在其专著《翻译学的学科建构与文化转向》中对奈达的理论也进行了批判，认为奈达的翻译理论是科学主义思想主导的理论，主张纯语言操作，因而忽略了翻译的人文性及社会学等外部因素；徐艳利（2022）则在其专著《翻译与"移情"：共产主义视角下的翻译主体建构》中对奈达翻译思想进行了彻底的颠覆，认为奈达思想是建立在结构主义基础之上的纯粹的科学主义译学理论，是一种不可实现的"乌托邦"。

4.4.3 对奈达翻译思想研究状况之分析

与20世纪90年代一样，这一时期对奈达翻译思想的引介仍在进行，主要是在著作中单列章节，或对奈达翻译思想进行系统的引介及评述，或对奈达翻译思想中的内核观念进行原貌呈现，如李养龙（2007）、刘军平（2009）、孙会军（2012）等。有学者继续把奈达翻译思想与其他学者的翻译理论或思想进行对比研究，使我们对奈达翻译思想的了解与认识更为系统、全面。

这一时期，对奈达翻译思想研究最大的特点就是，更加注重对奈达翻译思想，尤其是功能对等论的应用性研究，关于这方面的文章比较多，所适用体裁翻译也比较宽，如谈到影视、广告、政治、新闻、网络流行语、法律、体育、公示语、科技等，大大拓宽了功能对等论的适用域，值得一提的是，方梦之与贾文波这两位应用文翻译研究专家还把奈达的功能对等论写进了他们所编的应用文翻译专著之中，提高了奈达功能对等论的使用价值，使我们对奈达的功能对等论有一种新的认识。

不过，我们注意到，这一时期对奈达翻译思想的引介仍然没有脱离谭载喜编著的《新编奈达论翻译》这本书的影子，而对奈达其他专著的内容之引介，却略显不足，如奈达的语境观、奈达对翻译悖论的阐述、文化观。尽管这一时期仍有许多学者对奈达的理论进行研究，仍集中于奈达翻译思想中的几个点上，如对等论、读者反应论、翻译过程等，没有什么新意，且与20世纪90年代对奈达思想研究还有重叠累述之处；此外，就研究的深度与广度而言，也不能与20世纪90年代相媲美：既没有对奈达翻译思想中内核概念，如异质同构、奈达的语境观等，进行深度挖掘及研究，在广度上，也缺乏对奈达翻译思想研究的跨学科视角或对奈达翻译思想中某一个点进行阐发和运用。

较之20世纪90年代，这一时期对奈达翻译思想研究的批评话语更多、更激烈，不仅对奈达思想的内核思想——对等论进行彻底否定，还将奈达翻译思想批评的视域逐渐拓宽，如读者反应论、翻译过程、奈达的意义观、文化差异观；更让人不可思议的是，有些学者对奈达的翻译理论进行全盘否定[1]，更有学者甚至认为，奈达的翻译理论本身就是一个自相矛盾的悖论（paradox）[2]。由此，国内

1　参见中国对外翻译出版公司2000年版《文化与翻译》第198-215页，《重庆交通大学》（社会科学版）2007年第5期第111-114页、第119页，《东北师大学报》（哲学社会科学版）2011年第3期第260-261页，等等。

2　参见《山东师大外国语学院学报》2002年第1期第73-77页。

有学者认为，奈达的翻译理论在中国走入了"衰落期"[1]，被打入"冷宫"[2]。有学者在给《西方翻译理论流派研究》一书所作的序中，还分析了奈达在中国走入衰落的原因[3]。

总之，在21世纪初，中国译学界继续关注奈达的翻译理论，并对之进行研究，取得了不少成果，做出了很大的贡献，但对奈达翻译思想的认识或态度发生了很大的变化：持批评话语的学者或专家占主流，奈达的翻译理论也逐渐退出中国译学界的历史舞台，奈达及其翻译思想在中国译学界之研究逐渐进入了衰落期。

以上对奈达翻译思想在中国译学界的运行轨迹做了梳理、归纳及总结，并对每一阶段的研究状况进行了说明。奈达翻译思想从繁荣走向衰落，并受到不断批判，这既与该理论的自身缺陷和不足有关[4]，也与外在因素有关，如受到新理论的引进及繁荣之冲击[5]。但是，这很大程度上也与人们对奈达翻译思想的认识及解读上有关，以下仅撷选几个流传甚广且影响极大的有关奈达翻译思想误读误译的典型实例[6]进行考辨，以便我们对奈达及其翻译思想的认识更全面、深刻。

---

1 参见《语言与翻译》2006年第4期第48-51页，《天津外国语学院学报》2003年第4期第1-5页，等等。
2 参见《中国翻译》2006年第5期第60页。
3 参见中国社会科学出版社2004年版《西方翻译理论流派研究》"代序4"：第一，奈达翻译思想是西方的，不适合中国，尤其是没有考虑到汉语和印欧语言的差别；第二，奈达翻译思想是建立在《圣经》翻译经验基础之上的，不适合宗教典籍以外的翻译；第三，"动态对等"无法实现，不科学，"读者反应"无着落，也不科学；第四，奈达翻译思想是结构主义的翻译理论，在解构主义面前已经过时了。
4 参照本书的"结论"部分对之进行的相关阐述。
5 这主要为文化翻译学派方面的理论，如操纵派、女性主义翻译理论、后殖民主义翻译理论。
6 主要源自四方面：第一，在翻译界有一定影响力的专家学者所持有的观点或见解；第二，发表在外语类核心期刊上的代表性期刊文章的观点或见解；第三，出现在一些重要出版物中的重要观点或见解；第四，出现在博士论文中的一些观点。

4.5 奈达翻译思想在中国译学界的误读误译[1]

4.5.1 对奈达翻译思想误读误译之典型个案考辨

4.5.1.1 奈达翻译思想模式属于过程论还是比较论？

自20世纪80年代起，中国译学界一般把奈达翻译思想模式定为比较论，尤其是原文读者对原文的反应与译文读者对译文的反应之比较，进而认为，读者反应之对比是奈达翻译思想的核心，于是乎，专家学者就把读者反应作为衡量奈达翻译思想的重要尺度或标准。这样，奈达翻译思想的理论价值就体现在读者反应是否可行，自然而然，中国学者对奈达翻译思想的关注就转移到读者反应的关注之上，对此，既有肯定的声音也有否定的声音，但更多的是否定的声音。赞成者几乎是20世纪90年代及其以前学者[2]所持的观点，认为奈达的读者反应论注重读者的维度，评判标准从文本对比过渡到了读者反应，较之过去是一种进步；而更多学者[3]对奈达的读者反应论持否定的态度，理由是：原文读者与译文读者的反应不可能一致，更不可能进行量化，因而奈达的翻译思想不具有多大的指导作用，已经过时了，或者说很不科学。笔者认为，仅从读者反应之对比这一层面就轻易肯定或否定奈达翻译思想的理论价值是有失公允的，因为奈达的翻译理论模式的着力点不是在读者的对比之上，不是一种比较读者反应的比较模式，而是一种过程模式，奈达的全部精力几乎在于阐述翻译的过程。以下将从数据量化和逻辑论证这两个维度对此进行阐述。

从数据量化来论证奈达思想是比较模式还是过程模式，主要从它们在奈达三本代表专著中所占的比重来阐述。第一本是奈达在1964年写就的《翻译科学探索》，全书分为十二章：第一章是序言，第二章是"西方世界的翻译传统"，第

---

[1] 本书考辨的对象主要是国内研究成果，理由是：第一，国外对奈达的批判主要是针对奈达的等效论，认为不可能实现，这与国内不一样；第二，国外对奈达的批判主要是根茨勒和韦努蒂，而这些在马会娟博士的专著中（2003）均已涉及，兹不赘述。

[2] 参见《中国翻译》1983年第11期第38页、《外交学院学报》1986年第2期第6页、《语言与翻译》1991年第1期第26页、《外国语》1999年第1期，等等。

[3] 参见《福建外语》1988年第Z1期第70-71页、《中国翻译》1988年第2期、中国对外翻译出版公司2000年版《文化与翻译》第198-215页、《山东师大外国语学院学报》2001年第4期第53-56页、《中国翻译》2008年第1期第58页，等等。

三章是"意义本质的介绍",第四章是"语言意义",第五章为"所指意义与情感意义",第六章论述的是"交际的动态维度",第七章是"译者的角色",第八章是"对应原则",第九章是"对应和对立的类型",第十章是"翻译调整的技巧",第十一章为"翻译程序",最后一章论述的是"机器翻译"。纵观全书章节之分布,奈达论述的重点为意义的分析、对等/对应原则以及翻译的程序,而对读者反应之对比只字未提。就全书内容而言,也没有提及读者反应之对比,只说到要关注读者的反应,或关注两者动态关系的对比,即"接受者和信息之间的关系应该和源语接受者和原文信息之间存在的关系大致相同"(Nida,2004:159)。《翻译理论与实践》是奈达和泰伯在1969年撰写的另一本代表性翻译理论专著,这本专著几乎是按照翻译过程这一模式编排的。全书共八章,前两章是关于翻译的概念及性质,第三、第四和第五章是翻译的分析阶段,即分析语法及意义,第六章是转换阶段,第七章为重组阶段,第八章是译文检验阶段。从章节安排来看,该书的核心内容就是翻译的4个过程:分析(analysis)、传译(transfer)、重组(restructring)和检验(testing)。从占用的篇幅来看,对翻译过程这4个阶段(第33-173页)的论述占了140页,其比例为全书的81.5%。那么,该书对读者反应篇幅的安排又是如何呢?据笔者初步统计,奈达在第一章提到了一次,只是说明翻译的重心已从文本转移到了读者反应;在第二章,奈达也顺便提及了读者反应,即认为,除了比较原文与译文,还要注重对读者反应的比较。随后,奈达把文章论述的重点放在了描述翻译过程的4个阶段,不再重点阐述读者反应之比较。

奈达对《语言与文化——翻译中的语境》(2001)这本专著的布局谋篇亦如此。该书由三部分组成:一是1993年出版的《语言、文化与翻译》一书的修订本,二是1999年编著而成的《翻译中的语境》(Context in Translating),三是奈达与中国记者、专家和朋友的部分谈话或通信。该书的第一部分,即《语言、文化与翻译》的修订本,阐述的内容几乎都是绕着如何分析原文本而编排的,如,第三、第四、第五及第六章主要介绍如何分析原文的句子结构、词法、句法以及语篇等内容,而第七章谈到的是翻译的语言与文化的关系,其目的是引出第八章的内容——翻译的功能对等论。第九章谈的是翻译的程序,包括宏观的翻译过程及微观的翻译过程。而对于读者反应之阐述,整本书涉及很少,只在第八章稍稍提到,即原文读者的反应应与译文读者的反应大体一致。至于该书的第二部分,其核心内容为语境中语词意义的取决问题以及语词的关系问题,也是为翻译过程服务的。而该书的最后一部分为访谈或书信内容，占的篇幅较少（270-289页），几乎没有谈到读者反应这一问题。可见，从以上三本主要专著论述读者反应与翻译过程分别所占的篇幅来看，奈达的理论阐述的重点应为翻译的过程，而不是读者反应。职是之故，从以上充分的量化数据来看，奈达的翻译理论模式应为过程模式而不是比较模式。

接着，笔者将用詹妮·威廉姆斯（Jenny Williams）和安德鲁·切斯特曼（Andrew Chesterman）在其合著的《路线图——翻译研究方法入门》（*The Map: A Beginner's Guide to Doing Research in Translation Studies,* 2002）一书中的第三章提到的三种翻译理论研究模式，来阐述奈达翻译思想模式的归属问题。威廉姆斯和切斯特曼将翻译研究的理论模式分为比较模式（comparative model）、过程模式（process model）和因果模式（causal model）。威廉姆斯和切斯特曼认为，翻译研究最早的理论模式就是比较模式，其图示如下：

$$\text{Source text (ST)} = \text{Target text (TT)}$$

这个示意图的等号有点绝对化，威廉姆斯和切斯特曼认为，其中的等号应为约等于，图式如下：

$$ST \approx TT \text{ 或 } TT \approx ST$$

威廉姆斯和切斯特曼的这种理论研究模式的重点就是译文与原文的对比研究，要么是原文词素与其相对应的译文之间的对比研究，要么就是比词素更大的单元项目（如词组、句子等）的翻译对比研究；抑或在语料库研究中用于目标语同一种类文本的译文与非译本之间的对比研究（Williams & Chesterman，2004：49-51），等等。简言之，威廉姆斯和切斯特曼的这种研究模式注重译文与原文的对比研究，是一种注重文本对比的研究模式，丝毫没有提到读者反应的对比研究。可见，把奈达的翻译理论研究模式归为比较论是没有道理的。此外，威廉姆斯和切斯特曼在阐述过程模式时，用到了人们非常熟悉的交际模式：

$$\text{Sender(S)} \rightarrow \text{Message(M)} \rightarrow \text{Receiver(R)}$$

威廉姆斯和切斯特曼认为，将这种交际模式稍微变形，可作为翻译研究的过程模式，其图式如下：

$$S1 \to M1 \to R1/S2 \to M2 \to R2$$

该示意图中的R1/S2就是译者，起着读者与目标语中信息发送者的双重角色作用。既然这种模式是从交际模式演变而来，而我们知道，奈达认为翻译就是一种交际，可见，奈达的理论模式与过程模式存在很大的亲缘性，此外，我们再把奈达的《翻译理论与实践》的章节安排与他们介绍的$S1 \to M1 \to R1/S2 \to M2 \to R2$这一过程模式示意图进行对照，就会发现这两者有着惊人的相似之处，这样，自然而然会让读者一下子将过程模式与奈达的翻译理论挂上钩。

至于因果模式，威廉姆斯和切斯特曼（Williams & Chesterman, 2004：53）认为，比较模式与过程模式都内含有因果模式。我们说比较模式含有一定的因果模式，是因为比较模式中原文与译文的对等关系可解读为一种因果关系，其图示如下：

If X (in the source text), then Y will follow (in the target text)

"同样，过程模式也可以用因果模式解读。比如，输出是输入的结果，译者某一阶段做的事，是由他在上一阶段所做之事引起的，或确切地说是由目的决定的。"（同上）这样，在他们两人看来，因果模式是一种涵盖范围相当宽泛的翻译理论研究模式，几乎每一种翻译模式都可以最终用因果模式来进行阐释。不仅如此，在该书的第55到56页，威廉姆斯和切斯特曼还提到，几乎每一种翻译理论都或多或少地含有因果模式，如奈达的翻译理论、目的论、关联翻译理论等。可见，说某个理论研究模式是否属于因果模式，其意义不是很大，我们只有在比较模式与过程模式这两者之间进行选择。而我们再回头审视一下上文的论证，会发现奈达的翻译研究理论模式是属于典型的过程模式。

有关奈达翻译思想的研究模式，国外学者哈蒂姆与霍姆斯也持有同样的观点，在其著作《翻译教学与研究》（*Teaching and Researching Translation*, 2005）中，哈蒂姆认为，奈达的翻译理论是语言学取向的翻译过程论（Hatim, 2005：22）。接着，哈蒂姆以分析、转换、重整这一过程模式对奈达的翻译理论进行了扼要阐述。霍姆斯在其论文集《译稿杀青！文学翻译与翻译研究文集》中，也提到了奈达的翻译研究属于过程论。霍姆斯说道，在对翻译学科以科学术语命名时，"奈达并没有打算用这个词组作为整个研究领域的名称，而只是用以命名翻译过程本身的一个方面"（Holmes，2007：69-70）。

那么，读者的对比反应在奈达整个的翻译理论体系中起什么作用呢？我国学者王宏印与林克难做出了很好的回答。王宏印说："读者反应不是标准……一些针对奈达读者反应观点的批评意见，就是这样看的，结果把问题搞混淆了。其实，读者反应只是事后检验或评价翻译质量的一种参照因素。"（王宏印，2006：189-190）林克难认为："读者反应是'引子'，翻译过程是实质。"（林克难，2012：83）可见，读者反应在奈达翻译思想体系中并不占据举足轻重的地位，其理论的核心所在应是翻译的过程论。

综上所述，奈达的整个翻译理论体系属于过程论，研究的是整个的翻译过程，而不是比较论，理论体系中所出现的读者反应之对比只是一个参数或引子。这样，我们不能因读者反应的不精确或不可量化等不科学的界定就否定奈达的整个翻译理论体系，进而否定奈达的一切；倘若如此，就会犯主次不分、舍本求末之错误。

4.5.1.2 奈达翻译思想属于结构主义语言学的翻译研究吗？

自21世纪初以降，中国译学界流行这样一种观点：奈达翻译思想属于结构主义语言学的翻译研究[1]，而结构主义语言学具有静止性、封闭性、自足性等缺点。这样，奈达翻译思想也就具有结构主义语言学所带来的种种缺陷，在当下的译学研究中已经过时。事实果真如此吗？本着学术争鸣之精神，笔者不揣浅陋，

1　参见《中国翻译》2002年第5期第25页、《中国翻译》2004年第6期第7页、《中国翻译》2007年第3期第7页、《天津外国语学院学报》2003年第1期第54页、《中国科技翻译》2005年第3期第57页、上海译文出版社2005年版《普遍与差异》第91-92页、《四川外国语学院学报》2006年第1期第92页、上海外语教育出版社2006年版《翻译学——一个建构主义视角》第174页、《社会科学家》2006年第5期第195页、《中国翻译》2007年第3期第15页、《外语教学》2009年第5期第109页、《外语教学》2009年第1期第106页、上海译文出版社2009年版《翻译研究的语用学转向》第65页、上海交通大学出版社2009年版《翻译伦理：韦努蒂翻译思想研究》第24页、上海外语教育出版社2012年版《二元·多元·综合：翻译本质与翻译标准》第121-122页、《外语教学》2012年第4期第101页、河南大学2012年博士论文《翻译与"移情"：共产主义视角下的主体建构》第77页、《外国语文》2013年第1期第96页，等等。

愿就"奈达翻译思想的归属"问题求教于同仁方家。

我们先来看看索绪尔的结构主义语言学及其随之而来的结构主义研究方法。索绪尔的结构主义语言学[1]是针对历史比较语言学研究之不足而提出的,索绪尔认为,传统的历史比较语言学只注重采用历时的研究方法去探究某一具体语言内部或不同语言之间语音和语义的历史变化与发展,以及研究语言之间的亲缘关系,而缺乏对一般语言本体之研究,为了改变现状,索绪尔提出了"为语言而研究语言"的新理念,旨在确立语言学的自主地位、建立具有本体论性质的真正科学的语言学学科,其思想及观点体现在《普通语言学教程》一书之中,大体为以下五个方面。

第一,把言语活动划分为语言和言语,认为语言活动是语言与言语的总和,即语言活动=语言+言语。语言指的是隐藏在实际话语背后的形式系统,而言语是指日常生活中人们所说的实际话语,是语言的运用。索绪尔认为,语言研究与言语研究"两条路不能同时走,必须有所选择"(索绪尔,1980:42)。由于言语具有个体性以及或然性,而语言具有社会性及稳定性,因而,语言具有研究的优先地位。

第二,明确了语言研究的两条路径:共时和历时研究。共时研究指研究特定时间中独立的形式系统,不考虑时间因素,而历时研究是指对语言从一个时代到另一个时代的发展过程中的变化进行历史研究,换言之,是对语言的历史变化进行研究。索绪尔认为,对语言的共时研究与历时研究是语言体系的第二条岔路口(同上:141),这一区分不仅强化了语言与言语的区分,还使"语言"研究更加具体化。就这两种研究路径而言,索绪尔特别强调语言的共时研究,因为语言单位的价值取决于它所在系统中的地位而不是它的历史。此外,语言研究必须排除历史,这样,才能把语言的系统描写清楚。

第三,对语言符号的性质赋予了新的认识。索绪尔认为,传统上把语言符号定位为事物与名称的联系这种看法是不对的,语言符号只能是概念与音响现象的中介,"是一种两面的心理实体"(同上:101)。这里的"两面"指的是"能指"与"所指",两者是不可分割的有机整体,但其关系是"约定俗成"的,没有内在的必然联系。索绪尔对语言符号性质的第二个认识是,语言符号具有线性

---

[1] 索绪尔只提出了"系统"这一观念,从未使用过今天意义上的"结构"一词,不过,其语言学思想含有结构主义语言学的丰富内容。

特征。换言之，语言符号是在时间上展开的，有先后之分，两个语言单位永远不会同处于语流的某一个点上。这样，语言符号之间就会形成对比及区别，从而使每一个符号具有各自不同的价值意义。

第四，对语言"系统"概念具有的独特认识是索绪尔语言学思想中最重要的观点，也是最大的亮点。索绪尔认为，语言的系统是由语言共时状态构成，而共时状态又是由各种关系构成，"在语言状态中，一切都是以关系为基础的"（同上：170）。而语言系统中的关系主要是语言符号与符号之间的关系，主要表现为句段关系（syntagmatic relations）和联想关系（associative relations）。句段关系是指一个词或一个句子里各个成分先后出现的关系，而联想关系指相互可以替换的各成分之间的对应关系。值得注意的是，索绪尔在这里所说的系统中的各种关系，仅仅指系统内部各种符号的关系，与外部因素如政治、经济、文化、宗教等社会因素毫无关系，因为只有立足于系统的内部要素才能建立真正意义上的语言学科："我们的关于语言的定义是要把一切跟语言的组织、语言的系统无关的东西，简言之，一切跟我们用'外部语言学'这个术语所指的东西排除出去的。"（同上：43）

第五，索绪尔的价值概念在系统概念中扮演着很重要的角色。因而，要理解索绪尔的系统概念，就须理解价值概念。他认为，一个价值的确定必须要有两个要素："（1）一种能与价值有待确定的物交换的不同的物；（2）一些能与价值有待确定的物比较的类似的物。"（同上：161）这两个因素对理解价值概念以及系统概念非常重要。此外，索绪尔还认为价值不等于意义，"从它的概念方面来看，无疑是意义的一个要素"（同上：160）。而且永远是和别的价值相对而言的。"它们不是积极地由它们的内容，而是消极地由它们跟系统中其他要素的关系确定的。它们的最确切的特征是：它们不是别的东西。"（同上：163）为了说明价值的决定因素，索绪尔用下棋做比喻，认为"棋子的各自价值是由它们在棋盘上的位置决定的，同样，在语言中，每项要素由于它同其他各项要素对立才能有它的价值"（同上：128）。可见，一个棋子的价值不在于其本身的质料或形式，而在于一个棋子与其他棋子的相互关系和对立关系，同样，词项的价值不在于其"意义"的本身，而在于与其他词项的关系。

综上所述，索绪尔的结构主义语言学思想可总结为：在共时状态下对语言内部系统的研究，而处在语言系统内部由能指与所指之任意关系所构成的语符的价值不在于其本身，也与外部因素无涉，而是取决于它们之间的相互或对立关系。

在索绪尔的这一语言学思想的影响之下,结构主义语言学又出现了三个流派:布拉格学派、哥本哈根学派和美国描写语言学派。尽管这些包括索绪尔在内的结构主义语言学对语言研究各有偏重,但大同小异,都把语言看成一个封闭的符号系统,强调共时语言研究的必要性以及语言内部结构分析的重要性。

索绪尔的结构主义语言学思想不仅对整个语言学界产生了重要的影响,还对人类学、哲学、心理学、文艺批评等人文及社会科学产生了重大影响,这主要表现在结构主义的研究方法上,其特点是:"在研究中,将对象分解成各个组成部分,然后重新组合,以引起整体性的变化;强调整体对部分的优先性;认为对象的研究不应停留在表面(表层结构),而应深入对象的内在联系(深层结构)。"(方梦之,2011:213)而"'系统'与'结构'处于核心地位"(同上)。英国结构主义学者特伦斯·霍克斯(Terence Hawkes)认为,结构主义基本上是关于世界的一种思维方式,对结构的感知和描述极为关注,并认为世界是由各种关系而不是由事物构成的观念已成为结构主义思维方式的第一原则(1987:8)。简言之,结构主义就是一种关注"结构"或"系统"的思维方式,而这种"结构"或"系统"是处于封闭状态的(同上)。

以上是对索绪尔结构主义语言学以及结构主义方法的简单阐述。我们若把奈达的语言观与之相比照,会发现两者存在很大的不同。

第一,两位学者对语言"形式"及"功能"的认识有所不同。索绪尔认为:"语言符号连接的不是事物与名称,而是概念与音响形象。"(1980:101)再加上语言的符号是能指与所指的任意性结合,而与外部世界无涉,所以索绪尔关注的是语言形式,而不是其他的东西,用索绪尔的话说,关注的是"语言是形式,而不是实质"(同上:169)。至于语言的功能,索绪尔没有论及,因为索绪尔对语言符号的研究都限制在静态的语言系统内,而与具有实质内容[1]的外界无涉;而奈达的看法与索绪尔不同,在赞成语言形式之外,奈达更加关注语言的各种交际功能。从翻译原则的角度,奈达对表达功能、认知功能、人际功能、信息功能、祈使功能、移情功能、交感功能、施变功能、审美功能等进行了深入详细的阐述,并指出翻译要进行功能对等,这些因素都要求我们认真考虑(Nida, 1986:25-32)。

---

[1] 索绪尔所说的更实质内容是指与语言有一定联系的外部因素,如民族、政治、经济、文化、宗教以及社会风俗、制度等。

第二，两位学者对语言系统的认识也有所不同，这主要体现在语言系统是封闭的还是开放的。由于索绪尔的结构主义语言学脱胎于传统的历史比较语言学，认为传统的语言学对语言的本体关注不够，没有本学科自己的自主地位，因而，索绪尔主张关起"门"来在语言系统内对语符进行静态研究，所以，索绪尔研究的语言系统是封闭的，与外界无涉；奈达对语言系统没有提及过，但从其对词语意义主要是联想意义的阐述以及对语言功能观之论述，可以得知，奈达主张语言系统应与外部世界接触，主要是与语言的使用者进行接触，而这一点在索绪尔的语言学思想中是没有涉及的。我国学者赵艳说过，索绪尔结构语言学的最大缺陷就是对时间维度与人的因素没有关注（赵艳，2007：65-66）。

第三，两位学者对意义观的认识也存在巨大差异。这一点是确定奈达翻译思想是否属于结构主义语言学的翻译研究或结构主义译论的关键之所在，因为意义观是结构主义语言学与翻译研究之间存在的最大"交集"，而翻译说到底还是意义之传送。那么，索绪尔与奈达的意义观有什么不同呢？索绪尔对意义的相应阐述，仅仅停留在语符的价值层面之上，认为语符的价值是意义的一个要素，与其他语符价值相对立而存在，"它们不是积极地由它们的内容，而是消极地由它们跟系统中其他要素的关系确定的。它们的最确切的特征是：它们不是别的东西"（索绪尔，1980：163）。由于索绪尔对语言的研究仅限于与外界无涉、与时间无关以及没有人为因素介入的真空状态下的语言系统内，是一种乌托邦式的语言系统，因而系统内的语符价值当然是静止的、恒定不变的，因而其意义也是静态的，语符存在一个永恒的"逻各斯"意义。与索绪尔对语符价值论述不同的是，奈达对意义的研究不仅仅局限于语言系统内，更为关注语言系统外的诸多因素如人为因素、文化因素、人类学因素等。这样，语符除了存在一个所指价值（即所指意义，相当于索绪尔所说的与外界无涉的静态的语符价值），还有一个联想意义或曰语用意义[1]，该意义之强弱与其所指价值或意义非常不成比例（Nida，2004：35-36），而与语言的使用者以及语境有关。显然，奈达看重的是意义的语用层面，即语用意义，因为任何成功的交际在于接受者能否成功地理解说话者所说的语用意义（同上）。此外，奈达在其专著《语言与文化——翻译中的语境》中对意义与语境之关系进行了深入翔实的阐释（同上：157-182）。由于奈

---

[1] 因为语用学指的是语符与语符使用者之间的关系，而联想意义又牵涉到语符使用者，所以联想意义就是语用意义。

达的意义观牵涉语符的使用者以及语境等动态因素，故其意义观是动态的意义观。而国内一些学者认为奈达的意义观是静态的[1]，并认为奈达本人在翻译时追求的是一种永恒的逻各斯意义，这种观点显然与事实不符。

从以上几个比较维度来看，把奈达翻译思想归属于结构主义语言学的翻译研究是不恰当的，是对奈达翻译思想的一种误解。那么，是不是奈达翻译思想因沿袭了结构主义的研究方法而应属于结构主义译论呢？从上文论述中，我们知道，结构主义的研究方法最大的特征是注重"结构"或"系统"的研究，而这种"结构"或"系统"又处于封闭的状态，且"结构"或"系统"内各成分或元素与外界无涉，只是在自身的圈子里"自娱自乐"，完全处于一种"闭关自守、自力更生"的状态，而奈达的翻译思想牵涉到语言的使用者，尤为关注译文的交际功能以及译文读者的反应。从这一点来看，奈达的研究思维或方法似乎与结构主义方法论的关系也不大。

有学者说，奈达翻译思想属于结构主义语言学的翻译研究或结构主义译论，是因为奈达翻译思想与乔姆斯基的转换生成语法有关[2]。国内学者持这种观点的原因可能是受了根茨勒（Edwin Gentzler）的影响。在《当代翻译理论》（修订第二版）（*Contemporary Translation Theory, Revised Second Edition*）第三章中对奈达的理论进行评论时，根茨勒认为，由于奈达翻译思想借用了艾弗拉姆·诺姆·乔姆斯基（Avram Noam Chomsky，1928—）转换生成语法中的"深层结构""表层结构""核心句"等概念术语，因而奈达的翻译思想具有科学性。尽管如此，根茨勒并没有把奈达的翻译思想归为结构主义语言学的翻译研究，倒是国内有些学者对此进行了"阐发"，认为奈达借用了乔姆斯基转换生成语法的某些概念，因而属于结构主义语言学的翻译研究。事实果真如此吗？那么，奈达使用的这些概念与乔姆斯基转换生成语法的中的这些概念是不是"一脉相承"的呢？

对这个问题，马会娟在其专著《奈达翻译理论研究》（*A Study on Nida's Translation Theory*）中进行了较为翔实的阐述（马会娟，2003：69-70，80-

---

1　参见上海外语教育出版社2006年版《翻译学——一个建构主义视角》第174页、《中国翻译》2004年第6期第7页、《中国翻译》2007年第3期第7页、《外语教学》2009年第1期第106页，等等。

2　参见上海译文出版社2009年版《翻译研究的语用学转向》第65页、上海交通大学出版社2009年版《翻译伦理：韦努蒂翻译思想研究》第22页、河南大学2012年博士论文《翻译与"移情"：共产主义视角下的主体建构》第84页。

86），认为奈达借用这些术语是为了探讨翻译的过程，而且奈达的翻译模式与乔姆斯基的转换模式也不相同；除此之外，奈达借用这些概念是为了解决翻译中的语义问题，而乔姆斯基是为了探究句法形式问题（同上：82-86）。更何况，奈达后来放弃了乔姆斯基的句法理论，因为奈达已经把翻译的单位从句子转向了语篇。他在1993年的《语言、文化与翻译》和2001年的《语言与文化——翻译中的语境》中阐述了翻译的单位是语篇，而不是句子，奈达的同事斯泰恩在其专著中也说到了这一点（2007：142-143）。此外，就理论性质而言，乔姆斯基的转换生成语法也不属于结构主义语言学，两者非常对立：乔姆斯基的基本立场是唯理主义的形式化，而结构主义则是经验主义的描写。我们知道，乔姆斯基的老师泽里格·哈利斯（Zellig S. Harris, 1909—1992）是结构主义语言学家，但乔姆斯基却完全不是，他所继承的只是对结构的关注而已。有趣的是，尽管根茨勒谈到了奈达翻译理论的科学性，但是在《当代翻译理论》（第二版）第七章的第194页，还是赞同苏珊·巴斯内特（Susan Bassnett, 1945—）的说法，把奈达的翻译研究归为翻译研究的文化阶段，而把伊塔玛·埃文-佐哈尔（Itama Even-Zohar, 1939—）与基迪恩·图里（Gideon Toury, 1942—）的翻译研究纳入翻译研究的结构主义阶段（Gentzler, 2004：194）。

此外，对乔姆斯基理论的借用情况，奈达在后来的著作《从一种语言到另一种语言》《语言与文化——翻译中的语境》（*Language and Culture—Contexts in Translating*）等中已不再提及，论述的重点明显偏重于认知语言学及语用学。例如，提到了莫里斯的语用观（Nida, 2004：34，45，88）、维特根斯坦后期的语言游戏论（Nida, 1993：7，19-20，165-167；Nida, 2001：7，16-17，121-122，247-248）、语用学中的语境论、认知语言学的原型范畴理论以及象似性理论[1]，等等。职是之故，说奈达翻译思想属于翻译研究的结构主义学派跟乔姆斯基有关，这种观点也是站不住脚的。

除此之外，据现有资料考证，没有哪位国外学者把奈达翻译思想纳入结构主义语言学的翻译研究，不过，倒是有学者把奈达翻译思想纳入翻译研究的文化学派，而把佐哈尔与图里的翻译理论归入翻译研究的结构主义学派（Bassnett & Lefevere, 2001：131-132；Gentzler, 2004：194）。把奈达翻译思想纳入文化

---

[1] 奈达对象似性理论的运用主要体现其对"同形结构"（isomorph）的阐述之中。奈达当时没有提到认知语言学，但在其后来的《语言迷》（*Fascinated by Languages*, 2003）一书的142页，他对此进行了说明。

学派主要是因为奈达对文化进行了大量的考察，关注文化的差异性，并在此基础上提出了功能对等论（谢天振，2008b：8），而把佐哈尔与图里纳入翻译研究的结构主义学派，是因为他们的理论源于俄国的形式主义理论，关注重点为语言形式，而结构主义语言学研究的重点也是语言形式间的相互关系，等等。

不可否认，奈达的翻译思想或多或少受了结构主义语言学的影响，而这只出现在其理论形成的早期阶段，这一点，国内学者如谭载喜（1999）、马会娟（2003）、方梦之（2011）、刘军平（2019）等在其论文或专著中都已提及。不过，就奈达整个翻译思想的发生、发展及成熟阶段而言，更多的是受到了认知语言学、符号学、社会语言学，尤其是语用思想的影响。例如，奈达在《翻译科学探索》（*Towards a Science of Translating*）、《语言、文化与翻译——翻译中的语境》等专著中多次使用莫里斯的语用观来阐释自己的语用意义观（Nida，2004：34，45，88）、利用维特根斯坦后期的富含语用思想的游戏论来论述翻译就是一种交际，原文与译文只存在功能上的对等而不存在一一匹配关系（Nida，1993：7，19-20，165-167；Nida，2001：7，16-17，121-122，247-248）。奈达还使用了H. P. 格莱斯（H. P. Grice，1913—1988）的语用合作原则（Cooperative Principle）来阐明语言交际与翻译之关系（Nida，1975：24），并重点论述了语境与意义的关系问题（Nida，2001：157-182）。由此可见，我们不能把奈达的翻译思想简单地归为结构主义语言学的翻译研究。

以上从语言观的层面对奈达翻译理论之性质归属进行了论述。那么，结构主义语言学的翻译观具有哪些特征？与奈达的翻译理论又有多大的联系？以下将从翻译观这一层面来阐释奈达翻译理论的归属问题。

国内许多学者认为结构主义语言学的翻译观或译论是建立在结构主义语言学的基础之上的，因而具有结构主义语言学所带来的一些显著特征：第一，该翻译理论具有静止性、封闭性、自主性等缺点，很难适应翻译中灵活多变、有具体语境的语言实际应用的情况（吕俊，2006：174）；第二，该理论认为整个翻译过程被简单化、机械化以及程式化……没有考虑翻译过程中的语用维度、语用意义以及文本的社会及文化语境（曾文雄，2006）；第三，该理论认为，"语言是透明的，意义是通过语言规律设定的，所以译文与原文是完全可以达到等值的"（吕俊，2006：62）。那么，奈达的翻译理论是否具有以上特征呢？我们先来看看奈达的翻译理论。

第一，奈达翻译理论注重翻译中的联想意义，而联想意义是与语言的使用者以及外部世界相联系的（Nida，2001：31-33），其具体所指要视具体语境而定，包括语言语境与非语言语境（Nida，2001：157-182），这样，奈达的翻译理论不得不关注语言系统外的诸多因素如人为因素、文化因素、人类学因素等，因而，其翻译理论是动态的、开放的，是与外面世界相联系的；此外，奈达翻译理论是一种交际翻译理论，为了适应接受者的语言需求与文化期待（费小平，2005：29），实现其跨文化之交际目的，奈达主张"译者要做出成千上万次的涉及选择与处理的决定，以顺应另一种文化，顺应另一种语言，顺应不同的编辑和出版商，最后还要顺应读者群"（Nida，2000：7）。职是之故，奈达的翻译理论应是灵活多变的，能适应具体的翻译语境。

第二，奈达一生致力翻译过程之研究，把翻译过程分为原文分析、意义传译、译文重组、译文检验等四个阶段，并努力使之科学化。对原文分析，奈达在《翻译理论与实践》这本书中，用了大量篇幅来谈语义的分析，主要为语法及词位的所指意义和联想意义之分析，也谈了语言单位之间的语法关系。奈达在《语言与文化——翻译中的语境》一书中，特别强调语符的意义是灵活的，其具体意义视具体语境而定（Nida，2001：157-182）。此外，奈达非常重视原文以及译文中的社会语境和文化语境，特别是文化语境，认为"文本意义与相应的文化有着直接或间接的关联，而词语的最终意义也只有在相应的文化语境中才有意义"（Nida，2001：286），并发出"要真正出色地做好翻译，掌握两种文化比掌握两种语言更为重要，因为词语只有在特定的文化语境中才有意义"（Nida，2001：82）。可见，奈达并没有把翻译过程简单化，更没有忽略翻译过程中语用维度、语用意义以及文本的社会及文化语境。

第三，关于原文与译文的对等情况，奈达从来就没有说过可以达到完全的等值。早在1964年，奈达就说过："没有哪两种语言是完全一致的，无论是对应符号被赋予的意义还是这些符号排列为词组和句子的方式，既然如此，就有理由认为语言之间不存在绝对的对等。这样，也就不存在完全精确的翻译。"（赵艳，2007：156）此外，奈达分别在1993年和2001年反复强调不要误读他的对等论，"'对等'不能理解为数学意义上的等同，只能是近似的等同，即以功能对等接近程度为依据的近似"（Nida，1993：117；2001：87）由此可知，奈达并不主张译文与原文是完全可以达到等值的。

综上所述，说奈达翻译理论受到了索绪尔结构主义语言学或结构主义方法论的影响，或说与乔姆斯基的理论有很大的联系，从而认为奈达的翻译理论是结构主义语言学的翻译观或结构主义译学理论,这样的说法是不恰当的。奈达翻译理论的发生、发展及成熟,是受多种因素特别是语用思想的影响,如果我们把奈达翻译理论简单地囿于某一学派或归属于某一主义钳制下的译学理论,就会把一个立体化的译学理论做平面化的处理,很难走进奈达的翻译理论,更谈不上获取其翻译思想之精髓。我们应该多角度、多元化地深入该理论发生的历史语境以及社会背景,综合观照多种因素去了解奈达的翻译理论,这样才能接近事实的真相,得出较为准确的判断。笔者期冀以此为契机,通过对该问题之观照,对我们的译学研究有所裨益:对某一学者的译学理论不要轻易贴标签,更不要脸谱化某一学派或某一学者,而要深入其境,多方位观照某一理论的发生、发展及成熟,这样才能接近真相之判断。由于笔者能力有限,以上研究存在不足或缺陷,望起到"瓦器微鸣,以待黄钟"之作用。

4.5.1.3 翻译是科学还是艺术?

奈达在其专著《翻译科学探索》中的"翻译是科学还是艺术?"(Nida,2004:3)这句话引发了国内外,尤其是国内学者的一番论争。一些学者认为,奈达主张翻译既是科学也是艺术[1];一些学者认为,奈达主张翻译是科学,而持这种主张的学者分为两类:一类学者认为奈达只是单纯地持翻译是科学这一说法[2],另一类学者认为奈达的理论是建构在结构主义语言学的基础之上的,因而认为,奈达主张翻译是科学的[3],可以"完全等值",其"翻译过程被简单化、机械化以及程式化了";还有一些学者认为,奈达的观点发生了变化,由翻译科学转向了翻译的艺术[4]。那么,奈达对"翻译科学和艺术之说"到底说了些什么

---

[1] 参见《中国翻译》1982年第4期第4页、《外国语》1995年第3期第12页、中国对外出版公司1999年版《新编奈达论翻译》第XVII页、《外语与外语教学》1999年第2期第34页、国防工业出版社2006年版《简明翻译教程》第28页,等等。

[2] 参见《国外语言学》1981年第2期第1页、《外语教学》1985年第1期第59页、《中国翻译》1996年第2期第39页、《外国语》1997年第5期第66页、《山东外语教学》2002年第3期第1页、清华大学出版社2007年版《重释"信达雅"——20世纪中国翻译研究》第24页,等等。

[3] 参见《中国翻译》2005年第2期第5页、河南大学2012年博士论文《翻译与"移情":共产主义视角下的主体建构》第75-76页,等等。

[4] 参见《中国翻译》1997年第6期第2页、《上海科技翻译》1998年第4期第5页、《山西大学》(哲学社会科学版)2001年第2期第85页、《福建外语》2001年第1期第45页、湖北教育出版社2000年版《当代美国翻译理论》第63页、《山东师大外国语学院学报》2002年第1期第74页、《中国科技翻译》2011年第3期第59页,等等。

呢？是不是对自己原来的说法进行了更改？我们先来看看奈达在几处对这一问题的不同表述以及所含的观点。

1964年，奈达在《翻译科学探索》的第3页上说道：

> 尽管没人会否定良好的翻译活动（good translating）含有艺术成分，但是语言学家和语文学家逐渐意识到翻译过程是可以对其进行精确描述的，当提及"翻译科学"（the science of translating）时，我们当然关注的是其描述性的一面；因为，正如语言学可以归属于描述性科学一样，从一种语言到另一种语言的信息迁移同样是一门可做系统描述的有效学科。（Nida，2004：3）

由上可见，奈达在这里强调的是：要对翻译活动过程进行系统性描述。他不仅是这样说的，而且是这样做的，因为《翻译科学探索》一书基本上是按照这一思路谋篇布局的。不过，奈达觉得翻译科学的建立还是处于探索性阶段，此书名中的"towards"和"a"足以说明问题：奈达使用"towards"一词，借以说明翻译科学的建立是朝着这个方向去探索或努力的，并没有说明已经对翻译的过程做出了科学性之描述；而"a"这一不定冠词的使用，也说明奈达对专门建立一门翻译科学这门学科还是没有确定，只是实验性地去探索，即用临近学科知识如现代语言学、社会语言学、社会符号学、交际学理论、信息论、人类学、语用学甚至认知语言学等去对"translating"这一翻译过程进行实验性的探索。笔者认为：奈达对这一书名中的"towards"以及"a"的选定不是随意的，而是经过深思熟虑的，体现了他对翻译过程进行科学性之描述的不确定性。诚如沃尔弗·威尔斯（Wolfram Wilss，1925—）在《翻译学——问题与方法》（*The Science of Translation: Problem and Methods*，2001）中所指出的那样，奈达那个谨慎的书名《翻译科学探索》应被理解为是精心挑选的确切表述，用以体现按正在形成的一套方法所取得的成果之实验性质（Wilss，2001：51-52）。

不过，这一时期，奈达对翻译活动（translating）的性质归属没有进行过明确阐述，只是说这一活动具有"艺术成分"。1969年，奈达在《翻译科学》（"Science of Translation"）一文的注释中，对翻译科学又进行了阐述，指的是"对翻译过程的科学或系统描述"（Nida，1975：98）。与以前不同的是，此时，奈达把翻译（translation）单独列出，说其具有艺术性。接着，奈达说，"翻译实际上可以在三个功能层面上进行描述，即科学、技术和艺术"（同上）。此时，奈达对翻译的性质之描述还是混沌一片，但略微偏重科学。可见，奈达对翻译性质的表述不是很明确，模棱两可，这也难怪国内一些学者认为，奈达对翻译的看法是"翻译是科学或翻译是科学、艺术和技术融为一体的学科"。这不能说是国内学者误读了奈达，而是奈达本人对此没有厘清。

在《翻译理论与实践》一书的序言中，奈达和泰伯对翻译性质的归属再次进行了阐述："翻译活动（translating）不仅仅是一门科学。它还是一种技巧，但归根结底，让人十分满意的翻译（translation）总是一种艺术品（an art）。"（Nida & Taber, 1969: vii）由此，国内有些学者就认为，奈达对翻译的认识已经发生了转向，从翻译的科学转向了翻译的艺术。其实不然，他在该书的序言中还说到，《翻译理论与实践》是前一本专著《翻译科学探索》的合乎逻辑的产物（同上），并指出《翻译理论与实践》这本书利用语言结构、语义分析以及信息论等学科知识来论述翻译过程中所出现的问题（同上），而该书的篇章结构也是按照分析、传译、重组以及检验这四大程序对翻译的过程进行科学阐述的。可见，奈达并没有放弃原来的观点，只是对翻译活动（translating）的技术性和艺术性，尤其是艺术性进行了突显及强调。在这个时候，奈达对翻译性质的看法已经成熟：可以并且应该对翻译过程进行科学的描述，而翻译活动本身则是艺术性的。

然而，国内有学者认为奈达此时的翻译思想已发生变化（张经浩，1998: 4），认为奈达建立翻译学的这个梦想已经破灭，并把奈达在1991年发表的《翻译：可能与不可能》（"Translation: Possible and Impossible"）有关该内容的原文选段摘录了下来，刊在《奈达究竟怎样看待翻译与翻译理论》一文中，供大家阅读。然而，经过仔细阅读之后，我们会发现奈达的观点并没有变化。该学者所翻译的"我们不应试图把翻译变成一门科学，因为究其实质，翻译不是一门可以独立门户的学问，而是一种需要创造力的技术，一种运用多方位洞察力处理问题的本领"这个片段中的"翻译"，在原文中是"translating"（张经浩，1998: 6-7），指的是翻译活动本身。奈达说过，"translating"这一翻译活动本身是一种具有创造性的艺术，是不能成为科学的，进行科学描述的只是翻译的过程（即分析、传译、重组以及译文检验）。对这一观点，奈达在中国的两次讲座中都做过相应解释。奈达在访问上海外国语大学并参加1997年上外翻译研讨会期间，当该刊[1]记者问"中国学者在努力建构包括翻译本质、翻译目标、翻译过程、翻译标准以及作为科学分支的翻译活动等在内的翻译学"这一问题时,奈达指出,翻译活动过程和作为人类行为分支的翻译活动本身有着本质的区别:翻译活动本身只是一种技术,而该活动的角色可以作为科学研究的目标。奈达接着指出,除非神经生理学家给我们提供有关心理运作的大量信息,否则就不要轻易说翻译活动是科学。最后,奈达用修筑桥梁来做类比,对此加以说明:建桥本身不能作为一个独立的科学,只是一种技术或技巧,尽管建桥需要借鉴其他学科知识(JFL,1998:2-3)。1998年,奈达在《翻译新视角》论文中再一次提醒译学界,要把具体的翻译活动本身与对翻译活动过程的研究区别开来:前者是艺术,而后者是翻译研究(Translation Studies),是可以对其进行科学描述的(Nida,1998:3-4)。

在2000年奈达与廖七一的访谈中,当廖七一向奈达问起"一些人认为在20世纪60年代您认为翻译是科学,后来又更愿意把翻译作为艺术"这一问题时,奈达回答说:"我总试图非常清楚地区分翻译过程的研究与翻译的实际活动本身,前者能够且应该以非常系统的方式进行,而我乐意把后者实质上成为一种技巧或艺术。"(Nida,2001:280)奈达的这一回答就说明,翻译过程可以做科学的描述,而实际的翻译活动本身则是艺术的或是一种技巧。至此,奈达对这两个概念做出了比较科学的区分。后来在与张经浩的通信中,奈达提到了"效率高的翻译家是天生的,而不是后天培养的"(Nida,2001:286)这句话,其实也说明,翻译活动本身是一种艺术,具有一定的创造性,具有很大的主观性,其翻译结果因人而异。所以说,"一千个译者就有一千个莎士比亚",即便是同一个译者,对同一作品翻译一千次,也会有"一千个莎士比亚"。这就是奈达所说的翻译活动本身所具有的艺术性。

奈达对这两个概念的区别是其长期对《圣经》翻译实践研究的结果,是"从丰富的实践中所获得的对翻译的理性认识"(曹明伦,2013:114)。无独有偶,长期从事翻译实践的曹明伦对翻译的科学与艺术这种性质也做出几乎同样的区分:翻译活动是一种艺术活动,而非科学活动,或者说翻译是艺术而非科学,而揭示翻译规律的翻译学才具有科学性(曹明伦,2013:114-116)。不同的是,奈达揭示的规律是翻译过程,希望对翻译过程进行系统的描述,使其具有

---

1 该刊指《外国语(上海外国语大学学报)》。

科学性，曹明伦所说揭示的规律要比奈达的范围广得多，希望建立的科学学科更具有可行性。除此之外，谭载喜与穆雷对翻译与翻译学的区分之道理也在于此，不同的是，他们的"翻译学"之概念要比奈达所欲建立翻译科学之概念要系统、科学，其中穆雷指出，"只有系统、全面、科学地研究翻译过程、本质及规律等的学问，即翻译科学或翻译学，才是一门科学，这是翻译和翻译学之间的又一区别"（穆雷，1989：76）。

综上所述，奈达对翻译属性的认识是：对翻译过程（the process of translating[1]）（即分析原文、信息传译、译文重组以及译文检验）能够而且应该做科学性的描述，而翻译活动本身（translating/actual translating）则不行，只能是艺术性的或技术性的。对这一观点，奈达在其相关的著作及讲座中逐渐进行了修补及完善。这也是奈达一直努力所要做出的重要区分。值得特别一提的是，沙特尔沃思与考伊所著的《翻译研究词典》也是这样描述奈达的翻译科学这一概念的：

> 奈达认为，翻译过程"经得起严格描写的检验"，并得出结论认为"信息从一种语言转移到另一种语言的过程是……一个可以做出科学描述的有效课题"。但奈达并未将这个术语用到所有对翻译进行研究的类型中，而只用于他提出的翻译过程的三段模式（分析、传译、重组）。（Shuttleworth, Mark & Moira Cowie, 2004：148-149）

可见，奈达的翻译科学指的是翻译的过程，而翻译活动本身并不是科学的，是艺术性的。然而，国内很多学者没有厘清奈达的思路，把两个概念混为一谈，从而误读了奈达对翻译性质的阐述，甚或严重歪曲了奈达的翻译思想。如有学者认为，奈达把翻译看成了科学，因而把翻译看作是机械的语言转换：

> 把翻译视为一门精确的科学，集中研究语言系统的差异和语言形式的转换，从而归纳出一些语言转换、词性转换和增词之类的所谓翻译规则，企图以这些机械化的手段达到最大限度的对等——字句对等，注

---

1 注：在这两处用的都是"translating"，尤其是"-ing"这一表述形式，强调的是实际的翻译操作。

意寻找语言转换规律以及语义的对等模式……只是按语言规律去解码与编码，整个翻译过程被简单化、机械化、程式化了。（曾文雄，2006：194-195）

甚或有学者认为，只要遵循奈达的翻译科学论，任何人都能做好翻译，甚至机器都可以取代人（陈大亮，2005：5-6），因为翻译科学论排除了在翻译活动中所包括的主体因素、语境因素、文化因素、传播途径等，把翻译活动大大简化了，使之成为一种编码—解码的程序化和机械化的简单操作（杜玉生、何三宁，2010：120-121）。职是之故，有学者认为奈达在中国的最后淡出不是由于动态对等理论的局限性，而是由他的翻译理论科学性所导致的（林克难，2003：5）。

综上所述，国内一些学者混淆了奈达对翻译过程以及翻译活动本身之界定，奈达仅仅认为对翻译过程是可以进行科学描述的，而翻译活动本身则不行，只能是艺术的或技巧性的。国内一些学者没有对奈达对翻译性质之阐述进行系统了解及掌握，只是粗暴地进行断章取义，这种混淆视听的研究方式在很大程度上歪曲了奈达的翻译思想。

4.5.1.4 将"functional equivalence"译为"功能对等"是否恰当？

"functional equivalence"原来叫"dynamic equivalence"。为了突显翻译的交际功能，也为了避免人们对此概念的误解，奈达后来把它改为"functional equivalence"。"functional equivalence"是奈达整个翻译思想的一个非常重要的概念，目前中国译学界很多学者把它译为"功能对等"，当然也还有其他译名，如能动等值[1]、功能等值[2]、效果对应[3]、功能相符[4]。但只有"功能对等"这一译名因被中国翻译界经典化而广为流传。尽管如此，这一颇具权威的译名却遭到

---

1 参见《中国翻译》1995年第6期第9页、华东理工大学出版社2007年版《翻译理论、实践与评析》第6页，等等。
2 参见的《奈达的〈语言，文化与翻译〉》1994年第3期第45页、《上海科技翻译》1998年第3期第2页、《中国翻译》2000年第5期第41页、《中国科技翻译》2001年第2期第41页、《中国翻译》2004年第6期第7页、《中国翻译》2007年第3期第6页、《外语教学与研究》2010年第6期第461页，等等。有学者认为，功能等值是卡特福特的理论，奈达的理论应为"等效等值"，参见《中国翻译》2002年第1期第33页。
3 参见《中国翻译》2006年第5期第60页。
4 参见道风书社2007年版《文以载道——奈达对圣经翻译的贡献》第255页。

了一些学者如李田心的严厉批判，引发了李田心、邵璐、丁国旗、周流溪、何瑞清、周领顺等学者之间关于这一译名翻译的激烈论争。

这场论战首先由李田心引起。他在2004年《上海科技翻译》第4期刊发的《谈奈达翻译思想中几个基本概念词的误读和误译》中指出，二十几年以来，中国学界对奈达翻译定义以及对等语等术语的翻译都是错的，"在译界造成了巨大的负面影响，引起了长达20几年的至今仍在进行的激烈论争"（李田心，2004：60）。李田心还连续在国内其他重要的外语类学术期刊如《外语学刊》《外语研究》等连续撰文，继续指出这种误读误译现象，并揭示其根源以及危害。李田心认为奈达的"dynamic equivalence"只能译为"动力相当"，而不能译为"动力对等"，理由是"'对等'是精确词，100%对100%才是对等"（李田心，2005a：73）。此外，李田心指出：我们不能用完全等值来理解奈达的翻译理论中的"dynamic equivalence"，"奈达反复提醒读者，不要把'equivalence'理解为'对等'或'等同'。他说：反应基本相同，反应绝不会等同，因为文化与历史背景很不相同，因此反应只能是高度相当。"（同上）接着，李田心把奈达所说的几段原话引了出来[1]。李田心只是把对奈达的误读误译集中在"equivalence"一词上，至于为什么把"dynamic"译为"动力"没有做出太多的说明。

李田心的这一观点受到丁国旗、邵璐的严厉反驳。丁国旗用百分比及实例说明，"接近的相当"与"相当"都是模糊词，达到不了李田心所需要的目的，反而使"意义暧昧，极具误导性"。此外，丁国旗认为，翻译的优劣本身是一个模糊的东西，"绝对明确的翻译标准，正像任何绝对的事物一样，是不存在、不可能的"（丁国旗，2005：69）；接着他用字典上的注释以及一些具体事例说明，"对等"论不一定就是"完全相同"；最后，丁国旗指出，李田心"相当"一说本身是相互矛盾的（丁国旗，2005：70）。邵璐也认为，其实是李田心误读、误译了"functional equivalence"这一术语，因为"equivalence"不应看成是精确的数学用词。此外，包括翻译学在内的人文领域谈论的"equivalent/对等〔语/项〕"，本来就是一种模糊用法，"文本对等""功能对等""对等谈判""对等职位"等表达可能只是在某种程度、某个语境范围里的"对等"或"基本对

---

[1] 囿于篇幅，笔者在此没有把奈达所说的原话再次引出来。参见上海外语教育出版社2001年版《语言与文化——翻译中的语境》第87、91页。

等",接着指出,即使是精确数字的词语也可能表示模糊含义(邵璐,2006:260-261)。另,"功能对等"这种译法已为译学界普遍采用(邵璐,2007:63)。至于用"动力相当"一词,邵璐认为更不妥,理由是:"动力"易产生其他的联想,且与奈达的原意不挂钩,此外,"相当"一词作为学术术语也有点牵强附会(邵璐,2006:261-262)。而周流溪同意李田心采用术语"相当"代替"对等"这个意见,但最好把"functional equivalence"译为"功效对当"(周流溪,2007:67)。何瑞清不同意把"equivalence"译为"对等",而认为应译为"对应"。不难看出,以上学者争论的焦点在于"对等"是否恰当,丁国旗与邵璐认为"对等"这种说法本身有模糊性,不是精确术语,可以用来翻译"equivalence",而李田心、周流溪、何瑞清等学者觉得这种译法有问题,易使人曲解奈达的翻译思想。

对以上的论证,孰是孰非,笔者不敢妄下定论。不过,国内译学界很多学者不断曲解奈达的对等论,这说明肯定是某个环节出了问题,这个环节肯定与奈达的关键术语的翻译有关[1]。为了说明这个问题,笔者首先从历时角度来理顺一下围绕"functional equivalence"这个问题所展开的论述或争辩。

可以说,奈达从一开始就反复提醒我们,绝对对等是不存在,不要以此来理解他的对等论。例如,在1964年,奈达说道:"没有哪两种语言是完全一致的,无论是对应符号被赋予的意义还是这些符号排列为词组和句子的方式,既然如此,就有理由认为语言之间不存在绝对的对等。这样,也就不存在完全精确的翻译。"(Nida,2004:156)1969年,奈达再一次提到:"译者所追求的必须是对等语而不是等值语。"(Nida & Taber,1969:12)后来还是有不少学者误读他的对等论,奈达在1993年及2001年反复强调不要误读了他的对等论:"'对等'不能理解为数学意义上的等同,只能是近似的等同,即以功能对等接近程度

---

[1] 当然不排除其他因素,如中国学术界缺乏学术争鸣或学术交流。就目前而言,算得上是"百花齐放",但缺少"百家争鸣",学者们彼此之间没有达成共识。此外,学术上缺乏交流也是产生以上现象的一个重要原因。就所考察的文献可知,在对奈达的理论争议中,除了以上的论争,只出现过吴义诚与廖七一之间有关等值论的争议,廖七一及时纠正了吴义诚的不正确看法。类似现象还有一点,如曹明伦在2005年和2007年说过,图里(Gideon Toury,1942—)没有给翻译下过定义,只是给译本下过定义:"A translation will be any target language text which is presented or regarded as such within the target system itself, on whatever grounds."可是,曹明伦的这一观点没有引起学界的注意或重视,国内译学界的某些学者继续我行我素,认为图里给翻译下了新的定义。

为依据的近似。"（Nida，1993：117；2001：87）

其实，早在20世纪80年代初，国内学者对"对等论"也做过说明或强调，如，林书武在译介奈达翻译思想时强调过，奈达对翻译所下的定义说明"没有绝对的对等关系"（林书武，1981：2）。后来，谭载喜在对奈达的《翻译科学探索》进行译介时，又强调了这一观点，"因为按照奈达的理论，绝对一致的翻译是不存在的。这不仅在两种语言之间进行对译时不可能，就是在同一语言里的语内翻译时也不可能，原因是'人们（产生和）理解语言的方式，在任何情况下都不可能绝对一致'"（谭载喜，1982：5）。

然而，以上学者尽管做出了种种解释或强调，有学者[1]仍认为：奈达的等值论是完全等值的，并从文化、语言和文字系统等三个方面去反驳；或认为奈达的等值理论中的"等值"是一种理想状态[2]，"不宜用于翻译研究，对翻译实践尤其是汉外翻译也没有多大的指导价值"。廖七一（1994）对此进行了及时的反驳，认为该学者没有很好地理解奈达等语言学派等值论的内涵。后来的一些学者也进行过说明或强调，不要以完全对等的方式去理解奈达的对等论，如黄天源（1991：26）、沈苏儒（1998：132-134）、马会娟（1999：2）、屠国元和廖晶（2001：41），而沈苏儒还对奈达的等效论专门进行强调，指出奈达的等效是"基本一致或大体一致"，并列出了一些实例进行说明（沈苏儒，1998：132-134）。尽管如此，仍然有不少学者把奈达的等效论视为绝对的等效论[3]。2004年，李田心指出，国内学者以"等效论"来理解奈达的"functional equivalence"的做法是错的，歪曲了奈达的"functional equivalence"，并引发了李田心、丁国旗、邵璐、何瑞清等学者之间的论争，论争的焦点就是"相当"与"对等"这两个词语是否属于模糊词。论争的结果似乎是，"功能对等"是可取的，因而，这个译名仍占上风。按理说，这次论争能够解决些问题，使我国译学界不再曲解"功能对等"的内涵。然而，令人遗憾的是，这场论争并没有解决好这个问题，

---

1 参见《中国翻译》1988年第1期第21页，等等。
2 参见《中国翻译》1994年第1期第4页，等等。
3 参见《中国翻译》1999年第1期第15页、中国对外翻译出版公司2000年版《文化与翻译》第198-215页、《中国科技翻译》2000年第2期第3页、《外国语文》2011年第3期第105页，等等。

仍然存在对奈达对等论的误读[1]，认为该等效论为绝对的等效论。这到底是什么原因呢？

笔者认为，这种误读还是与"functional equivalence"这个术语的翻译有关，理由是，国内很多学者并不是研究奈达翻译思想的专家，不可能为了了解奈达的翻译对等论去翻阅他的所有专著，毕竟一个人的精力有限，因而，他们对奈达翻译思想的了解只有通过对奈达关键术语的译名进行"望文生义"。由于"功能对等"中的"对等"给人的第一反应肯定是集中在"等"或"等值"上，这样，某些学者就容易在"等"或"等值"上进行"小题大做"，出现"认为奈达的'形式等值'绝对不可能实现，或认为由于文字、文化及语言的不同，完全的翻译等值不可能实现"等论点。可见，"术语"的翻译十分重要，因为没有读过原著的人肯定只能从"术语"的字面上望文生义、率尔操觚，而不会为了弄明白奈达的一个术语去翻阅原著。职是之故，为了让学者很好地把握及理解奈达的对等论，我们不得不在术语的翻译上多下点功夫。

笔者认为，"functional equivalence"应该译为"功能相当"[2]，理由是：与"对等"相比，"相当"一词更容易使人想到大致相等。《现代汉语词典》第7版（2016）第1427页对"相当"的解释是，"（数量、价值、条件、情形等）差不多；配得上或能够相抵"。这一说法更为接近奈达实际所说的"equivalence"，而"'对等'却有等同的意思"（Delisle, Lee-Jahnke & Cormier, 2004: 5）。此外，"对等"一词毕竟蕴含着一个"等"字，"若是机械僵硬地解释，便是等同，甚至是完全等同，翻译似乎追求的是丝丝入扣的对等效果"（同上：3）。其实，"功能相当"这样的搭配在我们的日常生活中也不少见，笔者查阅了人民中国出版社1994年版的《现代汉语辞海》第1238页，就对这样的搭配进行了解释，并给出了示例："相当"放在后面时，该词的前面可以与名词进行并列使用。例如，颜色相当、距离相当、速度相当、水平相当、重量相当等。商务印书馆2002年版的《古今汉语词典》（大字本）第1577页也有"旗

---

1 参见《江苏大学学报》（社会科学版）2005年第5期第69页、上海译文出版社2005年版《翻译的本体论研究》第76页、上海外语教育出版社2006年版《翻译学——一个建构主义视角》第63页、《外语与外语教学》2008年第11期第60页、《中国科技翻译》2011年第3期第5页、河南大学2012年博士论文《共产主义视角下的翻译主体建构》第79页，等等。

2 尽管把"functional equivalence"译为"功能相当"更妥，但在本书的写作中，为行文方便仍然沿用"功能对等"。

鼓相当"等搭配。其实，有关"相当"或"功能相当"这一表述，我国一些学者在不同的地方也使用过。如："他在寻找与原文相当的'对等词'的过程中，就要做一番比较，因为真正的对等应该在各自文化的含义、作用、范围、情感色彩、影响等等都相当。"（王佐良，1989：19）"所谓真正的对等，是指在各自文化里的含义、分寸、轻重、范围、色彩等都相当。"（孙致礼，1999：42）"功能相当但是形式不同的成分，例如现代分析用一语素……来处理。"（罗宾斯，1997：142）

综上所述，国内译学界的很多学者对奈达的功能对等论的误读与"equivalence"的翻译有关。不管"对等"是精确词还是模糊词，事实是国内许多学者确实把它当作"精确词"来对待了，因而误读了奈达的翻译理论，如有学者（吕俊，2006：63，174）认为，奈达的主张是"译文与原文是完全可以达到等值的"。职是之故，笔者认为，将"functional equivalence"译为"功能相当"为宜。

4.5.1.5 给奈达贴上"归化派的代表人物"这个标签合适吗？

国内很多学者认为奈达是"归化派"的代表人物[1]，或认为奈达是归化翻译的提倡者[2]，等等，不一而足。对此笔者不敢苟同，现将刍荛之见呈现如下。

归化（domestication）是一种以目的语为归宿的翻译策略，即"采用目的语文化所认可的表达方式和语言规范，使译文流畅、通顺，以更适合目的语读者"（朱安博，2007：3）；与它结伴而行的另一个术语是异化，指的是以源语为归属的翻译策略。对归化与异化概念，中外学者都进行过相应阐述。在中国传统的翻译中，对异化与归化的关注主要体现在直译与意译这一对翻译策略之上，尽管鲁迅明确提出了异化与归化这一问题，如，在《且介亭杂文二集》的"题未定草"中，鲁迅提到，"动笔之前，就先得解决一个问题：竭力使它

---

[1] 参见中国对外翻译出版公司2000年版《文化与翻译》第213页和第273页、《中国科技翻译》2003年第3期第8页、《国外理论动态》2009年第2期第70页、湖南师范大学2008年博士论文《文化翻译研究》第118页、北京语言大学2009年博士论文《操纵与构建：苏珊·巴斯奈特"文化翻译"研究》第118页、《东南大学学报》（哲学社会科学版）2010年第4期第84页、《法国研究》2011年第2期第67页，等等。

[2] 参见苏州大学2007年博士论文《归化与异化：中国文学翻译研究的百年流变》第3页、湖南师范大学2013年博士论文《异化翻译思想探究》第7页，等等。

归化，还是尽量保存洋气呢"（转引自罗新璋，2009：575）。但他对异化与归化的理解是建立在直译与意译基础之上的，后来，有更多的学者对归化与异化进行了阐述，但还是脱离不了直译与意译的关系：有学者认为直译与意译基本上相当于异化与归化，如郑海凌（2001）、孙致礼（2002）、庄恩平、章琦（2007），也有学者认为异化与归化是直译与意译的延伸，其内涵比后者丰富，如朱志瑜（2001）、王东风（2002）、尹衍桐（2005）。更有学者认为异化与归化是直译与意译的发展到极端的策略，如刘英凯（1987）。后来，一些学者认为归化与异化主要体现为对文化差异及语言差异持有什么样的态度。如，学者王向远与陈言就认为："归化和异化更加强调文化因素，它涉及的主要是文化立场问题，直译、意译则侧重于语言操作问题。"（王向远、陈言，2006：102）而学者张志清在谈到异化翻译时，指出："异化主要用来描述尊重和保留源语语言与文化差异的一种翻译方法。"（张志清，2013：18）可见，判断某翻译研究学者是异化派还是归化派，关键看他对异域文化持有什么样的态度或立场。

西方也是如此，古罗马时代以来，对归化与异化的阐述主要体现在直译与意译的基础之上。到了19世纪初，德国翻译家施耐尔马赫那句名言"译者要么尽量不打扰原作者而让读者靠近作者，要么尽量不打扰读者而让作者靠近读者"，可以说是有关异化与归化论述之发轫。后来，意大利裔美籍学者韦努蒂在1995年正式提出了异化翻译与归化翻译这对概念。出于反对英美文化霸权以及民族中心主义之目的，韦努蒂觉得异化翻译非常可取，理由是：

> 异化翻译是对世界现状的一种战略性文化干预，也是反对英语国家的文化霸权及其与世界其他国家之间不平等的文化交流。英语中的异化翻译有时是抵制民族中心主义与种族主义、文化自恋与帝国主义的一种形式，有利于民主的地缘政治关系的确立。（Venuti，2004：20）

可见，韦努蒂的归化与异化翻译策略，不只牵涉翻译转换中的语言与文化问题，而是提升到了政治话语的高度，带有强烈的政治目的。为了实现其政治目的，韦努蒂认为，翻译中应大量采用异化翻译，即在行文中要避免流畅，在译文中融入异质性话语（Venuti，2004：34），注重能指的运用。同时认为，英美传统中老理论家中的代表人物奈达推行的通顺译文是伪装了的语义对等，而实质上是对原文的部分阐释和偏向英语价值观的阐释，是一种典型的具有文化帝国主义行径的归化翻译观，带有一种文化及民族中心主义的色彩（同上：21-22）。其实，奈达只是为了实现交际成功而采取通顺的翻译，既没有偏向英美价值观的阐释[1]，也没有什么政治目的。韦努蒂所倡导的不流畅的异化翻译观，遭到了皮姆（Pym）某种程度上的揶揄："尽管我们能从他（笔者注：指韦努蒂）早期的文本中读到他是异化翻译策略的维护者……但当切合某一特殊主题时，他还是维护'流畅性翻译'。"（Pym，2007：34）后来，由于各方面的缘故，尤其是译文可读性的缘故，韦努蒂在2008年《译者的隐身——一部翻译史》的修订版中对原来的观点进行了修订，强调了译文的流畅性、可读性以及可接受性（Venuti，2008：273-276），而把异化归为一种对外来文本以及外来文化的一种态度问题（郭建中，2008），一种异化的伦理问题。

从以上归化与异化的纵向发展来看，翻译中归化与异化的问题其实就是语言与文化的转换问题，以及在转换时所持的一种态度问题，简而言之，就是一种对待外来文化及语言差异的伦理观。那么，奈达对翻译中的文化及语言问题持有什么样的态度呢？

奈达对翻译中文化问题所持的态度是"一部好的《圣经》译本绝不是文化翻译，而是语言翻译"（Nida & Taber，1969：13）。并认为，语言翻译是唯一合法的翻译策略，而文化翻译或改编则不是，翻译家所做的只能是语言翻译，文化翻译或改编则是牧师和传教士的职责（同上：134）。奈达所说的语言翻译指的是"把原文中在语言上暗含的东西明白表达出来，并且所有的形式都符合逆转与转换规则，也符合成分分析的规则"（同上：203），而文化翻译指的是"改变信息内容，以在某种程度上符合接受语文化的翻译，以及增进原文语言上并未包含的信息的翻译"（同上：199）。奈达一直强调，译者的任务是语言翻译，而不是文化翻译，因为"只有语言翻译才是忠实的"（同上：203）。

---

[1] 奈达在多处说明译者在翻译时应该避免自己的主观性阐释。如：在《从一种语言到另一种语言》第33页就强调"不要添加个性化的主观阐释"，在上海外语教育出版社2004年版《翻译科学探索》第154页指出，"译者不应把自己的主观印象强加给译文，不要歪曲原文信息以适应自己思想和情感上的需要。……译者应该尽一切努力，把不合作者和信息原意的主观因素限制到最低点"。

可见，奈达这里所说的"文化翻译"指的是篡改原文的信息内容或文化意象，以迎合目的语接收者的审美情趣及阅读兴趣，亦即我们通常所说的归化翻译，而奈达是反对这一点的，他认为这种"文化翻译"应该是牧师和传教士的职责，译者所做的应是语言翻译（同上：134），即在语言层面上进行修改或转换，使得目的语读者在阅读译文时没有语言阻碍。笔者认为，奈达的这一主张其实就是孙致礼（1999/2001）、罗选民（2004）、张智中（2005）、蔡平（2008）、曹明伦（2011）、袁晓宁（2010/2013）等学者提出的文本翻译应从两个层面进行，即文化层面应力求最大程度的异化，而语言层面应该归化。奈达对文化所持的"异化"观点自始至终都贯穿在他的翻译思想之中，而且他对这一观点进行了多次阐述。例如，在《翻译科学探索》一书中，奈达对文化的翻译问题进行了初步的认识，并给予关注。在谈到自然的翻译时，奈达认为，想要抹掉那些诸如"Pharisees"（法利赛人）、"Sadducees"（撒都该人）、"Solomon's Temple"（所罗门的神殿）、"Cities of Refuge"（逃城）等具有特殊文化对象的词汇是绝对不可能的，因为这些表达方式深深植根于信息的思想结构之中（Nida，2004：167）。这一时期，尽管奈达说过，"雪"的翻译可以用其他的事物替代，如可用"mushroom"（蘑菇）、"frost"（霜）、"kapok"（木棉花）等暂且替代，或"情感"的翻译用"liver"（肝）、"abodomen"（腹部）、"gall"（胆汁）等替代，均出于接受者的文化传统以及他们的民族文化安全等问题的考虑（同上：171-173）。倘若接受者能够接受，就尽量保留原来的文化意象。而这一点在奈达的《翻译理论与实践》中阐述得更加清楚明了，并给予强调。例如，在《翻译理论与实践》这本书中，当谈到翻译的"自然对等语"时，奈达认为，

> 在翻译古老的《圣经》时，我们不能也不应该使译文听起来好像是临近城镇上十年前发生的事情，因为《圣经》所涉及的历史环境至关重要，我们不能使法利赛人（Pharisees）和撒都该人（Sadducees）脱胎换骨，变成现代宗教的派别。换而言之，一部好的《圣经》译本绝不是"文化翻译"，更准确地说，它是"语言翻译"。（Nida & Taber，1969：13）

在《翻译科学探索》一书中，奈达只是说，法利赛人（Pharisees）和撒都该人（Sadducees）这两个术语的异国情境在翻译时是抹不掉的，而在《翻译理论与实践》中，奈达则强调说应该保留。可见，此时奈达对待异域文化的态度更加明朗化了，即认为对重大文化信息以及那些对目的语接受者的理解不造成障碍的文化意象应予以保留。例如，在谈到翻译过程的"传译"（transfer）阶段时，奈达非常重视文化意象的保留："一般来说，文化上的东西只有在下列三种情况下才需要作加工调整：（1）原文可能引起读者误解，（2）原文在读者看来毫无意义，或（3）译文'语义过重'而不能为一般读者看懂。"（Nida & Taber，1969：110）又如，对那些具有特殊象征意义且为原文独有的文化意象，如"绵羊""十字架"等，奈达认为，不管怎样，译者应予以保留，甚至可使用加注释说明的方式加以保留。而对那些文化差异很大的文化事件，译者更要进行保留，保留的方式是在译文上加注说明，接着对加注的作用进行说明（Nida，2004：238-239）：（1）弥补语言和文化差异；（2）补充相关信息，有助于译文读者理解所译文献档案的历史及文化背景。还举出了两种加注的方式："（1）说明特定文化历史场合的注释，通常需要和被说明的东西放在同一页；（2）说明一般性问题的注释，通常可作为附录放在正文的后面。"（同上：111）到了20世纪90年代，奈达对文化的问题更为重视，两本专著《语言、文化与翻译》以及《语言与文化——翻译中的语境》的标题都含有"文化"两个字，就书的内容而言，都对文化与翻译的关系进行了浓墨重彩的阐述。其中，在《语言与文化——翻译中的语境》这本书中，奈达还把文化作为成功译文的重要标准之一，"如果它（笔者注：指译文）能在文化层面的对应上做得恰到好处，这种译文很显然是十分成功的"（Nida，2001：129）。

综上所述，奈达的翻译观并没有排斥文化的传译，更没有进行"文化蒙蔽"（郭建中，2000，208），而是千方百计地保留原文的文化因素。不过，由于奈达翻译的第一要义，是要考虑不给读者造成阅读上的障碍或造成某种误解，因而，在翻译的实践中定会失去一些文化，但也是不得已而为之，"鱼"和"熊掌"毕竟不可得兼。笔者在此举一个例子对此进行说明：

——宝钗独自行来，顺路进了怡红院……不想步入院中，鸦雀无声。（曹雪芹：《红楼梦》）

译文：

①[...The courtyard was silent as she entered it.] Not a bird's cheep was to be heard.（霍克斯翻译）

②[...To her surprise, his courtyard was] utterly quiet.（杨宪益、戴乃迭翻译）

译文①是想把意义与文化意象照单全收，可是给人造成了一种错觉，以为院子里有乌鸦与麻雀；而译文②尽管没有译出"鸦雀"，却把原文的真正语意表达了出来。可见，"鱼"与"熊掌"只能得到一样，这是不得已而为之的办法。

此外，语言是文化的载体，同时也是一种文化，因此，很多学者认为，翻译时一定要保留原文的表达形式。这是有道理的，因而成为"异化"的一个方面，如果做不到这一点，就有"归化"的倾向。对这一点，奈达的主张是，在不造成误解或阅读障碍的前提下，翻译一定要考虑原文的语言表达形式，因为"只重内容而不考虑形式，往往会导致平庸之作的诞生，令原作的魅力和光彩丧失殆尽"（Nida，2004：164）。鉴于此，奈达认为，翻译时不要轻易牺牲形式，只有在五种情况（Nida，1986：38-39）下才能做出形式上的调整。此外，奈达还反复强调翻译时一定要注意语言的形式："在保证信息内容传译的前提下，译者必须尽可能地保留原文的结构形式"（Nida & Taber，1969：112）；"不要把诗歌当成散文来翻译，也不要把说明文译成叙事文"（同上：13）；"如果某种程度的直译对应在所指意义和联想意义上是功能对等的话，形式上的调整显然就没有必要了"（Nida，1993：125；2001：92）；等等。

可见，奈达并不排斥原文形式和文化，尤其是文化的传译，而是积极、努力地去实现各种因素的平衡，即保留源语文化与接受者理解能力的一种平衡，试图达到一种理想状态。正如罗益民所言，"奈达重视接受者，也不主张完全归化和异化的。奈氏理论取中庸之道，力求到达理想的境界"（罗益民，2004：28）。换言之，奈达是试图在归化与异化之间寻找到"黄金分割点"，而不是国内一些学者所说的，奈达的翻译主张是"文化蒙蔽"，是一个典型的归化派或归化翻译的提倡者。此外，根据郭建中与韦努蒂的访谈录，我们知道，韦努蒂把异化归为一种对外来文本以及外来文化的一种态度问题（郭建中，2008：43-46），以是否尊重外来文化为准来划定是归化还是异化，而异化的效果可以通过通顺的策略来获得（郭建中，2008）。如果从韦努蒂对文化态度这一价值取向来看，奈达的翻译观就应属于异化翻译观。不可否认，奈达的翻译肯定带有归化，只是程度上有区别，因为"翻译是不可避免的归化过程"（Venuti，1996：9）。那么，我们到底该如何定位奈达的文化翻译观呢？许均的一番话有助于我们寻找答案：

> 面对这两种文化，处于不同的动机和目的，译者至少可采取三种文化立场：一是站在出发语文化的立场上；二是站在目的语文化的立场上；三是站在沟通出发语文化与目的语文化的立场上。第一种文化立场往往导致所谓"异化"的翻译方法；第二种立场则可能使译者采取"归化"的翻译方法；而第三种立场则极力避免采取极端化的"异化"与"归化"的方法，试图以"交流与沟通"为翻译的根本宗旨，寻找一套有利于不同文化沟通的翻译原则与方法。（许均，2003：289-290）

奈达一直认为，"翻译就是交际"，翻译的最终目的在于沟通，使接受语读者能够读懂并接受译文。而从许均对译者采取的三种文化立场之界定，可以推知，奈达主张避免采取极端化的"异化"与"归化"，以"交流与沟通"为翻译的根本宗旨，试图寻找一套有利于不同文化沟通的翻译原则与方法。职是之故，把奈达简单地贴上"归化派的代表人物或提倡者"这个标签是不恰当的，这不仅对奈达翻译思想有所误读，还起到了一定的误导作用。

4.5.1.6 奈达只研究过《圣经》这一特殊文体的翻译吗？

国外学者德利尔曾批判奈达只懂得研究《圣经》这样"一种特殊文体的翻译"（Delisle，1988：40）。在国内，与之遥相呼应的学者也不少[1]。于是乎，他们得出一个结论：奈达的翻译理论只适合《圣经》之类的宗教文本或类似的以信息、召唤功能为主的文本翻译，不适合文学翻译。对此，笔者不敢苟同，现将浅陋之见呈现如下。

---

[1] 参见《福建外语》1988年第Z1期第71页、《中国翻译》1992年第6期第4页、《外国语》1995年第3期第1页、中国对外翻译出版公司2000年版《文化与翻译》第200页、清华大学出版社2004年版《视角·阐释·文化：文学翻译与翻译理论》第225页，等等。

笔者认为，奈达研究的翻译题材远远不止《圣经》这一单一的教义体裁。就《圣经》本身而言，其牵涉的范围非常宽广，涉及"诗歌、法律、箴言、叙事、说理、对话等多种体裁"（Nida，2004：4）。可见，如果奈达研究了《圣经》的翻译，那势必会牵涉文学、诗歌等其他体裁的翻译问题，而事实也确实如此。例如，奈达在《翻译科学探索》一书中，就谈到了诗歌的翻译。奈达认为一些诗歌的信息解码有点困难，这与诗歌的形式特征、语义特征以及韵律结构有关。为了取得语境的等效反应，奈达主张以目标语存在的与之相匹配的信息负荷量进行翻译。为了把这个观点说得清楚明了，奈达以英国诗人约翰·济慈（John Keats，1795—1821）的《幻想》（"Fancy"）和罗伯特·勃朗宁（Robert Browning，1812—1889）的《最后一次结伴骑游》（"The Last Ride Together"）为例进行详细说明。对诗歌的翻译，奈达认为，译者追求的应是动态对等，而不是形式对等，因为写诗的主要目的很大程度上在于交流感情，而不是强调具体的日常事实，这样，译者可以自由地"书写"能抒发相似情感的诗歌（Nida，2004：177）。

此外，奈达还在该书中讨论了歌曲以及电影中人物对话的翻译。对歌曲的翻译，译者没有那么多的自由度，要考虑的因素很多：（1）每一阶段歌词的固定长度，特别要考虑具体的音节数；（2）观察音节的凸显点，即歌词音节的重音及长音应与音乐的音符相一致；（3）旋律；（4）歌词元音的音质应与乐曲中的旋律保持一致（同上）。简言之，歌词翻译受到一定的限制，译者是穿着紧身衣进行翻译工作的。歌词的翻译如此，电影台词的翻译亦然，尤其是电影中的配音翻译。奈达认为，电影配音翻译的译者一般要考虑一下几个因素：（1）音节与呼吸的时间性；（2）伴随演员明显唇动的辅音与元音之间的协调性；（3）演员台词与其身势语的适当性；（4）演员的方言特征；（5）对其他演员产生特殊反应的幽默及表达的时间性（同上：178）。

奈达在《翻译科学探索》中的第十二章还对机器翻译进行了专门的论述，其内容涉及机器翻译的现状、工作方法及原理、工作程序、机器翻译的主要功能以及局限性，并特别指出，"尽管电脑运作既复杂又熟练，但毕竟是'机器人'，换言之，尽管电脑工作速度快，但只能按照一定的要求去做"（Nida，2004：257）。同时，奈达也强调，机器翻译只能担任一些低层次且单调的翻译任务，即翻译某些多义性少又无文学性的文本；因而，有能力的译者不用担心被机器翻译所排挤甚或被机器翻译所取代（Nida，2004：263-264）。

20世纪90年代以后，奈达强化了对其他文体尤其是文学及诗歌等翻译的研究，淡化了宗教翻译研究的色彩。奈达1993年的《语言、文化与翻译》以及2001年的《语言与文化——翻译中语境》这两本书便是如此。在《语言与文化——翻译中的语境》第六章讨论语篇知识的时候，奈达撷取了广告、小说、诗歌等文体的片段性材料，对这些材料所使用的语篇知识及修辞手段做了非常详细的阐述，并就这类文本材料的翻译谈了自己的见解。如，在讨论像埃德加·爱伦·坡（Edgar Allan Poe，1809—1849）的《厄舍府之倒塌》（"The Fall of the House of Usher"，1839）这类极富文学性的小说翻译时，奈达认为，译者先要运用语篇的相关知识把文中的环境氛围及心理氛围给读出来，然后要充分运用目标语的优势把这两种氛围气息给译出来，否则，整个译文就毫无意义可言。他强调说："翻译这种类型的语篇，译者在处理词汇和句法出现某些误差是可以谅解的，但如果不能重新营造出对不幸的预感和惊恐的心理，则是不可饶恕的。"（Nida，2001：74）

此外，奈达还对口译也进行了研究。在《语际交流中的社会语言学》一书中，奈达认为，要想在口译中实现形式与内容上令人满意的完全转换是很艰难的，从事口译的人还要有较强的记忆力以及复述能力（奈达，1999：63）。此外，奈达还特别提到，从事口译的人仅仅掌握两种语言是不够的，还需了解相关的文化知识、提高自己的写作能力，具备一定的组织能力和应变能力（Nida，2001：6）。

可见，奈达不仅对《圣经》翻译进行过探讨，还对其他领域的翻译进行了较为深入的探究。不仅如此，奈达翻译理念的形成不仅仅受到了《圣经》翻译研究的启示，而更与奈达从事的其他领域的研究（如语言学、文化人类学、信息论、符号学）或翻译研究息息相关。正如奈达自己所言，"不幸的是，许多人以为我的翻译思想是因我从事《圣经》文本研究而得以形成，其实不然，我的这些翻译思想在洛杉矶加州大学学习希腊语专业的早些时候就已形成"（Nida，2001：226）。既然如此，为什么仍有学者只见奈达的"《圣经》翻译研究"之"树木"，而不见奈达从事其他领域研究的这片大"森林"呢？

4.5.1.7 奈达的读者反应论是基于接受美学上的读者反应论吗？

在中国译学界，流行着这样一种观点[1]：奈达的翻译理论受到了接受美学或接受理论的影响，因而其读者反应论是建立在接受美学论的基础之上的。果真如此吗？

接受美学又名接受理论或接受研究，滥觞于20世纪60年代后期，在70年代达到高潮，以德国南部康斯坦茨大学的汉斯·罗伯特·姚斯（Hans Robert Jauss，1921—）、沃尔夫冈·伊塞尔（Wolfgang Iser，1926—2007）等五位年轻教授和理论家为代表，他们被称为"康斯坦茨学派"。接受美学的理论基础主要是现象学与阐释学，同时也受到俄国形式主义、布拉格的结构主义以及英美新批评等理论的影响。姚斯与伊塞尔是接受美学的创始人，又是这一学派的主要代表人物，因而，有必要对这两个人物的学术观点做一简单介绍。姚斯接受美学理论的形成主要是受到汉斯-格奥尔格·伽达默尔（Hans-Georg Gadamer，1900—2002）阐释学的影响，他从文学史研究方法的更新这一视角提出了建立接受美学的主张，认为传统意义上的读者不是真正意义上的读者，真正意义上的读者不仅参与了作品的存在，还决定了作品的存在。姚斯的接受美学观主要集中在对"期待视域"与"审美经验论"这两大概念的阐释之上。"期待视域主要指读者在阅读之前对作品显现方式的定向性期待，这种期待有一个相对确定的界域，此界域圈定了理解之可能的限度。"（朱立元，2005：289）期待视野使阅读成为可能，但又受其限制。当一部作品与读者的期待视野相一致时，阅读随即完成，这只是一般意义的阅读，是索然无味的；当一部作品的期待视野超出读者的期待视野时，就会打破读者原有的阅读经验，使其从中获得振奋感，继而形成一种新的阅读视域。而审美经验论是在反思及批判传统的"否定"美学的基础上逐渐形成及发展的，认为读者阅读的"愉悦"感及"享受"感应成为审美经验的主要维度，并

---

[1] 参见《外语研究》1991年第3期第54页、《山西大学学报》（哲学社会科学版）1994年第1期第76页、《山东外语教学》1994年第1期第22页、《外国语》1998年第3期第35页、《外国语》1999年第1期第48页、《山东师大外国语学院学报》2001年第4期第53页、《长安大学学报》（社会科学版）2003年第3期第93页、《天津外国语大学学报》2003年第1期第33页、《中国翻译》2006年第3期第4页、上海外语教育出版社2009年版《20世纪西方翻译理论在中国的接受史》第3页、《西南民族大学学报》（人文社科版）2008年第9期第267页、湖南师范大学2012年博士论文《后现代语境下的译者伦理研究》第110页、中国社会科学出版社2012年版《文化视野下的广告翻译研究》第54页，等等。

从诗、审美以及净化这三个层面进行深入阐述。伊塞尔在充分吸收了罗曼·英伽登（Roman Ingarden，1893—1970）的作品存在理论以及伽达默尔的视域融合理论之后，创造了"文本的召唤结构"这一接受美学理论（指的是文本具有一种召唤读者阅读的结构机制）。具体而言，伊塞尔认为，文本的"空白处"和"否定性"就是召唤读者阅读的结构机制，主张读者充分唤起自己的阅读期待，或充分发挥想象，去填补空白、连接空缺，不断更新自己的阅读视域，从而获得一种新的体验或振奋感。

综上所述，姚斯与伊塞尔的接受美学理论观念有很多相似点：都重视读者这一维度，并把读者提高到了很高的地位，主张充分调动读者的主观能动性，对文本"寻找未定点，进行二度创造"（王岳川，2011：228）。尽管还有其他学者对接受美学也进行过相应的阐述，但这些阐述具有一些共性："（1）对文学文本意义的理解，读者这一角色不可或缺；（2）读者不是消极地去吸收具有客观性文学文本所呈现出的意义，而是积极地在文本中创造意义。"（Tyson，1999：154）

我们再来看看奈达的读者反应论。奈达的读者反应论关注的只是把读者反应纳入翻译评价体系的一个维度，仅此而已，别无他意。如："接受者和信息之间的关系应与存在于原文接受者和信息之间的关系大致相同"（Nida，2004：159）；"动态对等可界定为接受语言中的信息接受者对信息的反应程度，与源语语言中接受者的反应程度大体一致"（Nida & Taber，1969：24）；"译文读者对译文的理解应当达到能够想象出原文读者是怎样理解和领会原文的程度"（Nida，1993：118；2001：87）；等等，不一而足。奈达并没有对读者反应进行额外意义的生发，即认为读者对原文作品进行二度创造，或认为原文文本的生存状态或价值在于读者的不断阐发或填补"空白"或"不定点"。即便奈达对读者的类型进行过分析，也只是为了原文的译文更好地被目的语读者接受，从而产生交际效果。与之不同的是，接受美学或接受理论把读者看得很重，把读者的地位在"原文作者—原文本—读者"这三个维度中拔得很高，几乎是以"读者为中心"的接受理论。而奈达的读者反应只是译文评价体系的一个参数，奈达的理论毕竟还是以原文为中心的，与读者反应关系不是很大。正如林克难所言，奈达的读者反应只是一个引子。

此外，细读了奈达的翻译理论代表作，会发现奈达从来没有提过接受美学这个概念，在参考文献中也找不到与接受美学相关的内容。就时间而论，接受美学产生于20世纪60年代后期，在70年代才达到高潮。而奈达的翻译理论在20世纪60年代初就已经成形，并且非常注重读者反应对翻译成功与否的评价，这说明奈达的读者反应论与接受美学是挨不上边的。再说，奈达一直是语言学家和人类学家，后期才步入翻译这一领域，对于文论几乎没有涉足。

由上可见，奈达的翻译理论与接受美学没有什么关系，认为奈达的读者反应是基于接受美学上的读者反应更说不过去，这不仅误读了奈达读者反应论，还明显对奈达的整个翻译思想没有领悟透。

4.5.1.8 奈达从事过《圣经》翻译实践吗？

很多学者[1]认为奈达进行了《圣经》的翻译实践活动，因而是《圣经》翻译家。果真如此吗？

我们先来看看奈达自己是怎么说的。奈达在其2003年所著的《语言迷》第三部分的"个人风格"中写道：

> 人们在讲座和写文章时常说我是对语言学及翻译有所了解的《圣经》翻译者，然而，我从来没有翻译过《圣经》中的哪个章节并出版过，也不是哪个翻译协会的译员。我仅仅从事语言与文化人类学的研究，而且由于有这方面的研究，美国圣经公会便邀请我去了解为什么他们的许多《圣经》译本很少被人使用，又常常被人误解。……我接受了这份挑战，试图去了解为什么人们理解《圣经》文本会有那么多困难，此外，我写文章和做讲座，大多是在世俗的氛围中进行的，而不是在某一个教堂的具体情景中完成的。（Nida，2003：135）

---

1 参见《国外语言学》1981年第2期第1页、《语言与翻译》1987年第3期第47页、《中国翻译》1988年第20页、《中国翻译》1982年第4期第4页、中国对外出版公司1999年版《新编奈达论翻译》第X页、法住出版社1994年版《翻译与生活》第144页、《山东外语教学》1994年第1期第20页、《中国翻译》1994年第1期第2页、《浙江大学学报》1995年第3期第98页、《外语教学》1996年第4期第45页、上海科学普及出版社2000年版《实用文化翻译学》第10页、清华大学出版社2005年版第242页、湖南师范大学2008年博士论文《文化翻译研究》第38页、《东北师大学报》2009年第1期第85页、中国三峡大学出版社2009年版《翻译生态学》第68页、上海译文出版社2009年版《翻译研究的语用学转向》第10页、《中国翻译》2011年第5期第86页《碎影流年忆奈达》、湖南师范大学2012年博士论文《后现代语境下的译者伦理研究》第110页、河南大学2012年博士论文《主体视角下的翻译主题建构》第55页，等等。

由上可见，奈达不仅没有从事过《圣经》翻译实践，身上的宗教气息也不是那么浓厚，其翻译理论或观点的形成及发展固然与宗教有关，但还没有到"非宗教不谈"的地步。后来，针对中国学者对奈达的不断误读，即认为他是一个《圣经》翻译家或从事过《圣经》翻译实践活动，奈达又在上海外语教育出版社2004年出版的《翻译科学探索》一书的序言中再次强调：

> 《翻译科学探索》这本书的许多读者以为，我其实是一名对语言学理论感兴趣的《圣经》翻译家。其实不然，事实上，我只是受过语言学以及人类学这方面知识的培训。鉴于此，美国圣经公会便邀请我去了解：为什么他们有那么多的希伯来《圣经》译本以及希腊文《新约》译本被认为很难看懂，还常常被人误解。（Nida，2004：iix）

如果说奈达自己的一番解释不足为证的话，那么奈达的同事斯泰恩在《文以载道——奈达对圣经翻译的贡献》中对奈达职业的多次叙说倒可以说明这个问题。在书中，斯泰恩多次提到，奈达只是一名翻译监察员以及审稿人员。在刚加入美国圣经公会时，奈达只是"负责监督并协助……翻译员，帮助他们处理翻译上的难题"（斯泰恩，2007：50），或"与博伊德（James Oscar Boyd），以及一直参与审稿的诺思一起工作"（同上：51）。据斯泰恩回忆，后来，奈达成为"圣经翻译干事"的总干事时，对这一部门原来的工作方式及风格进行了改革，奈达决定不待在纽约进行审阅译稿，而是亲临翻译现场，与现场的译员进行交流，或帮助他们解决翻译中所出现的实际问题，或举办大型的工作坊，把各处的译员聚集到一起来接受训练（同上：53-55）。"奈达知道，他如果留在纽约，是不可能真正训练翻译员的，所以他认为，翻译员在哪儿，他就应该在哪儿。他得和翻译员一起工作，一起对付实际遇到的问题，并且按照当地情况，为翻译员提供适切的帮助。"（同上：124）

可见，奈达只是语言学家、文化人类学家以及翻译理论家，而不是严格意义上的翻译家。奈达在晚年对自己进行总结时也是这么说的，"我一生所从事的研究是语言学研究、文化人类学研究以及《圣经》翻译实践的研究"（Nida，2003：140）。

4.5.1.9 奈达的翻译观是在推行一种文化霸权或文化殖民主义吗？

有些学者认为，奈达的翻译观是在推行一种文化霸权或文化殖民主义[1]。事实果真如此吗？

我们先来看看什么是文化霸权。文化霸权是马克思主义哲学家安东尼奥·葛兰西（Antonia Gramsci，1891—1937）创用的术语，指不同的文化被某一集团或阶级所统治或控制，且其日常行为和共同的观念成了复杂的统治制度的基础。现在往往指代表美国文化的影视、快餐和商标压倒了其他国家中的传统文化。在翻译方面主要指把美国大量的文化产品，包括文学、影视、音乐和各种娱乐方式，通过翻译输入其他国家，而自己则用透明的"归化"策略翻译其他国家的东西（方梦之，2011：306）。那么，美国著名学者奈达提出的翻译观是不是在向外推行美国文化而实现其文化霸权主义，或进行文化殖民呢？下文将从文化意象的去留、译员的选拔以及翻译效果这三方面进行阐述。

从以上可知，文化霸权的推行主要指把美国文化向其他国家进行输送，或从较广的范围而言，指的是把欧美等西方的强势文化输往弱小民族国家或地区的一种霸权行径。作为欧美文化重要源泉之一的《圣经》，蕴含着丰富多彩的文化，包括历史、法律、经济、诗歌等。这样，翻译《圣经》就意味着把《圣经》中的多元文化翻译出来，输送到目的语的读者之中，然而，由于很多因素，原文中的文化要么被保留，要么进行了形象转换。在前文中，我们论述过，奈达对文化意象的主张是，翻译《圣经》时应该尽量保留原文的文化意象，不过，当目的语读者不明白源语的相关文化意象时，可以用目的语的文化进行替代，附加些辅助说明。例如，在翻译"white as snow"时，若一种语言里没有"snow"（雪）这个词，就只有用其他的如"mushroom"（蘑菇）、"frost"（霜）、"kapok"（木棉花）等暂且替代，以取得功能意义上的对等；或"emotion"（情感）的翻译可用"liver"（肝）、"abodomen"（腹部）、"gall"（胆汁）等加以替代（Nida，2004：171-172）。可见，奈达从事《圣经》翻译研究并不专注于把

---

[1] 参见上海外语教育出版社2004年版《译者的隐身——一部翻译史》第20-21页；Tejaswini Niranjana, *Siting Translation: History, Post-structuralism, and the Colonial Context*, Berkeley and Los Angeles: University of California Press, 1992, pp.20-21；湖北教育出版社2007年版《〈圣经〉汉译文化研究》第99页；苏州大学2007年博士论文《归化与异化：中国文学翻译研究的百年流变》第3页；上海交通大学出版社2009年版《翻译伦理：韦努蒂翻译思想研究》第24页；等等。

某一文化移植到另一种文化之中,或抵制某一文化的移入。这样,奈达也就无意破坏本土文化,更无意向本土文化拓殖,反而是重新肯定本土文化(斯泰恩,2007:285)。此外,在传译原文文化的时候,奈达主张译者应"尽可能消弭欧美文化的影响"(斯泰恩,2007:285)。由此可见,奈达并没有推行文化霸权或文化殖民主义。

我们还可以从对译员的选拔上知道,奈达并没有推行文化霸权。以往《圣经》的翻译,译员均是欧美等强势文化的译者,这些译员很少顾及其他民族读者的感受,翻译出来的译本不仅接受效果差,而且多少带有强势文化的痕迹,具有一定的殖民倾向。奈达担任美国圣经公会以及联合圣经公会的负责人以来,改变了以往的习惯,主张大量启用说母语的当地译员,让他们承担《圣经》翻译的责任,理由是如果译入语是当地译员的母语的话,他们就更易了解在他们的语言和文化中人们会怎样理解某句话或某件事,而且,对同一个意思,他们能够比非母语的译员表达得更为自然(斯泰恩,2007:289),也"只有母语翻译员才能最得心应手地运用功能相符的方法,翻出最好的《圣经》译本"(同上:241-242)。到了20世纪80年代,联合圣经公会还进行了正式说明,只出版由当地译员翻译的《圣经》。奈达对译员选拔的改革,"不仅明显地提升了受众民族的自我认同感,而且丰富并巩固了这些民族自身的文化"(同上:261)。

从译文在接受地区所产生的效果来看,奈达的翻译观更没有推行文化霸权或具有文化殖民主义倾向。那么,《圣经》译本在接受地区产生了怎样的效果呢?奈达的同事斯泰恩对此进行了回答:

> 事实上,19世纪至20世纪期间,受殖民统治的各民族陆续拥有自己语言的《圣经》译本,间接促成了日后殖民主义的没落。这些译本都立足于本土语言,用本土语言的词汇来表达属灵用语。这些文化有了自己的《圣经》,本土的地方语言文学相应发展;在这些因素的直接影响下,一个又一个文化找到了它们的自我认同感。《圣经》翻译帮助人们摆脱了殖民统治的桎梏,而不是维护了帝国主义的工具。奈达和圣经公会为了让更多人能够读到《圣经》译本,又把《圣经》翻译的任务交给母语翻译员,这就加速了殖民主义没落的进程。(斯泰恩,2007:171-172)

有学者说，奈达的通顺式（fluency）的翻译策略会掩盖不同文化之间的差异，实际上是一种文化帝国主义（cultural imperialism）行为，其理由是通顺的译文伪装成真正的语义对等，而事实是对原文的部分阐释和偏向英语价值观的阐释，导致翻译本应传达的差异被抹去，这种差异即使没有被完全抹去，也被大打折扣（Venuti，2004：20-21）。那么，奈达的翻译观是不是主张对原文进行部分阐释以及偏向英语价值观呢？对此，奈达在其学术专著《翻译科学探索》第154页做出了这样的回答：译者应该诚实，不把自己的主观印象强加给译文，不歪曲原文信息以适应自己思想和感情上的需要……译者应当尽一切努力，把不合作者和信息原意的主观因素限制到最低点（Nida，2004：154）。在《从一种语言到另一种语言》这本专著中，奈达对此又进行了强调，认为译者必须有译德，原著是什么就应怎么翻，否则就会使翻译走样或歪曲原著（Nida，1986：59）。可见，如果说奈达的通顺的译文具有主观阐释因而偏向英语价值观，进而认为奈达的翻译观是一种文化帝国主义行为，这显然是站不住脚的。

除了以上实例之外，还存在其他对奈达翻译思想的种种误读。例如，一些学者认为奈达翻译思想不讲形式，只讲内容，或内容第一形式第二。比如，有学者[1]提到："奈达翻译思想也绝非包打天下的神奇理论。比如，它把原文形式放在了可有可无的位置上，用来指导文学翻译显然是不合适的。"对这一点，马会娟在其专著《奈达翻译理论研究》中的第105页到107页进行了翔实而深入的论述，指出奈达一直重视语言形式的传译。笔者想补充的是，在奈达看来，语言的形式风格不是蛋糕上的糖霜，而是果皮与果肉的关系，形式风格紧紧地附在一起，是不可分割的有机整体，因而，形式风格必须从一开始就被转换进译文文本中去（Nida，1993：3/2001：4），只有在产生误读、曲解原文意思等五种情况下才对形式进行调整；再说，奈达的译文最终检验的三大标准之一，就是"形式恰当，吸引读者"（Nida & Taber，1969：173）。奈达的同事斯泰恩对奈达动态对等论曾做出这样的评说，"虽然这种方法算不上一种成熟的传意理论，但的确有助于找到一条途径，使翻译一方面突破拘泥于字面的限制，一方面仍然首先顾及原文的形式"（斯泰恩，2007：61），可见，奈达自始至终是注重形式传译的。

---

1 参见《天津外国语学院学报》2003年第4期第5页。

有学者[1]认为，奈达的功能对等不适合中外翻译，只适合印欧语系的翻译，也有学者[2]认为，"奈达提出的'形式对等'实为'逐词死译'的当代名称"，并从历史原因及认识上的原因进行分析，认为奈达的"形式对等"是不存在的。还有学者[3]说，"要想在象形文字的汉语与拼音文字的西语之间实现'等值'翻译，可就不那么容易了"。这位学者所说的"等值"指的是形式对等，认为它很难实现。其实，奈达并不主张形式对等，并在《翻译科学探索》一文中讲得很清楚，"从以上对形式对等翻译的直接与间接论述来看，我们似乎可以假设，就类别而言，这种翻译已不再列入考虑选择的范围之内了"（Nida，2004：166）。奈达一直主张的是功能对等或语用功能对等，而不是形式对等，那种逐字死译的形式对等是奈达极力反对的。

更有学者[4]认为，奈达的翻译思想不讲文化，只是单纯的机械转化。关于这一点，谢天振的一句话回答得很清楚："纵观语言学派的翻译理论，我们不难发现他们的研究其实并不仅仅局限在语言转换的层面，文化因素同样也是他们考察的对象，如奈达的动态对等和功能对等原则就是在考察不同文化语境差别的基础上提出的。"（谢天振，2008b：8）

4.5.2 奈达翻译思想误读误译原因之阐释

误读指的是错误地解读了他人文本中的观点或理念；而误译，顾名思义，指的就是错误的或不准确的翻译。国内有些学者对误读误译进行过分类以及原因阐述。例如，曹明伦就把误读分为四类：对学者观点的误读、对关键术语的误读、对书名和标题的误读（曹明伦，2005：4）；申迎丽（2008）也对误读进行了分类，并从内部以及外部这两大因素进行深入探析；而邵璐对误读的深层次原因进行了阐述，认为导致误读的原因是语言、文化和接受等三个因素（邵璐，2007：64）；等等。综合以上学者的探讨，再结合学者对奈达翻译思想的误读及误译之现状，笔者认为，对奈达翻译思想造成误读误译的原因有主观因素和客观因素。

从主观因素来看，一些学者出于某种目的故意对奈达翻译思想进行"误

---

1 参见湖北教育出版社1994年版《翻译新论》。
2 参见《外语教学与研究》1997年第2期第34页。
3 参见《中国翻译》1997年第2期第11页。
4 参见《外语教学》1987年第3期第64页、《天津外国语学院学报》2003年第1期第54页、《东北师大学报》（哲学社会科学版）2011年第3期第260页，等等。

读"，达到为己所用，这是其主观因素。从21世纪初一直到"翻译伦理"和"生态翻译"出现之前，国内学者热衷于对解构主义翻译理论、文化派译论、女性主义译论、后殖民主义译论等后结构主义译论的研究，这无可厚非，然而，"每种新的理论问世的时候，出于大家知道的原因，总是喜欢总结一下本研究领域发展的现状，痛说旧理论的种种弊端，以此为自己的理论出台摇旗呐喊，鸣锣开道"（林克难，2005：22）。我们知道，这些后结构主义译学理论有一个共性，都认为文本的意义不确定，没有什么深层结构或预先设定的意义。这样，崇尚这些后结构主义译论的专家学者们就把批判的靶子对准了奈达，因为奈达的翻译思想中的核心观点之一就是，原文有意义，翻译就是翻译意义。为了找准奈达思想弊端之根源，很多学者又假想奈达的翻译思想是建构在索绪尔的结构主义语言学基础之上的，是一种不考虑语境因素、僵化的机械转化翻译思想。比如，有学者[1]认为：

　　这些意义是语言文字本身固有的属性，这种属性是内在的、固定的、不受任何客观因素的影响，属于抽象的，游离于语境之外的静态意义范畴，即传统的语义范畴。然而，语义只有与语境结合才会构成真正意义上的意义，它随语境的变化而变化，这便是语用学的意义观——动态意义观。

有学者[2]说得更极端，例如：

　　企图以这些机械化的手段达到最大限度的对等——字句对等，注意寻找语言转换规律以及语义的对等模式……只是按语言规律去解码与编码，整个翻译过程被简单化、机械化、程式化了。……没有考虑语用维度、语用意义和文本的社会与文化语境，对这些方面的理论描写比较薄弱。

更有学者[3]认为，奈达的翻译理论"排除了在翻译活动中所包括的主体因

1　参见《外语教学》2009年第1期第106页。
2　参见《社会科学家》2006年第5期第195页。
3　参见《湖北大学学报》（哲学社会科学版）2010年第3期第121页。

素、语境因素、文化因素、传播途径等因素,把翻译活动大大简化了,使之成为一种编码—解码的程序化和机械化的简单操作"。

以上对奈达这种"旧理论"的痛斥是毫无道理的,是一种虚拟的假设,是基于自己主观的虚假判断,严重扭曲了奈达的翻译思想。熟知奈达翻译思想的学者都知道,奈达翻译思想从一开始就注重语境的作用,其意义是动态的,是受语境因素制约的,而绝不是静态的,《语言与文化——翻译中的语境》这本专著就用了很大的篇幅来阐述语境对语义的影响以及语境在翻译中的作用。可见,奈达不可能主张机械式的机器翻译,此外,奈达早在《翻译科学探索》中的第252页到264页就将这一点阐述得非常清楚。

同样,有学者为了推行自己建构在哈贝马斯普遍语用学基础之上的翻译学,同样也先对奈达思想进行批判,认为奈达翻译观中的"作者与译者是完全价值中立的;语言是透明的,意义是通过语言规律设定的,所以译文与原文是完全可以达到等值的"[1],并指出,奈达的这种翻译理论是不现实的;接着,又对德里达的解构主义翻译理论的缺陷做了一番批判,最后认为自己的翻译学是比较合适的翻译理论,既克服了奈达的结构主义语言学基础之上的翻译理论的缺陷,又排除了解构主义翻译理论的不足。可问题是,奈达从来就没有主张过译文与原文完全可以达到等值,这一点本书已经多次谈到,此外,在李田心、邵璐等学者的论争中已经提及,故,在此就不赘述。

第二个主观因素是,过于借鉴或依赖二手资料。在某种情况下,我们做研究不得不借鉴一些二手资料,这是不得已而为之的,但我们应该竭尽全力把这种情况压到最低限。然而,令人遗憾的是,目前一些学者对奈达翻译思想的研究过于依赖或借鉴二手材料,并且非常相信二手资料所阐述的内容或观点,几乎达到"读什么信什么以及信什么就读什么"(王国敏、陈加飞,2013:70)的程度。例如,在论文《试论奈达"读者反应"论在中国的负面作用》中,除了使用奈达1993年的《语言、文化与翻译》这本书之外,其他有关奈达翻译思想的资料均引自二手资料,而且几乎都源自谭载喜的《奈达论翻译》或《新编奈达论翻译》,秉承的是"看什么信什么以及信什么看什么"这一信条。此外,像这样使用二手

---

[1] 参见上海外语教育出版社2006年版《翻译学——一个建构主义的视角》第63页。另注:许钧对此观点进行过质疑,参见外语教学与研究出版社2009年版《翻译概论》第268页。

资料对奈达翻译思想进行研究的学者不在少数[1]。他们难免会犯鲁鱼亥豕、以点概面、以偏概全、断章取义、指鹿为马等错误。还有一些学者对根茨勒、韦努蒂、尼兰贾纳等西方学者的话也很迷信，总认为"西方的月亮比中国的圆"，认为西方学者的话就是权威。例如，一些学者笃信韦努蒂对奈达的批判，认为奈达的翻译主张是"翻译就是科学"，使用的是过于"归化"的语言，奈达有着不可告人的机密，等等，不一而足。殊不知，韦努蒂对奈达的批判不一定十分准确。韦努蒂是意大利籍美国人，他的心灵深处存在一种反对欧美殖民霸权的情愫，认为翻译以及翻译策略是最能体现这一点的，因而就把奈达的翻译以及翻译策略当作批判的靶子，并认为奈达这么做是出于殖民动机的。事实果真如此吗？奈达有没有这样的动机呢？由于在4.5.1.9这一节做了简单的陈述，故兹不赘述。

造成对奈达翻译思想误读误译的客观原因也有两大因素：双语间的语言文化差异和学者知识结构的局限性。对第一个因素，国内学者在解读奈达对翻译性质（科学性还是艺术性）的阐述时，便是如此。汉语中的"翻译"外延比较广，除了"翻译过程"和"翻译行为"外，还可以指"'翻译者'、'翻译结果'、'翻译事业'和'翻译学科'等"（曹明伦，2013：106）。这样，汉语的"翻译"一词译成英文时，可译为"translating"、"translation"、"translatology"或"translator"，而英语中的"translating"译成汉语时，既可指"翻译活动本身"，也可指"翻译过程"（the process of translating）。简言之，两者的所指并不一致，再加上，奈达在表述"翻译活动本身"和"翻译过程"时，有时候是混在一起的。这样就导致了国内学者对奈达对翻译属性之阐述的认知产生了偏差，意见很不一致，甚或误读了奈达的翻译思想。就文化层面产生的误读而言，主要表现在国内学者对奈达研究《圣经》翻译的不理解，认为《圣经》是宗教性题材，因而从中得出的翻译经验以及由此提升而成的翻译理论具有很大的局限性，只适合《圣经》等宗教性素材的翻译。这一点可能是文化间的差异以及文化的认可度造成的：佛教文化在中国已经根深蒂固并广为国人所接受，所以有关佛教的翻译标准或理论容易被国人接受并广为传颂，如道安的"五失本"和"三不易"、慧远的"厥中论"、玄奘的"五不翻"等；而对《圣经》文化，中国人具有一定的抗拒性，不乐于接受，这样，对奈达的翻译思想具有一定的排斥性或抗

---

[1] 参见《外语研究》1991年第3期第53—56页、《中国翻译》1989年第3期第3—6页、《外语学刊》2010年第4期第135—138页、河南大学2012年博士论文《共产主义视角下的翻译主体建构》，等等。

拒性也就在情理之中了。

除此之外，还可能跟中国的传统文化有关。中国学者由于受传统美学以及古典文论的影响，对语言表达的模糊性以及言简意赅比较容易接受。例如，中国传统译论标准如严复的"信达雅"、钱钟书的"化境论"、傅雷的"神似论"等，就容易被中国学者接受并广为传颂，而奈达的翻译理论倾向于精确化表达和逻辑思辨性论证，易受到中国学者的排斥，进而导致对奈达翻译思想的误读甚至误解。

第二，学者知识结构的局限性也导致了对奈达翻译思想的误读。一个人的精力是有限的，不可能是全才，什么都精通。如，有的人擅长语言学或文学，有的人只擅长哲学，而有些人只擅长历史、文化批判等。这样，当一个擅长文学或翻译批判的人在本领域中碰到了语言学的知识，就显得捉襟见肘、左支右绌，只好盲从于其他权威专家学者的阐述，就容易产生误读以及误译现象。例如，国内一些把奈达定位为"结构主义译学"的代表人物以及把"functional equivalence"译为"功能对等"的学者便是如此。因为，要弄清奈达的翻译理论是不是建立在索绪尔的结构主义语言学基础之上，就须弄懂索绪尔的语言学理论，这是要花时间的，而又因为一个人的时间及精力有限，便只能盲从于其他知名学者的观点了。简言之，由于一个学者的经历及知识结构有限，自然会对奈达翻译思想的认识与了解缺乏深度与广度。

除此之外，也有学者没有对其他学者对奈达翻译思想的批判去做延伸研究或深入研究，而是盲目地照单全收，全写在自己的专著之中，这是造成对奈达翻译思想误读误译的间接原因。例如，在《〈圣经〉汉译文化研究》一书中，就单列了两个小节，即第二章第六节和第五章第五节，对奈达的翻译理论逐一进行了严厉的所谓"批判"。然而，令人遗憾的是，这些所谓的"批判"只是对以往学者对奈达批判的梳理及总结，没有自己的新发现以及新创见。又如，《西方翻译理论流派研究》一书中"代序"部分，也是对前人对奈达翻译的批判之总结。职是之故，对前人的照单全收，也造成了对奈达翻译思想的间接误读。

奈达翻译思想在中国的译介、借鉴、研究以及反思过程中出现了各种复杂现象。第一，奈达翻译思想对我国译学界产生了深远的影响，主要表现如下：奈达翻译思想契合了我国传统的翻译观，从20世纪70年末到21世纪初，在我国译学界掀起了一股"奈达翻译研究"热潮。一方面，引发了我国译学界对中国传统翻译思想的重新思考，如把严复、玄奘、马建忠等的翻译思想与奈达的翻译思想反复进行对比研究等；另一方面，对奈达翻译思想一些核心概念做出"微调"研究，创造出自己的理论体系，如金隄先生的"等效论"[1]；此外，奈达的翻译科学论在国内掀起了一场围绕建立翻译科学与否的大讨论；等等。第二，奈达翻译思想在中国的译介与研究过程中出现了不均等现象。首先是对奈达翻译思想的研究，多集中在奈达翻译思想的几个重要原则和概念上，如功能对等论、形式对等论、翻译科学论等，而对奈达的语境翻译观、副语言特征与翻译、口译、文化翻译观、翻译的悖论、翻译教学、译员培训等关注极少。其次表现在研究的深度上，就国内所发表的文章而言，具有理论深度的文章不是很多，而实证性之研究也很缺乏。第三，对奈达翻译研究持两极态度者也不少，要么全盘接受，要么全盘否定。第四，我国译学界在理解奈达翻译思想时，出现了很大的争议，或在认识以及理解上出现了一些偏差。

最后，为了进一步增进国内对奈达翻译思想的认识和了解，本章就人们对该思想的争议以及该思想在中国的接受中出现的倾向性问题提出自己的见解和主张，这些见解和主张并不是有意否定以往专家学者在奈达翻译思想研究上所取得的成就或做出的贡献。平心而论，无论是从研究的深度还是广度来看，他们在奈达翻译思想研究上取得的成就是有目共睹的，其贡献也是可喜的，没有他们的研究做铺垫，我们对奈达及其翻译思想的认识就不会那么透彻，也不会不断地走近奈达及其翻译思想。同时，希望文中提出的见解和主张对当前的翻译研究或发展有所启示或借鉴作用。

---

1 由于马会娟对金隄的"等效论"与奈达的功能对等论进行过深入对比阐述，并研究得很透彻、系统，故，本书在此不做累述。

5

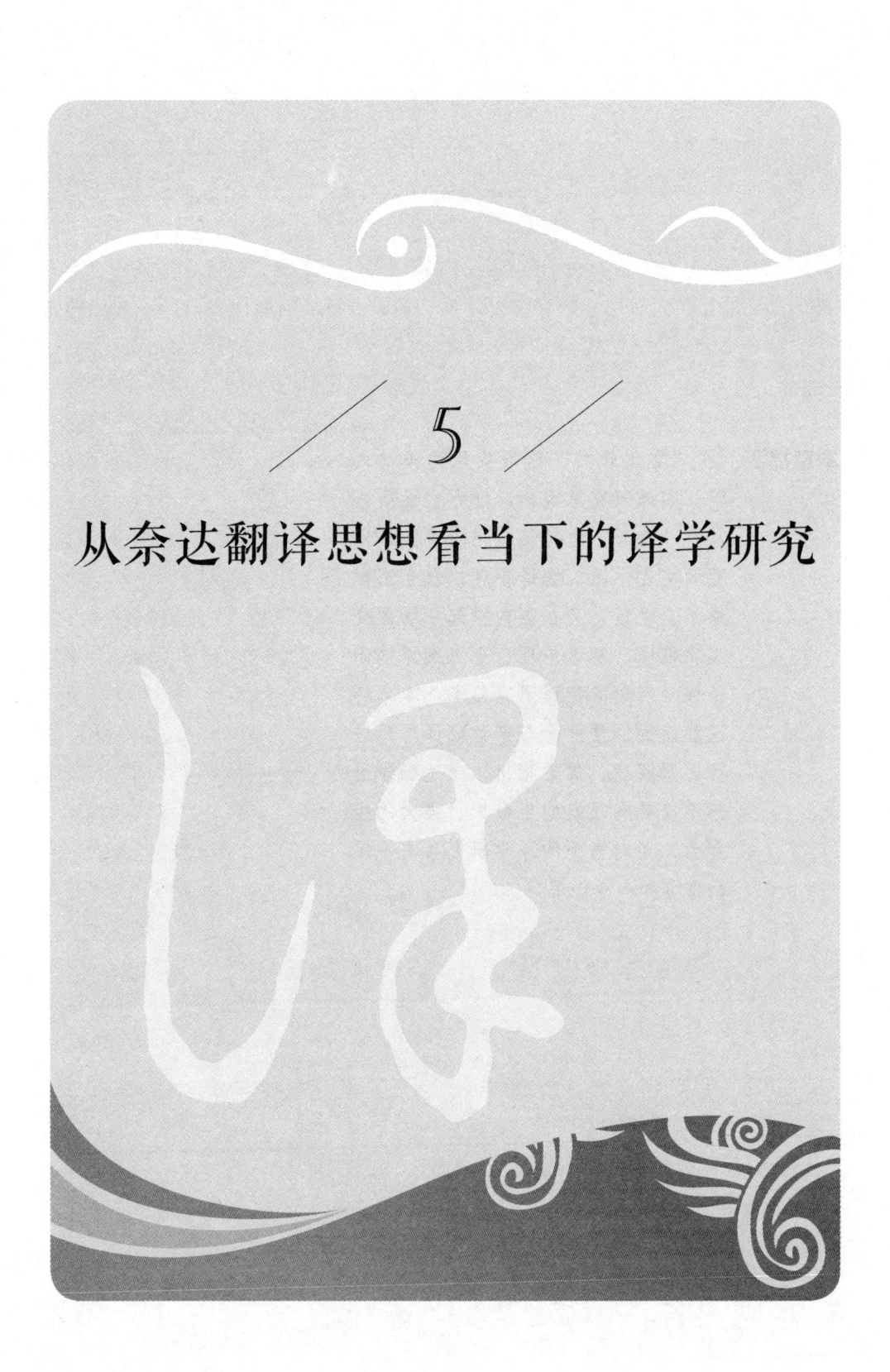

从奈达翻译思想看当下的译学研究

本章提要：在"文化转向"这股疾风的推动之下，翻译研究呈现出跨学科之性质，具有"杂合"之特征，出现了翻译研究的文化学派、翻译伦理以及生态翻译学，之后，又在国内掀起一场围绕文化翻译、翻译伦理、生态翻译这三个核心问题的翻译研究热潮。本章将这些新的译学理念与奈达翻译思想进行比照阐述，最后指出，奈达翻译思想不仅具有旺盛的生命力、强大的生存力，还对当下的译学研究具有一定的借鉴和参考作用。

5 从奈达翻译思想看当下的译学研究

5.1 文化翻译

5.1.1 语言、文化与翻译

在翻译领域，要理解文化翻译的含义，我们先要了解文化的含义、语言与文化的关系，以及语言、文化及翻译之间的关系等问题。

"文化"一词源于拉丁文"*cultura*"，指的是"耕种与栽培"，与自然之物相对应而存在，后来引申为"开拓、培养、教化、修炼"，偏向精神层面之内在修养性。在中国，"文化"一词最早可以上溯到《易·象传》之释贲卦："小利而攸往，天文也；文明以止，人文也。观乎天文，以察时变，观乎人文，以化成天下。"郑玄注说："贲，文饰也。"又说："天文在下，地文在上，天地二文，相饰成《贲》者也。犹人君以刚柔仁义之道饰成其德也。"（转引自陆扬，2006：152）就以上字面意义而言，文化是人文化成，而人处在中心地位。进一步而言，天文、地文、文明成为中国原初文化认知的三个重要范畴。我们可以说，这种对文化的初步认知已经包含了精神、物质和制度三个层面的阐释。至于什么叫文化，有各种不同的说法。据《大英百科全书》统计，对于"文化"一词的定义已经达160种，而据学者曹维源的说法，已经有250种有关"文化"的定义（曹维源，1991：237），可谓聚讼纷纭、莫衷一是。然而，对文化进行较为科学及全面的定义则出现在人类学领域之中。英国人类学家泰勒（Edward Burnett Tylor，1832—1917）曾在《原始文化》一书中指出："文化，或文明，就其广泛的民族学意义来说，是包括全部的知识、信仰、艺术、道德、法律、风俗以及作为社会成员的人所掌握和接受的任何其他的才能和习惯的复合体。"（泰勒，1992：1）泰勒的文化定义突显的是精神方面的文化，没有包括物质方面的文化。后来，人类学家马林诺夫斯基发展了这一定义，认为文化包括物质、精神、语言、社会组织等四个方面的内容（马凌诺斯基[1]，2002：4-9）。尽管后来的学者不断对此概念或内涵进行丰富及完善，但都超越不了马林诺夫斯基的定义。由上可见，文化一般包含物质文化、精神文化和制度文化。

　　文化范围很广，覆盖我们生活的方方面面，但它的存在及发展离不开语言。换言之，语言与文化关系十分密切。首先，语言是文化的一部分。人类是唯一能说话的动物种类，正常的人至少能说一种语言，这是人类与其他动物的重要区别。语言不仅是与其他动物区别的重要标志，也是人类独有的文化。通过语言，人类能够聚集在一起，劳动，交流，或进行其他社会及文化活动。如果没有语言，人类会永远处于原始社会状态，不会不断进化。不同种族的语言本身就含有丰富的文化，也记载着厚重的种族文化，通过对不同语言的考察，可以窥探出其中蕴含的文化积淀。其次，语言是文化的载体和容器。人类不断地与客观世界进行接触，依照语言对外界所获得的经验与知识进行积累或表征；习俗、习惯、行为模式等都得靠语言进行描叙及分析，社会制度、价值观念、信仰、世界观等也得靠语言进行描述、分析或评价，即便绘画、雕刻、舞蹈等可视艺术也离不开语言的描述和评价，等等；此外，文化功能的发挥及传承也离不开语言。简言之，"所有的文化都基本上依赖符号，尤其是依赖发音清晰的语言而产生并永存"（转引自刑福义，2000：79），"没有语言，文化便不可能发挥它的功能；没有语言，文化也不可能世代相传"（奈达，1999：Ⅰ）。第三，语言与文化相互影响，相互制约。我们知道，文化覆盖面大，而语言范围小，所以，语言在很大程度上受到文化的强烈影响，有什么样的文化，就会有什么样的语言表达。例如，北美的因纽特人生活在冰天雪地之中的时间多，与雪打交道的时间也长，因而在因纽特人语言中有关雪的词汇表达也不少，至少有7个不同的词可用于描述雪，如"falling snow""snow on the ground""fluffy snow""wet snow"等。而在非洲热带区域的赞比亚，就没有有关"雪"的词汇。又如，中国人的家庭关系或亲缘关系比较重，因而有关亲缘关系的称呼就比较多。

　　此外，语言又对文化产生一定的影响。"萨丕尔—沃尔夫假说"（the Sapir-Whorf Hypothesis）便说明了这一点。该观点认为，一个民族的世界观和价值观受到其语言表达结构的影响，有什么样的语言表达，就有什么样的世界观和价值观。因而，一个民族的文化价值观由其语言系统结构所决定。尽管后来的学者对

1　马凌诺斯基就是英国人类学家马林诺夫斯基，当初费孝通将其译为"马凌诺斯基"。

此观点进行过批评或修订，提出了各自的见解，并出现了强势版本与弱势版本之说，但"萨丕尔—沃尔夫假说"至少说明，语言对文化确实产生了一定的影响。

由上可见，"语言和文化浑然一体，紧密相连"（奈达a，1999：Ⅰ），如同果皮与果肉般浑然一体。翻译是语言符号之间的转换，"翻译活动始自语言，又终于语言；它以语言为形式，以文化为内容，以文化的交流与沟通为目的"（包惠南、包昂，2000：13）。所以，翻译会牵"语言"之一发而动"文化"之全身。关于语言、文化与翻译之间的关系，巴斯奈特曾做过比较形象生动的类比：

> 如果把文化比作人的身体，那么语言就是身体中的心脏，而只有身体与心脏相互协调，人类才能保持生机与活力。外科医生给病人做心脏手术时，绝不会不管病人心脏周围的身体状况。翻译人员从事翻译工作时绝不能隔离文化而孤立地看待翻译。（Bassnett，2010：22）

以上说明的是，文化存在于语言之中，并且深深地扎根于语言之中，这样，我们在做翻译时，不能无视文化的存在。由于源语与目的语存在于不同的文化和文化语境之中，绝对的翻译或完全对等的翻译是不可能存在的。为了阐释这个问题，巴斯奈特提供了一些有趣的例子。囿于篇幅，仅以巴斯奈特对英语"butter"和意大利语"burro"的不同内涵导致翻译之不易的阐释为例加以说明（Bassnett，2010：26-27）。"butter"与"burro"这两个单词的所指几乎相同，都指"市场上用牛奶制成的、呈奶油块状的食物"，但因各自的文化语境不同，其内涵意义不一样："butter"含有"有益健康、纯洁和地位高"等联想含义，而"burro"则指"浅色不加盐的奶油，常用于烹调"，没有"地位高"等联想内涵。因而，把英语"butter"翻译成意大利语"burro"时，不可避免地会失去一些联想意义，达不到完全的对等翻译。我们知道，由于源语与目的语的文化语境不同，就连最简单的词如汉语的"书"与英语的"book"的含义也不可能一样，达不到绝对的对等翻译：在汉语中，"书"除了有"知识、学问"等意思之外，还有"地位、智慧、前途"等含义，如汉语中有"书中自有黄金屋，书中自有颜如玉""学而优则仕"等说法；在英语中，"书"的含义仅表示有知识及学问。

以上是语言与文化对翻译所产生的影响。那么，翻译对语言和文化又有什么影响呢？翻译对语言产生的影响是：为目的语引介异质的语言表达和句法结构，促使目的语的语言体系产生一定的变化。我国近代学者梁启超在《翻译文学与佛教》一文中，曾对佛教翻译对汉语文字的影响做了较为精辟的论述：

  盖我国自汉以后，学者唯古是崇，不敢有所创作，虽值一新观念发生，亦必印嵌以古字，而此新观念遂晦没于囵囫变质之中。一切学术，俱带灰色，职此之由，佛学既昌，新语杂陈；学者对于梵义，不肯囵囫放过，搜寻语源，力求真是。其势不得不出于大胆的创造。创造之途既开，则益为分析的进化。此国语内容所以日趋于扩大也。（转引自罗新章、陈应年，2009：107）

此外，翻译对文化也产生了很大的影响，促进了异质文化的引进，以及文化的交流与发展。中国著名国学大师季羡林在谈到翻译对中华文化的影响时，曾说道：

  倘若拿河流来作比，中华文化这一条长河，有水满的时候，也有水少的时候；但却从未枯竭。原因是有新水的注入。注入的次数大大小小是颇多的。最大的有两次，一次是从印度来的水，一次是从西方来的水。而这两次的大注入依靠的都是翻译。中华文化之所以能长葆青春，万应灵药就是翻译。翻译之为用大矣哉！（季羡林，2007：10）

尽管季羡林谈的是翻译对中华文化的影响，但也正说明了翻译对文化发展与繁荣的影响。古希腊哲学研究专家苗力田也谈到与季羡林几乎一样的观点，"古代外国典籍的翻译，是一个民族为开拓自己的文化前途，丰富精神营养所经常采取的有效手段"（转引自许钧，1998：24）。总的来说，翻译对语言与文化的影响，其实就是对文化的影响，因为语言属于文化的一部分，而语言表达又蕴含着文化。所以，当下译学界所热议的文化翻译指的就是对源语中的语言及文化这两方面的翻译。

5.1.2 当下译学界的文化翻译观

  近年来，随着全球化的不断发展以及跨文化意识的逐渐加强，文化的输入和输出成为人们热议的重要话题之一，也为当下的学术研究所青睐。在这种大气候和大语境的浸染之下，译学界也不例外，主要体现在翻译时如何对待文化这一问题之上，也就是我们通常所说的"文化翻译"。

语言与文化息息相关，而翻译又牵涉语言转换，因而翻译与文化的关系如血肉相连。那么，到底什么是文化翻译呢？

我们先来看看文化翻译概念的缘起以及有关学者对该概念的相关阐述。据许钧考究，文化翻译这一概念最早出现在人类学的领域之中，由社会人类学家提出（许钧，2003：387），指的是"在对他族文化的田野研究中，将他族文化的理解用文字表述出来，传达给本族文化"（段峰，2013：153）。不过，翻译学领域中的文化翻译与人类学领域中的文化翻译有着一定的区别，尽管两者关切的对象都是文化。"在翻译学领域，文化翻译是针对语言翻译而言的，其基于的观念是翻译不仅是语符之间的转化，还是语符中所蕴含的文化意义的传达，是不同文化之间的一种交际活动。"（同上）有关翻译学领域中的文化翻译，中外很多学者谈了自己的理解或看法。在中国，有刘宓庆、方梦之、黄忠廉、曾文雄、蔡平等学者对文化翻译谈过自己的见解。刘宓庆认为，文化翻译的任务不是翻译文化，而是翻译容载或蕴含着文化信息的意义（刘宓庆，1999：83）；方梦之认为，文化翻译就是将一种语言表达的文化内容转换成另一种语言的表达形式（方梦之，2011：305）；其他学者，如黄忠廉、曾文雄、蔡平等，均从广义与狭义两方面对文化翻译进行了界说。黄忠廉认为，"广义上指对原作所承载的一切文化信息的翻译，狭义上指对原作中特有的文化要素的翻译"（黄忠廉，2009：73）；曾文雄以为，广义上的文化翻译涵盖容载一切文化信息的意义转换，而狭义上的文化翻译则指词汇、词组、句子、语段、篇章、风格和语言文化心理等层面的语言转换（曾文雄，2007：65）；而蔡平认为，"把'文化翻译'定义为'原文中特有文化内容/因素的翻译'，人们会觉得易于理解，乐于接受"（蔡平，2008：24）。在西方，也有学者对文化翻译进行过相应阐释。如：英国译论家马克·沙特尔沃斯（Mark Shuttleworth）和莫伊拉·考伊（Moira Cowie）在《翻译学词典》中对"文化翻译"下的定义是：文化翻译指的是任何对语言和文化因素敏感的翻译，而这种敏感性不仅包括对原文文化因素的转述，也包括基于原文文化对译语文化词语的重新解释（2004：35）；奈达认为，文化翻译指的是"改变信息内容，以在某种程度上符合接受文化的翻译，以及增进原文语言上并未包含的信息的翻译"（Nida，1969：199）；而巴斯奈特则强调，文化翻译就是把文化作为翻译的单元，不同文化的功能对等是手段，文化的转换才是翻译的目的（转引自廖七一，2004：367）；等等，不一而足。从以上对文化翻译的界定及概说来看，翻译学领域中的文化翻译基本上是基于语言转换中有关文化或文化因素的传译。那么，在具体的翻译实践中，该如何传译具体的文化因素呢？这就牵涉文化翻译的策略以及翻译的基本单位。

我们先来看看文化翻译的基本策略。归化与异化可以说是文化翻译的基本策略，在中西翻译史上一直存在并展开长期竞争，时而异化占据上风，时而归化占据优势地位，时而和谐共存。例如，在中国的佛经翻译时期，为了引进异质的文化，早期很多佛经翻译家主张直译，因而具有"异化"的翻译倾向，如支谦的"因循本质，不加文饰"、道安的"案本而传，不令有损言游字"等观点便是如此，而鸠摩罗什做佛经翻译时偏向原文文体及语趣之呈现，因而其翻译实践具有"归化"的倾向。到了唐代，佛经翻译家玄奘主张直译与意译之间的"圆满调和"，使归化与异化和谐共存。明清时期，科技翻译中大量引进的科技术语及表达说明了异化翻译在当时所处之优势。至于清朝末期到民国初期的翻译，由于严复与林纾考虑到了外域思想及文化在中国的接受状况，因而在具体的翻译实践中进行了大量的归化，这样，归化翻译在那时占据优势地位。后来，为了防止异域文化的丢失，周氏兄弟（周树人与周作人）提出了直译翻译观，主张从语言到思想都异化，鲁迅在后期甚至还提出了僵化的"硬译"甚至"死译"的翻译主张！而在中华人民共和国成立后到改革开放之前的三十年间，中国译学界几乎是归化翻译占上风，如钱钟书的"化境论"、傅雷的"神似论"。改革开放后，国门打开，国人迫切需要接触外来的异质文化或"奇花异草"，于是异化翻译思想又逐渐抬头，并逐渐占据了上风：刘英凯1987年刊发的《归化：翻译中的歧途》一文为异化策略在现代中国翻译的践行及推广拉开了序幕；孙致礼2002年在《中国的文学翻译：从归化趋向异化》一文中指出，我国的文学翻译应该从归化走向异化，并认为应从文化、语言形式以及写作手法等方面尽量进行异化；同年，单文波在《谈文化翻译中的异化》一文中则从学理的层面上对异化翻译的可能性及必要性进行了深入论述。西方的翻译史也几乎一样，囿于篇幅，在此就不进行论述。而在当下的译学界，尤其在中国的译学界，由于国际交流的日益频繁以及全球化的不断发展，尤其在后现代思潮及后殖民话语的推动之下，文化翻译中的异化策略愈加受到译学界众多学者的垂青，理由主要有三点。

第一，异化翻译使源语增加多样的新词和新的句式表达，扩展语言的表现空间，借以丰富目的语的语言表达，用孙会军的话说，就是在源语中"摘下几朵那里的鲜花来装点我亲爱的祖国的语言"（孙会军，2005：204）。此外，还可参照源语中的语法体系特点，来填补目的语语言体系中的一些语法空缺。

第二，异化翻译可以给目的语引进一些异质文化，让目的语读者领略到广袤的异域文化，借以拓宽目的语读者的认知视野，或丰富目的语的文化视域，以便更好地进行文化交流。

第三，在后殖民话语的语境之下，异化翻译被认为是抵制欧美殖民霸权或文化霸权的有效手段，更能彰显弱势族群的个性及文化身份。

由于异化翻译策略切合了时代的需要，因而得到译学界的普遍认同或赞誉。然而，这一时期的文化翻译所采取的"异化"，几乎是把语言层面与文化层面混为一谈的。尽管有学者如孙致礼（1999/2001）、蔡平（2008）等提出文本翻译应分两个层面进行，即文化层面应力求最大程度的异化，而语言层面应尽量归化。但是，在后殖民话语的影响以及韦努蒂的倡导及推动之下，主张语言与文化两个层面都进行异化的声音远远高过在策略上加以区别性对待的文化翻译。

后来，国内有些学者对韦努蒂的异化翻译进行批判，认为这种翻译策略走向了极端，忽视了目的语的语言表达规范以及接受者的认知语境，达不到真正文化翻译的效果。这样，韦努蒂对自己的文化翻译策略进行重新阐释及修正，认为自己的异化与归化思想关切的应是一种更大范围的文化道德的态度问题，而不仅仅是词语选择和话语策略的问题，并提出"归化的语言不是异化，但异化的翻译只能用归化的语言"（郭建中，2008：44）这一新主张，并在2008年修订版《译者的隐身——翻译史论》一书的第七章从接受者层面对此进行了较为具体的论述，并强调译文要注重流畅性及可读性（Venuti，2008：273-276），但未提出对翻译中的文化因素及语言因素进行分别处理这样的新见解。而这一点，中国一些学者要比韦努蒂稍胜一筹，如孙致礼（1999/2001）、罗选民（2004）、张智中（2005）、蔡平（2008）、曹明伦（2011）、袁晓宁（2010/2013），这些学者主张从文化和语言这两大维度对文化翻译进行区别性对待。

以上只是从异化与归化这两大翻译策略对文化翻译进行了阐述。但是，当下的文化翻译不仅仅表现在语言和文化这两个层面上的取舍，还体现在翻译单位的转变之上，并认为翻译的本质就是文化翻译及文化交流，翻译应该突显文化的交际功能，这主要体现在巴斯奈特的文化翻译观上。巴斯奈特是一位活跃在当今英国甚至全球翻译界的著名翻译理论家及著名诗人。她整个的翻译思想体现了一条非常重要的原则，即翻译绝不是一个纯语言的行为，它深深植根于语言所处的文化之中,进而突显文化在翻译中的重要影响。鉴于此,巴斯奈特认为应该将文化作为翻译的基本单位。在《翻译、历史与文化》(*Translation, History and Culture*,1990)论文集的导言中,勒菲弗尔和巴斯奈特强调,翻译的语言学方法尽管不断更新翻译的单位,如从音素到词素,再从词素转到句子,后来,随着篇章语言学的不断发展,翻译单位又从句子转到了篇章等,但是,这种语言学的翻译方法解决不了翻译尤其是文学翻译中的一些特殊困难,因为文学语言有自己的特殊性。接着,巴斯奈特在援引了霍恩比对翻译研究中的文化转向问题的看法后,提出自己的主张——翻译的单位应从人们接受的语篇或话语转移到文化之上(Bassnett & Lefevere,1999:4)。

巴斯奈特指出,由于文化因素的原因,翻译的对等在语言层面上很难到达,因而应在文化层面上努力取得对等的效应。换言之,"使译语文化和原语文化在功能上等值,使译语文本对译语文化的读者产生原语文本对原语文化的读者相同的效果"(廖七一,2004:365)。巴斯奈特和勒菲弗尔认为:"要达成两者在功能上的一致,译者就不得不对原文进行大量的调整。"(Bassnett & Lefevere,1999:8)可见,巴斯奈特是主张通过文化转换的方式来取得功能对等的。巴斯奈特在《翻译研究》《语言、文化与历史》中,用了很多例子对此加以说明,囿于篇幅,在此就不赘述,仅以意大利语"Giovani sta menando il can per l'aia"这句话的英译为例进行说明。巴斯奈特不主张把意大利语"Giovani sta menando il can per l'aia"这句话直译成"John is leading his dog around the threshing floor",而主张用英文中的"John is beating about the bush"(约翰说话拐弯抹角)这一文化意象加以转换,以照顾读者的认知语境及接受习惯,进而得到很好的接受,因为把源语文化的价值系统强加到目标语文化的做法是十分危险的……译者不是原文的作者而是译文的作者,因此他应该对目标语读者担起道义上的责任来(Bassnett,2010:30)。由此可见,巴斯奈特提出的以文化为翻译单位这一新主张,关注且强调了翻译中的文化因素,用目的语的文化来转换源语中的文化。然而,巴斯奈特的这一主张尽管在功能上达到了对等,却让接受者失去了接触原文中原滋原味文化的机会,其实就是一种归化译法(廖七一,2004:381)。

除此之外,巴斯奈特还将文化作为翻译的基本转换单位。这一新见解给人耳目一新之感,却容易给人一种误导,以为翻译只注重文化的传译,而不管语言层面之转换。而实际情况是,语言不转换又如何能触及语言背后的文化?即便文化翻译是文化层面上的翻译，那么与文化相连的语言又该怎么办？是归化还是异化？把文化作为翻译单位，我们该怎么去操作？对这些问题，巴斯奈特没有做出具体的阐述。

以上论述均为文本内的文化翻译，或曰语言层面上的文化翻译。除此之外，当下译学界还存在一种以文本外文化因素对翻译施加影响的文化翻译，探讨的是文化因素对翻译行为的外部干涉，如意识形态、诗学观以及权力关系等。由于这种文化翻译是一种有着非文本目的的文本行为，如翻译的文化转向之后研究得最为火热的女性主义翻译和后殖民主义翻译便是如此，它们属于文化理论或政治理论，探讨的是在翻译领域谋求更多的政治权力，为弱势或边缘群体争取更多话语权等，不属于翻译的本体研究，故在此不做论述。

5.1.3 从奈达的文化翻译思想看当下译学界的文化翻译观

奈达的文化翻译思想主要体现在两个方面：一是探讨了文化对翻译的制约性问题，二是探讨了如何对待翻译中的文化及文化因素问题。

奈达认为，语言是文化的一部分，文化是社会信仰和实践的总和，而语言又是一套最重要、有联系的符号，且文化中所蕴含的传统和价值要通过语言这套符号才能得到展示和表达（Nida，1999：Ⅰ-Ⅱ）。这就说明文化蕴涵在语言之中，文化与语言是紧密相连、浑然一体的。这不仅与他作为一个语言学家长期对语言研究得出的结果有关，也与他多年对《圣经》翻译实践之研究密不可分。经过长期的《圣经》翻译研究，奈达深深感到，"翻译中最严重的错误不是因为词汇表达不够造成的，而是因为错误的文化假设使然"（Nida，1998：29），也是"对他者文化的价值观及看法漠然无知"（Nida，2001：286）造成的。奈达给出的理由是："言语符号任何层面上的意义取决于语言社区的文化。语言是文化的一部分，而事实上，它是任何文化所展示的最为复杂的习惯。语言反映文化，也是接近文化的途径，在很多方面构建了文化模式。"（转引自Schäffer，1995：1）除此之外，奈达非常强调文化语境对翻译的重要制约作用，认为"文本意义与相应的文化有着直接或间接的关联，而词语的最终意义也只有在相应的文化语境中才有意义"（Nida，2001：286），简言之，"文化语境是理解文本意义的关键所在"（JFL Correspondent，1998：4）。难怪奈达会发出"要真正出色地做好翻译，掌握两种文化比掌握两种语言更为重要，因为词语只有在特定的文化语境中才有意义"（Nida，1993：110；2001：82），"专业翻译家不仅要掌握多种语言,还要谙熟多种文化"(Nida,2004:ix),以及"语言学习只需5年,而完全熟悉一种文化至少需要20年"(JFL Correspondent,1998:3)的感慨。此外,为了获得原文真实的文化语境以及真正了解原文的意义,奈达建议译者"至少在所学语言的国家待上一年半载,只有置身于讲某种外语的国家中,才能对词汇和短语的许多特殊意义获得必要的感性认识"(Nida,1993:110;2001:82)。

那么,奈达又是如何看待翻译中的文化或文化因素的呢?我们先来看一下奈达对文化翻译是怎么定义的:文化翻译指的是"改变信息内容,以在某种程度上符合接受文化的翻译,以及增进原文语言上并未包含的信息的翻译"(Nida & Taber,1969:199)。但从这个定义来看,奈达对文化翻译的主张似乎是,用目的语中的文化来改变或替换原文中的文化,属于典型的归化派,翻译的最终目的是进行"文化蒙蔽"(郭建中,2000:208),而不是"文化交流"。但是,奈达接着说道,"好的《圣经》翻译不应是'文化翻译',而是'语言翻译'"(Nida & Taber,1969:13),"语言翻译是合法的,而文化翻译或文化改编则不行……进行文化改编或诠释是牧师和教师的职责"(同上:134)。可见,奈达十分注重文化的移植,尊重源语中的文化传译,奈达不仅是这么说的,也是这样践行的。例如,奈达认为,在翻译古老的《圣经》时,不能也不应该使译文听起来好像是邻近城镇上十年前发生的事,因为《圣经》所涉及的历史环境至关重要,不能使法利赛人和撒都该人脱胎换骨,变成现代宗教的派别(Nida & Taber,1969:12-13)。不过,翻译中文化因素的移植或传译尽管很重要,但也不能给接受者造成理解困难,甚或误解问题。职是之故,奈达提出翻译时要在以下三种情况时对原文的文化或文化元素进行加工处理:"(1)可能引起目的语读者对译文文本的误解;(2)在读者看来可能毫无意义;(3)译文'语义过载'而不能为一般读者所看懂。"(Nida & Taber,1969:110)其实,奈达的这些条件也好理解。比如,对第二种情况,我们可以用《红楼梦》中一句话的英译为例来进行说明:

宝钗独自行来,顺路进了怡红院……不想步入院中,鸦雀无声。(曹雪芹:《红楼梦》)

... To her surprise, his courtyard was utterly quiet. (杨宪益、戴乃迭翻译)

在这里，"鸦雀无声"中的"乌鸦"与"麻雀"是虚无的，是一种虚文化，在读者看来毫无意义，所以就无须把这两种鸟翻译出来。如果是实文化，即便给读者造成一定的理解困难，也得传译过来或移植过来，奈达所使用的办法就是加注。用周领顺（2002）的话来说，如果是浓文化的话，就用加注等办法加以保留，传译过来，如果是淡文化，就给予虚化，不做翻译处理。

此外，我们也可以从奈达对比喻表达法之翻译的阐释中窥探出，奈达对文化因素的保留是很重视的。例如，沃德和奈达认为：

> 我们应当避免删减比喻表达法或改比喻为非比喻的倾向，因为比喻用法能给人以启示，能增强话语的分量和美感，并能对群体内部认同关系的确定起重要作用。如果原语中的某个成语用在目标语中而不引起文化走样，就应该大胆地采用这个成语。（Waard & Nida, 1986: 155）

总之，奈达对原文的文化非常尊重，不轻易牺牲或践踏原文文化。又如，在对一篇成功译文评定的三大标准中，奈达还把翻译文化的对等性作为重要标准之一（Nida, 2001: 129）。不过，奈达对原文文化的保留还考虑了其在目标语语境中的接受性，并确立了接受底线。这里所谓的底线指的是，翻译时要考虑目标语语境中的三大因素：对目标语文化的熟悉程度、目标语民族的开放程度以及目标语民族的文化安全感（Nida, 2004: 172-173）。我国学者许钧也持同样的观点，认为"在翻译过程中，若不顾目的语和目的语文化的利益，盲目地野蛮'侵略'，如大量外来词的输入，句法结构的照搬，隐喻、成语、俗语的硬译等等，都会招致目的语的反抗"（许钧, 2009: 261-262）。这一点，其实也好理解。倘若目的语对原文的翻译不接受或有抵触情绪，那么文化交流或源语文化走出去等，都是不现实的，只是一种文化自恋的"单相思"罢了。

除了文化元素，奈达还非常注重语言形式这一维度的传译。"语言总是文化的一部分，而文本意义与一定的文化有着直接或间接的指称关系。"（Nida, 2004: 286）由于语言形式也是文化的一部分，而为了保存原文语言形式这种文化，奈达提出不要轻易牺牲原文的形式，只有在五种情况下才改变语言的形式（Waard & Nida, 1986: 38-39）：（1）直译原文会使意义发生完全错误；（2）借用语会构成语义空白，因而可能使读者填入错误意义；（3）形式对应会引起严重的意义不明；（4）形式对应会产生不为原作者有意安排的歧义表达法；（5）形式对应会引起译文语法错误、语体不合。

在1993年的《语言、文化与翻译》和2001年的《语言与文化——翻译中的语境》这两本专著中，奈达对这些调整又做出了更为翔实的阐述，囿于篇幅，在此就不展开叙述。

可见，奈达是很尊重外来文化，注重原文文化的保留或传译的。如果依据韦努蒂对异化翻译的界定[1]，奈达在文化翻译上主张的是异化。然而，由于奈达同时考虑到接受者的认知语境及接受能力，其翻译思想的实践效果又存在一定的归化。所以，精确地说，在文化层面上奈达主张以异化为主、归化为辅。奈达还说过，要用自然的对等语来翻译原文，而这里的"自然性"指的就是"使用不违背一种语言通常模式的语法结构和词汇组合"（Nida & Taber, 1969: 203），也就是我们所说的规范的语言。奈达对语言翻译的定义是："在此种翻译中，只有把原文中在语言上暗含的东西明白表达出来，并且所有形式变化都符合逆转换与转换规则，也符合成分分析的规则。"（同上）从定义中可知，奈达主张在语言层面上进行高度的归化，而与此同时，在某种程度上又主张尽可能保留原文的表达形式。这样，在语言层面上，我们可以说，奈达使用的是归化的翻译策略，同时又有一定的异化，换言之，这是一种以异化为辅、归化为主的翻译观。至此，我们可以对奈达的文化翻译策略做出这样的归纳：在文化层面上主张以异化为主，归化为辅；而在语言层面上则主张以归化为主，异化为辅。

我们以奈达的文化翻译策略来反观当下的文化翻译策略，得出以下几个结论：

第一，奈达在20世纪60年代的文化翻译策略与当下中国译学界提出的切实可行、具有可操作性的分层次的文化翻译策略或曰"二元共存"翻译策略[2]是不谋而合的，有异曲同工之妙。有关分层次的文化翻译策略，在21世纪初的中国译学界，就有学者提出"功能对等的原则应主要用于处理语言差异，即以归化为主，而处理文化差异，则应以洋化为主，辅以必要的注释。两种方法应相辅相成，而不应盲目地厚此薄彼"（郭建中，2000: 213）。该学者主要批判奈达的"文

---

[1] 韦努蒂在与郭建中的访谈中指出，异化与归化是文化道德与态度问题，即看是否尊重外来文本及外来文化。

[2] 有关"二元共存"翻译策略的具体论述，请参见《中国翻译》2013年第1期第93-97页。

化蒙蔽"而提出了自己的分层次的文化翻译观。其实，奈达的文化翻译策略蕴含了这种分层次的文化翻译观，该学者当年对奈达的文化翻译进行了断章取义，只抓住一点就大书特书[1]，进行批判，而没有全面把握奈达的文化翻译策略。之后，国内其他学者对这种分层次的文化翻译观进行了相应的阐述或阐发，如孙致礼（1999/2001）、罗选民（2004）、张智中（2005）、蔡平（2008）、曹明伦（2011）、袁晓宁（2010/2013），使译学界进一步认识了翻译中语言与文化这两者关系之处理，对文化翻译的探讨取得了可喜的成绩，为翻译研究做出很大的贡献。尽管奈达没有明确提出文化翻译应从语言与文化这两个方面分别进行操作，但其对文化翻译的表述已蕴含了这一具有层次感的文化翻译观，说明奈达的文化翻译观具有强大的生命力。

第二，奈达的具有层次感的文化翻译策略比当下国外的文化翻译策略稍胜一筹，且更具可行性及可操作性。在当下国外的文化翻译策略中，具有代表性的要数韦努蒂的异化翻译策略。为了促进目的语文学话语的革新以及反对英语国家的文化霸权及其与其他国家之间不平等的文化交流，韦努蒂1995年在《译者的隐形——翻译史论》中提出应从文化及语言这两方面进行异化，尽可能地彰显原文的差异性（Venuti, 1995: 19-21）。由于遭到来自各方的批判及指责，韦努蒂又对自己的文化翻译策略进行了修订，认为自己的异化与归化翻译观关切的应是一种更大范围的文化道德的态度问题，而不仅仅是词语选择和话语策略的问题，提出归化的语言不是异化，但异化的翻译只能用归化的语言这一新主张（郭建中，2008: 44），并在2008年修订版《译者的隐身——翻译史论》一书的第七章从接受者层面对此进行了较为具体的论述，强调译文要注重流畅性和可读性（Venuti, 2008: 273-276）。韦努蒂对自己异化翻译观的修订就足以说明，单纯地强调文化之异以及语言之异，尤其是语言之异是行不通的，"译文的流畅性不可废弃，而应进行语言重建，创作出一种新的可读性的译文……既要关注译文的次要地位，又要彰显异域文本的语言差异及文化差异"（同上: 273）。这样，译者就应在译文的可读性中扮演更为重要的角色，既要考虑到被刊物所接受，也要对译文读者具有一定的教育作用，要兼顾通俗性及专业性（both popular

---

[1] 奈达提出了"文化翻译"与"语言翻译"这两大概念，但其主张是：译者进行的应是语言翻译，而不是文化翻译，进行文化翻译的应该是牧师或教师（Nida, 1969: 134）。而该学者没有看完奈达对"文化翻译"与"语言翻译"的全面表述，揪其一点（即奈达对这两大概念的阐述）对奈达进行盲目地批判（郭建中，2000: 211-213）。

and professional）（同上：276）。韦努蒂对自己异化翻译观的不断修订说明，若不考虑译文读者的接受性以及认知语境，要实现自己的翻译目的是行不通的。可见，韦努蒂的异化翻译与奈达的文化翻译观之路径及策略大体上是一致的。然而，奈达对文化翻译的路径及策略的论述要比韦努蒂早四十余年。此外，奈达的文化翻译观对语言及文化的翻译分别做出了较为明确的阐述，更具有可行性及可操作性，而韦努蒂只是笼统地强调译文的可接受性及译文对译文读者的教育作用（同上：276），而没有从语言和文化这两个层面在翻译实践上做出具体的要求。

就文化翻译的具体操作而言，奈达没有把文化作为翻译的单位，而是把语篇或话语作为翻译的单位，也是有道理的。关于把话语或语篇作为翻译的单位，罗选民早在20世纪90年代初就在《话语层翻译标准初探》中进行过较为详细的阐述。我们知道，翻译就是翻译意义，而语篇是意义的基本携带单位，只有把握了整个语篇，才能把握语篇中的意义，否则就会产生错误；另外，文化是蕴涵在语言之中的，语言的意义与文化又是血肉相连的，是不可分离的有机整体，所以，进行语篇翻译也就是进行文化传译，这样，文化的传译也就更具有可操作性。与奈达的以语篇为翻译单位相比，巴斯奈特的以文化为翻译单位，不仅不具有可行性、可操作性，还给人一种误导，以为原文本处处充满文化，什么都是文化，是语言包含于文化，文化是语言的载体，而不是相反，甚至认为语言是虚无的，不存在语言。可见，用文化来取代语言作为翻译单位是不科学的，用曹明伦的话来说，用文化取代语言作为翻译单位的理论依据并不科学（曹明伦，2013：103），可能的后果是：

> 文化学派高调提出文化是翻译单位，其合乎逻辑的推论就是，原文不仅失去了昔日的权威地位，而且也不再是译者翻译过程中所要关注的对象。这样一来，不仅对等、忠实完全失去了基础和意义，而且各种形式的"叛逆"也就取得了合法地位，进而给翻译理论和翻译实践带来巨大的冲击。（王恩科，2013：99）

由此可见，语言与文化有着不可分割的关系，对翻译造成种种影响，而翻译反过来又作用于文化，对其产生影响。所以，文化翻译就是翻译、语言与文化之间的关系，着重强调的是翻译中对语言和文化的关系之处理。就当下译学界的文化翻译而言，国内外所提出的具体的文化翻译策略与奈达的文化翻译思想如出一辙，足以说明奈达的文化翻译观在当下有着强大的生命力以及生存力；而国外韦努蒂的文化翻译策略只是笼统地强调译文的流畅性及可接受性，而没有从语言与文化这两个层面进行具体要求，比奈达的文化翻译思想要稍逊一筹。至于翻译应以文化为单位，这一点本身就站不住脚，因为，正如上文所言，文化蕴含在语言之中，靠语言符号来体现，即语言是文化的载体，所以，文化的翻译还是要依赖语言来进行，否则，就是"空中楼阁"，"皮之不存，毛将焉附"讲的就是这个道理。简言之，翻译的单位要具体落实到语言这一层面才行得通，才具有可操作性。因而，奈达提出的以语篇或话语为翻译单位是行之有效的，比巴斯奈特的以文化为翻译单位要具体得多，且更具可操作性，因为一个语篇就是一个独立的语境[1]，而语词意义的最终确定又离不开语境。

简言之，尽管奈达的文化翻译观已经提出了很多年，但其在当下并没有过时，仍具有强大的生命力及生存力，在某些方面比当下的文化翻译观要稍胜一筹。

5.2 翻译伦理

5.2.1 翻译伦理及其研究现状

由于先前几种翻译研究范式的种种弊端，如，语文学研究范式过于片面夸大自我，结构主义则主张消融他者，而解构主义译学范式对他者进行了过度张扬，译学界开始寻找新的出路，从其他学科寻找新的营养，建构新的研究范式来弥补先前译学研究范式的种种不足，继续推动翻译研究的向前发展。因为伦理牵涉价值判断以及关系准则，而翻译也牵涉价值判断以及译者与各参与者之间的关系问题，所以伦理与翻译便自然而然地结合了起来，从而产生了新的译学研究范式，即翻译伦理研究范式，或一门"新"的学科——翻译伦理学。以下将对这一新的译学研究范式及其研究现状做一简单呈现。

先来看看对"伦理"这一术语的解释。对"伦理"的解释，中西方有所不同。根据1987年《中国大百科全书》（哲学）第一卷第515页记载，

---

1 语篇由完整的话语（即文本）构成，从一个单一的感叹词"哎呦"到一首诗、一篇散文、一段对话、一篇讲演或一本书都可以组成语篇。

"伦""理"两字，早在公元前8世纪前后的《尚书》《诗经》《易经》等著作中已分别出现。"伦"有类、辈分、顺序、秩序等含义，可以引申为不同辈分之间应有的关系。"理"则具有治玉、分别、条理、道理、治理等意义。而"伦理"两字的合用，最早见于秦汉之际成书的《礼记》："凡音者，生于人心者也；乐者，通伦理者也。"大约西汉初年，人们开始广泛使用"伦理"一词，以概括人与人之间的道德原则。《古今汉语词典》（大字本）第930页把"伦理"解释为：①事物的条理。也指事情安排部署有条理；②指人们彼此相处的各种道德标准。在《现代汉语大词典》（2021）第555页中，"伦理"的定义为"指人与人之间相处的道德准则"。此外，还存在其他定义，如"伦理是人们行为事实如何的规律及其应该如何的规范"（王海明，2009：76），"伦理学是有关人与人关系的学问"（何怀宏，2008：9）等。此外，就一个"伦"字而言，其偏旁为人字旁，说明中国传统的"伦理"是与人有关的道德之理。可见，在中国的语境中，"伦理"指的是与人际关系有关的道德规范及准则。在西方，伦理学一词源于希腊文"ετησs"，其本义为风俗、习惯、气质、性格等。古希腊哲学家亚里士多德最先赋予其伦理和德行的含义，并把伦理学发展成为一门有系统原理且独立的学科。而在《牛津高阶英汉双解词典》（第7版）第680页，"ethics"一词的解释为："①moral principles that control or influence a person's behavior 道德准则，伦理标准；②a system of moral principles or rules of behavior 道德体系，行为准则。"而美国著名伦理学家雅克·蒂洛（Jacques Paul Thiroux，1928—2006）认为，"所谓伦理指的是人际关系如何以及事实行为应当如何"（Thiroux，2005：2）。综合中西对伦理的界定，大体可知：伦理其实就是一种规范人与人之间的道德准则或规范。而翻译活动也是一种牵涉诸多主体之间关系的活动，如译者与原文作者、译者与读者、译者与赞助人、译者与出版商以及编辑等，自然牵涉到伦理问题。这样，翻译研究与伦理便自然而然地走到了一起。于是，很多学者试图用伦理学方面的知识去建构翻译的伦理学研究范式或翻译伦理学，为翻译研究增添了新的视角，丰富了翻译研究的内涵。然而，在具体的操作层面上，诸多学者是见仁见智，莫衷一是，出现了许多"杂音"。对此，我们可以从以下的研究现状中窥见一斑。

在国内，近年来，除了对国外翻译伦理研究的相关模式进行译介、评析或运用，有些学者也试图在伦理学的领域内汲取营养来建构自己的翻译伦理研究范式。如，2006年，吕俊在《翻译学——一个建构主义视角》中就谈到翻译伦理学，而此时的翻译伦理学是运用哈贝马斯的交往伦理学知识来进行建构的（吕俊、侯向群，2006：274-275）；刘卫东在其博士论文《翻译伦理重构之路》（2011）中又对这种翻译伦理学研究范式进行了细化及阐释；方薇在其博士论文《忠实之后翻译伦理探索》（2012）中，主张用伦理学中的道德哲学和德行伦理学相关资源来研究翻译，并以此观照职业规范的制定，借以发展翻译研究的伦理学路径；骆贤凤则在其博士论文《后现代语境下的译者伦理研究》（2012）中，借用规范伦理学中的诚信、责任、规范、正义、制度伦理和底线伦理等知识，构建了译者的伦理体系；而杨振源在《翻译伦理研究》（2013）中，运用了西方元伦理学中"是"与"应该"等相关知识，构建了"守经达权"这一翻译伦理思想。也有学者借用伦理学的相关知识，对传统的翻译思想尤其是中国的翻译思想进行研究，如王大智的《翻译与翻译伦理》（2012）、彭萍的《翻译伦理学》（2013）便是如此；更有学者如涂兵兰（2013）运用翻译伦理的相关知识，对某一时期的翻译家群体进行研究；等等，不一而足。简言之，在当下的中国，翻译伦理研究已进行得如火如荼，呈现出一派欣欣向荣的景象，不仅拓宽了翻译伦理研究的视角、丰富了翻译伦理研究的内涵，还在很大程度上推动了翻译研究的新发展。不过，此时的翻译伦理研究大都处于理论、评析、运用，甚或构筑之阶段，属于"百花齐放"，罕见"百家争鸣"，还未形成一致的认识，也没有谁提出一个相对完整的翻译伦理研究模式，或对翻译伦理进行比较系统的阐述。

在国外，这方面的研究要比中国译学界热闹得多，但几乎是"言人人殊"。法国文学翻译家及翻译理论家安托瓦纳·贝尔曼（Antoine Berman，1942—1991）是翻译伦理研究的旗手，率先提出了"翻译伦理"这一概念，强调"翻译伦理"研究是构建翻译学必不可少的一个方面，认为"对翻译及译者的现代思考应该从翻译历史、翻译伦理及翻译分析这三个方面展开"（Berman，1984：23），并指出：

> 翻译的伦理目标是在书写层面上与他者发生关系，通过对他者的传译来丰富自身，而这一目标定会与一切文化都具有的"我族中心主义"理念或者说任何社会试图保持自身的纯洁性、完整性的自恋情结发生正面的碰撞。翻译中确实表现出某种杂交繁育的暴力。（同上：16）

可见，贝尔曼的翻译伦理是"以异为异"（Berman，2000：285-286）。换言之，贝尔曼创建的是一种差异再现的翻译伦理。后来的劳伦斯·韦努蒂所主张的"差异的伦理"与贝尔曼的翻译伦理主张是一脉相承的，统属于差异再现的翻译伦理。但安东尼·皮姆不赞同贝尔曼的翻译伦理主张：

  认为贝尔曼的翻译伦理"太刻板、学究气十足、过于抽象"……只适用于那些确有翻译价值的哲学和文学经典著作，却难以被广泛应用，这就造成了翻译理论家的伦理主张与社会相脱节，大量的翻译实践依然缺乏伦理思想的指导。（转引自王大智，2005：46）

  皮姆在《论译者的伦理》一书中提出了译者的"文化间性"概念，主张翻译伦理的译者转向，即译者伦理。从译者角度表述翻译伦理问题的还有美国学者道格拉斯·罗宾逊（Douglas Robinson，1954—），他在《译者登场》一书的第四章中，从译者是否压抑个性的视角详细阐释了译者的"内向伦理"和"外向伦理"。为了抑制译者"为了目的而不择手段"的主体性的过度张扬，德国功能学派翻译家诺德提出了"目的加忠诚"的翻译理念，对作者、译者、读者、赞助人、委托人等之间的关系进行了理性的协调，属于关系协调型翻译伦理。对翻译伦理进行较为系统且全面的阐述要数芬兰学者安德鲁·切斯特曼（Andrew Chesterman）。他首先在其《翻译模因论——翻译思想的传播》一书中对翻译伦理的轮廓进行了勾勒，对其基本范畴进行了阐述，认为翻译活动受期待规范、关系规范、沟通规范和责任规范的制约，并针对每条规范提出了明晰、真实、信任、理解等与每条规范相适应的伦理价值观。此外，切斯特曼还首次把翻译伦理划分为宏观翻译伦理与微观翻译伦理（Chesterman，1997：170）。后来，切斯特曼在《关于哲罗姆誓言之建议》中提出了五种翻译的伦理模式，即再现的伦理、服务的伦理、交际的伦理、基于规范的伦理和承诺的伦理。依据此五种翻译伦理模式，切斯特曼认为"译者要保证互为异己的各方达成最大程度上的跨文化合作"（Chesterman，2001：141）。2002年，切斯特曼在与詹妮·威廉姆斯（Jenny Williams）合著的《路线图——翻译研究方法入门》一书中，把翻译伦理研究的基本范畴划分为"不同种类的伦理""文化与意识形态因素""实践规则""个人伦理和职业伦理"等几个方面（Williams & Chesterman，2004：18-20），从而扩大了翻译伦理研究的范围，为翻译伦理的进一步研究打下了坚实的理论基础。从以上西方译者对翻译伦理模式的提出及阐释可知，尽管他们的翻译伦理研究不是直接萌发于伦理学中的相关术语或范畴，但还是与伦理这一概念本身息息相关，即与道德价值或规范形影不离。

纵观中西译学界对翻译伦理之研究，我们发现："翻译伦理则是译者的个人伦理在翻译这一职业领域里的体现，它探讨译者与其他翻译主体间关系如何及其对翻译职责、翻译标准的厘定。"（涂兵兰，2011：117）换言之，就是译者在调和翻译活动中各主体间的关系时所表现出来的道德价值取向，其最终的价值取向是"向善"及"和谐"。此外，不管是贝尔曼和韦努蒂的差异伦理，还是切斯特曼的五种翻译伦理研究模式，抑或是翻译的制度伦理以及底线伦理等，都是译者行动的外在规定性，是翻译活动的"外因"，但最终起作用的还是翻译活动的"内因"——译者的自觉要求或曰"自律"，因为"不管是外在标准的规定，还是内在伦理的要求，最终都要落实在译者的行动上，译者的责任才具有真正的价值和意义"（方梦之，2019：47）。此外，"假如说'伦理是人类思想对于终极价值的祈向，是一种超然于行为规范之上的指向他人的绝对责任'，那么翻译伦理（translation ethics）的终极目标也就是规范译者的翻译行为，指明译者应尽的义务与责任"（郑敏宇，2012：92）。

可见，翻译伦理就是译者的伦理道德，是一种"德行"或曰译者的道德操守，"主要表现为译者的道德自省和自制能力"（段峰，2021：59）。

5.2.2 奈达翻译伦理思想之面面观

正如前文所言，翻译伦理主要指译者在调和翻译活动中诸参与者之关系时所表现出的道德价值取向，以使翻译活动诸参与者处于尊重、平等和良性的互动之中，具体表现为尊重原作者，尊重译语读者以及协调好翻译活动中原文作者、译语读者与其他诸者之间的关系，使翻译活动处于一种平等以及良性的互动状态之中。奈达翻译思想是在研究《圣经》翻译实践的基础之上不断发展及完善的，内涵丰富、深刻。笔者认为，尽管奈达当时没有使用伦理这一术语或概念，却含有丰富的翻译伦理思想，具体表现为以下四个方面。

第一，对"真"的执着。这主要表现在奈达对原作及原作者的尊重以及对"他者文化"的眷恋。对原作者的尊重主要指的是尽量传译出原文的意义以及原作者的意图。奈达的翻译思想的核心内容就是如何翻译出原文的意义，在具体的操作程序上，奈达首先从不同视角对意义进行分类，如，从是否与使用者有关，把意义分为所指意义与内涵意义或联系意义（associative meaning）；从使用的层面而言，又把意义分为修辞意义、语法意义、词汇意义等；在分析意义以及传译这两个阶段上，奈达可谓是用尽了心思，在《翻译科学探索》《翻译理论与实践》这两本专著中，用了大量的篇幅对此进行了阐述。在具体的翻译策略上，奈达主张应该灵活变动，如在保存原文意义的时候，就得对原文的形式进行调整，但又不是进行彻底的改变，因为有时候原文的形式也有意义，其改动的幅度"必须视不同语言之间在语言和文化上的距离大小而定"（Nida & Taber，1969：5）。此外，在传译原文意义的同时，还要注重原作者意图的保留，译者"必须清晰地反映原文的意义和意图"（Nida，2004：166）。奈达对源语中的文化所持的态度，并不是译学界有些学者所理解的那样进行随意蹂躏，而是尽可能地进行保留。关于这一点，4.5.1.5部分进行了较为详细的阐述，在此不赘述。

第二，对"美"的追求。"任何行为都应该注重行为的最终结果，任何行为者都应该考虑到自己的行为中所蕴含的责任。"（彭萍，2013：195）翻译也是一种行为，因而，译者在翻译时也需考虑自己行为的最终结果和自己所负有的责任，换言之，译者在翻译时要考虑自己的译文能否被译入语读者所接受。若能接受，译者的价值就得以体现，否则，"翻译就失去了最重要或者全部的意义"（同上：196）。这样，译者翻译时一般都十分注重译文的"美"，尽量使其符合读者的阅读情趣及审美价值，从而得到最广泛的接受。奈达的翻译主张也不例外，十分注重译文的接受问题，因而在"美"这一层面上狠下功夫。奈达对"美"的追求主要体现在译文的自然性，使译文符合译入语的表达习惯，不带翻译腔。例如，奈达提到，译者必须尊重语言的各自特征，尽可能地发挥译入语的表达潜力，如果对方语言中没有被动语态，而只有主动语态，就不要给该语言强加一个被动语态，而应遵照对方语言的特征，用主动语态去翻译，进而取得翻译的成功（Nida & Taber，1969：5）。此外，奈达还强调道，原文应按照目标语受者的不同对象翻译成不同需求层次的译文。换言之，应该根据不同的读者层次采取不同的翻译策略，从而产生不同的译文，进而符合不同读者的需要（Nida，2004：158）。奈达对"美"的追求，不仅体现在译文的可接受性上，还体现在对"他者文化"的向往上。奈达不止一次地谈到保留"他者文化"的重要性，认为：翻译家的任务在于语言翻译，而不要轻易改变或抹去对方的文化，只有在万不得已的情况下而为之。另外，他不仅注重翻译的文化对等（Waard & Nida，1986：154），更把文化对等作为成功译文的重要条件之一（Nida，2001：

129）。在具体的策略上，为了保留"他者文化"，奈达主张在页边加注或使用脚注（Nida，2004：238-239）。总之，奈达对"美"的追求及向往体现为译文的自然性以及文化的异域性，并努力去实现之。

第三，对"善"的向往。"善是客体有利于满足主体需要、实现主体欲望、符合主体目的的属性。……善乃是人或主体的一切活动或行为所追求的目标。"（王海明，2009：27-28）翻译活动牵涉很多主体，而翻译的最终成品则是译者与诸多外在主体"里应外合"的结晶。因而，一篇优秀的译文必定是译者对诸多主体之关系进行调和的产物。而这种译文就是一种"善"，符合诸多主体之需要，满足了诸多主体之欲望，实现了诸多主体之目的。奈达的翻译观就体现了这样的"善"：一方面，奈达努力实现原文的意义和意图，另一方面，又试图照顾译入语读者的接受能力；一方面试图保留"他者文化"，另一方面又要考虑译入语文化的接受语境等因素。此外，还要考虑编辑及出版社等因素。所以，在奈达看来，为了达到这种"善"，"译者总要做出成千上万次的涉及选择与处理的决定，以适应另一种文化，适应另一种语言，适应不同的编辑和出版商，最后还要适应读者群"（Nida，2000：7）。

第四，对译者"德性"的要求。翻译伦理的研究牵涉的因素很多，但归根结底还是要落实到译者这一主体中去。因此，译者具有良好的道德伦理观即德性，就显得尤为重要。奈达对译者的德性提出了相应要求：首先，译者要有良好的语言功底以及语言创造力（Waard & Nida，1986：58）；其次，译者对所译题材要有所了解，既要有一般的了解，又要有特殊的了解，而这特殊的了解指的是，"译者必须对相关学科知识了如指掌"（Nida，2004：150-151）；此外，译者还必须心智诚实，具有译德；最后，奈达还提出，译者必须能够与人共事，欢迎并接受别人的批评，否则不宜参与任何翻译项目（Waard & Nida，1986：59）。

通过对上述内容的阐述，我们还发现，奈达的翻译思想也囊括了切斯特曼在《关于哲罗姆誓言之建议》中提出的五种翻译伦理研究模式，即再现的伦理、服务的伦理、交际的伦理、基于规范的伦理和承诺的伦理。如：奈达所主张的意义之翻译与意图之呈现，难道不是再现的伦理？奈达翻译思想中的为读者着想难道不是服务于读者？如果读者都不能接受，还谈得上服务的伦理？而这不正说明奈达的翻译思想蕴含有服务的伦理？而奈达所说的"翻译就是交际"这一主张不正与交际的伦理一脉相承？……囿于篇幅，就不展开阐释。可见，奈达翻译思想与当下的翻译伦理观之关系是"你中有我""我中有你",这足以说明,奈达的翻译思想在当下并没有过时,而且呈现出强大的生命力及生存力。不仅如此,奈达的翻译思想还对当下翻译伦理之研究具有一定的启示或借鉴作用。

5.2.3 对当下翻译伦理研究的几点思考

我们知道,"翻译学从一门边缘的依附性学科成长为一门独立的学科,他学科的引领与推动功不可没。时至今日,翻译的跨学科研究仍然是翻译学学科发展的重要学理来源"(段峰,2013:152)。所以,在当下的译学研究中,运用伦理学来建构新的翻译研究模式,是翻译学不断充实自我以及持续发展的一种内部需要。这是一种好的趋向,既能拓宽翻译研究的视角,又能增添新的研究对象,进一步丰富翻译学的研究内容。就研究现状而言,国内外学者为翻译伦理研究做出的成绩是可喜的,都在不同程度上推进了翻译伦理研究的进程,深化了对翻译伦理的认识。尽管如此,对翻译伦理的研究还存在一些不尽如人意的地方。

第一,对翻译伦理的阐述,没有达成一致的意见。有的学者从翻译策略上谈伦理的,如贝尔曼和韦努蒂的"差异再现伦理",主张再现原文中的异域文化和语言表达。笔者认为,这种伦理过于单调,倘若缺乏制约性的话,会导致过度的异化,不仅使我们本来丰富、简洁、明白的文字,变得贫乏、啰唆、含混不清,还会产生"畸形欧化"的各种病态;有的学者则从译者的角度谈翻译的伦理,如罗宾逊主张把译者个性是否张扬作为译者内向型翻译伦理与外向型翻译伦理的一个重要依据;而切斯特曼在他的五种翻译伦理模式中也提到了译者的伦理价值取向。此外,作为伦理范畴之一的"忠实"伦理也不应偏废,因为"忠实"毕竟是翻译本体研究的重要标准,因而也有学者从忠实的维度去谈翻译伦理,如方薇(2012)。这样,关于翻译伦理的探讨就出现了"各说各话"之现象。

第二,即便是切斯特曼的较为系统完善的翻译伦理五种模式也非常脆弱。首先,再现的伦理、服务的伦理、交际的伦理、基于规范的伦理和承诺的伦理这五种模式之间就有相互重叠之处。如:再现的伦理本身就意味着要遵循一定的规范的伦理,承诺的伦理就预示着服务的伦理,等等。其次,这些伦理模式互不相容,"相互间不具有公约性,追求某一种价值就可能无法实现另一种价值"(陈志杰、吕俊,2011:62)。

第三，中西方对翻译伦理研究视角之取向不一致，术语界定也不明确。中国学者对翻译伦理研究的理论基石是伦理学中的某个领域或几个术语，如：借用伦理学中的元伦理学来建构"守经达权"研究模式，或借用德行伦理学来建构翻译伦理的研究模式，或借用制度伦理和底线伦理来建构译者的伦理，等等。而西方的翻译伦理研究没有明显的伦理学学科特质，只是说翻译活动含有伦理因素，进而指出建构翻译伦理的几种模式。此外，就术语界定而言，也是"各说各话"，诚如王大智所言：

> 无论是西方还是在中国，当人们谈论翻译伦理问题、从事翻译伦理研究时，对"翻译伦理"这一理论术语的不界定或者简单界定是一种相当普遍的现象。这就使得当下的各类翻译伦理研究在研究范围、研究内容及研究方法上存在很大的差异。（王大智，2009：61）

此外，就其研究所覆盖的内容而言，"翻译伦理"辐射面太广，负荷量太大，如：就我们所了解的情况而言，当下的翻译伦理包括读者伦理、作者伦理、忠实伦理、异化的伦理、归化的伦理、丰富目的语之伦理、西学汉译伦理、汉学西译伦理、直译的伦理、意译的伦理、批评伦理、翻译教学伦理、宗教的伦理等，简直是囊括一切，什么都是伦理。如果什么都是伦理的话，那什么都不是，此外，就其研究的内容而言，也没有脱离奈达翻译思想之"窠臼"，很多表述仅仅是徒增了些新的术语罢了，这些术语在外表上光鲜绚丽，实则脆弱无比。另外，当下翻译伦理的研究对翻译实践的关切程度不够，几乎都是空洞的说教。那么，翻译伦理研究之路在今后该怎么走呢？在结合奈达的翻译理论体系及其翻译思想之后，笔者也谈谈自己的一番浅陋之见。

第一，要在翻译学与伦理学中找到更多的契合点，运用伦理学的学科知识来建构翻译研究的新范式，而这不仅仅是在旧有的术语上抹上"伦理"这层油，使之熠熠闪光。我们用伦理学学科来丰富翻译研究，既要对临近学科了如指掌，注重两者的契合度，还要明白我们应该向伦理学借些什么，吸收哪些营养等。对于这些，我们心里一定要有数，而不是照单全收。李运兴的一番话对我们把伦理学的相关知识移植到翻译学中去，建构翻译研究的伦理模式有一定的启示作用：

> 在科学研究中运用移植法的最大困难，在于移植者对其他学科了解

不够,无法充分认识其他科学领域中哪些理论与自己的研究工作有关,哪些无关或关系不大;哪些能产生理想的移植效果,哪些又只是新瓶装新酒,对自己的研究领域除了徒增几个新名词以外并无多大补益。(李运兴,1999:56)

此外,穆雷的一番话也给我们进行翻译的跨学科研究,尤其是跨学科研究的具体的操作层面以一定的启示:"无论借鉴哪些学科的方法、理论和视角,我们的研究目的都是要发现翻译实践中的问题,并且有效地解决翻译相关问题,对深入认识翻译现象和促进翻译活动有所贡献,推动翻译研究的向前发展。"(穆雷,2012:10)

而在这方面,奈达翻译思想的建构给了我们很大的启示。他的翻译思想可以说是具有典型的跨学科性,如涉及人类学、语言学、信息学、符号学等,大量地从边缘学科吸收营养,丰富自己的理论体系,真正做到了博采众长、为我所用。在具体的操作层面上,奈达也不是对临近学科全盘接受,而是有选择、有鉴别地进行吸收。例如,在运用乔姆斯基的语言学理论时,奈达只是借用了深层结构与表层结构这对术语,对翻译的转换过程进行深入浅出的阐述;又如,奈达借用了文化人类学的"语境"论,对意义的论述进行了深化,此外,在对意义的阐述过程中又深化了对语境的认识,继而孵化出了更多的语境类别;等等。

简言之,奈达借鉴临近学科知识是为其翻译理论服务的,其中心是翻译。这样,我们在借用伦理学的知识来为翻译服务时,也要吸收好的东西,把两者很好地结合起来,使两者成为"化合物",而不是"混合物",真正做到为翻译学服务。在这一点上,就目前的研究现状而言,中国学者要比西方学者做得好,因为中国学者真正建构了几个翻译伦理研究模式,而西方学者只是泛泛而论,没有取得实质上的进展。

第二,翻译伦理的研究要与翻译实践相结合。只有在翻译实践的土壤中萌发以及成长起来的翻译理论才具有强大的生命力,也只有给翻译实践提供切实可行的指导之翻译理论才具有持续的生存力,"理论的生命既在于创新,更在于应用"(蒋骁华等,2011:35)。翻译伦理研究也应如此,既扎根于深厚的实践土壤之中,又能给翻译实践提供一定的指导,才会有强大的生命力和持续的生存力。

正如上文所言,翻译伦理归根结底是译者的伦理道德,是译者的德性之体现，因而，只有在具体的翻译实践中才能窥见译者的德性，也才能发现译者在调和诸多翻译主体时而体现出来的道德、品行、修养与操守；也只有从译者的具体翻译行为中才能推导出译者的价值选择和取向，追踪译者的翻译伦理思想。只有把翻译伦理与翻译实践相结合，体现出两者的"互构、互补以及互彰"，才是翻译之道。再者，伦理本身就具有很强的实践性，同样，翻译伦理亦不例外："倘若没有想到要翻译什么，如：语言、文本、文学以及其他类似的素材，你就不会想到翻译。你也必然会想到作者、读者以及他们的意图。哪里有意图，哪里也就会道德的存在。因而，你就不得不想到翻译伦理。"（Jeffrey，2001：1）可见，翻译伦理与实践是紧密相连的。而遗憾的是，目前的翻译伦理研究很少牵涉翻译实践，几乎都是空洞的说教，理论与实践是脱节的。

要使翻译伦理研究不断地取得新发展，最终在翻译学中立足，就必须与实践相结合。而这又使我们想到了奈达的翻译思想：不仅内涵丰富、逻辑严谨，而且理论视野十分开阔，这得归功于其理论的实践性性质。尽管奈达没有亲自参与翻译实践，但总能亲临翻译现场，与《圣经》译者一起发现翻译问题，并共同解决。这样，在问题的不断发现及解决的情况下，奈达的思想不断走向成熟完善，最终成为自成体系的一家之言。职是之故，翻译伦理研究要取得成功，并最终修成"正果"，还得借鉴奈达的翻译思想。

在建构翻译伦理的研究模式时，还需考虑到中文的"伦理"与英文的"ethics"之对应情况。据考察，英文的"ethics"与汉语"伦理"的所指不完全一致，因而其对应情况也不完全一致，翻译时应视其具体语境而定。在某些语境下，"ethics"可译为汉语的"道德"，例如"professional ethics"就可译为"职业道德"（曹明伦，2013：230；卞建华，2008：247）。

总之，翻译伦理的出现是一件好事，既为目前的翻译研究增添了新的研究视角，丰富了翻译研究的内涵，也为我们今后的译学发展指明了方向。尽管如此，我们也不要过于乐观，就目前的研究现状而言，还存在不足及弊端，还有很长的路要走，"路漫漫其修远兮"！那么，以后的路该怎么走呢？笔者认为，翻译伦理研究应从理论与实践这两个层面上进行"双管齐下"，使理论与实践之间做到"互构、互补及互彰"，处于和谐关系之中。

5.3 生态翻译学

5.3.1 生态翻译学概述

生态翻译是胡庚申把自然科学中生态学的相关知识在翻译学领域中进行的创造性阐发及运用，是有关译者与翻译生态环境相互作用的整体性研究。该理论滥觞于2004年胡庚申所著的《翻译适应选择论》。该书是根据胡庚申的博士论文修订而成，主要借助达尔文进化论中的"选择"与"适应"之基本思想，与译者为中心的翻译理念相切合，进行论述及阐发，重点考察译者与翻译生态环境之间的互相适应及选择之关系，即是说，"对于译者而言，既要适应，又要选择。适应中有选择，即适应性选择；选择中有适应，即选择性中有适应"（胡庚申，2004：42）。简言之，就是"译者的选择性适应和适应性选择"。"译者的选择性适应和适应性选择"这句话不仅是《翻译适应选择论》一书的灵魂所在，也是翻译生态学的一个口号。该口号的具体所指是："一是'适应'——译者对翻译生态环境的适应；二是'选择'——译者以翻译生态环境的'身份'实施对译文的选择。"（同上）该口号中的这两大过程在翻译中是交换循环的，且有一定的逻辑关系："适应的目的是求存、生效，适应的手段是优化选择；而选择的法则是'汰弱留强'。"（同上）同时，胡庚申还用这一"口号"对翻译过程、翻译原则、翻译方法、译品标准等进行了重新阐释，再次说明译者与翻译生态环境的互动作用。如果我们说这个口号是胡庚申的翻译适应选择论的一个"面"的话，那么，支撑着这个"面"的是三个支撑点，即"译者""翻译生态环境""多维转换"（具体而言，就是三维转换）。可以说，胡庚申的翻译适应选择论以及后来提出的生态翻译学基本上是建构在这个"面"及三个"点"之上。

2006年8月在北京召开的"翻译全球文化：走向跨学科的理论建构"国际会议上，胡庚申正式提出了"翻译生态学"，并对之进行了系统论述，后来，该文又题为"生态翻译学解读"刊发在《中国翻译》2008年第6期上。胡庚申2011年在《中国翻译》第2期发表的《生态翻译学的研究焦点与理论视角》把翻译生态学的研究焦点及视角细化为生态范式、关联序链、生态理性、译有所为、翻译生态环境、译者中心、适应/选择、三维转换以及事后追惩等（胡庚申，2011：5）。不过，对生态翻译学阐述得最为系统且较为成熟的论述要数胡庚申在2013年10月由商务印书馆出版的厚达五百多页的《生态翻译学——建构与诠释》一书。该书对作者自己以前对翻译生态的一些散论进行了补充，对其他学者如苏正隆（2010）、王宁（2011）、道格拉斯·迈克诺特（Douglas McNaught）等[1]对生态翻译的一些异议进行了整合，还对生态翻译学的研究焦点及视角进行了重新分类，增添了一些新的内容，如把生态整体主义及中国古代的生态智慧作为翻译生态学的理论基础，把学科交叉、相似类比、概念移植以及系统综观等作为其研究方法，还把生态翻译的宏观研究作为生态翻译学的一大重要组成部分；此外，该书还对其他学者对翻译生态学的一些质疑和批判进行了说明或辩护。不过，该书的最大特点是把生态翻译学分为"宏观""中观""微观"，这既是该书最核心的内容，也是其最大的"看点"。"宏观"篇阐述的是翻译管理生态系统、翻译市场生态系统、翻译教育生态系统、翻译本体生态系统、翻译生态环境依托系统以及翻译生态体系的其他研究等，这一章几乎囊括一切有关翻译研究的体系或系统，有泛化之嫌。而"中观"与"微观"的内容基本上还是胡庚申以前所提出的翻译适应选择论，即译者与翻译生态环境的互动作用以及多位转换概念。不同的是，该书按照新的路径把原来论述的要件进行了重新排列组合，并进行了更为详尽的论述。

除了胡庚申的生态翻译学之外，许建忠在《翻译生态学》一书中也谈了翻译与生态之间的互动关系，主要从宏观层面考察影响翻译活动的翻译生态环境以及翻译活动对生态环境的影响。不过，两者有着很大的区别：单从命名来看，"生态翻译学"是从生态的角度来谈翻译，其中心语是"翻译学"，而"生态"是修饰语。此外，生态翻译学有着自己的立论基础，即达尔文进化论中的"适应选择"论，且其整个的论证较为严谨而充分；而许建忠的翻译生态学是从翻译的角度来谈生态，因为"生态学"是中心语，而"翻译"是修饰语。就内容而言，胡庚申的生态翻译学对翻译与生态的结合度紧密一些，而许建忠的翻译生态学只是在外围上谈了翻译与生态的关系问题，几乎都是些散论，重在"喻指"，而"实质"层面上的东西较少。这样，许建忠的翻译生态学在国内没有多大的影响力，

---

[1] 苏正隆是台湾翻译学学会执行长，他在《首届国际生态翻译学研讨会宣读论文》一文中指出，生态翻译是指"对自然生态环境中动植物及景象的翻译"（转引自胡庚申，2013：287）。王宁认为生态翻译就是"既要对所译文本进行细读以发掘其可译性，在翻译的过程中也要尽可能地保存原文本在目的语中的生态平衡"（王宁，2011：10）；换言之，就是在翻译过程中，要保持"文本主义"与"人本主义"之间的一种生态平衡（王宁，2011）。道格拉斯·迈克诺特则运用大自然中的树形、山形、落叶形对译文的排列现状进行"生态化"处理。

接受度也不大。因而，本书论述的重点放在胡庚申的生态翻译学之上。

5.3.2 生态翻译学与奈达翻译观之"面对面"

胡庚申的生态翻译学是建立在新的理论之上，即以生态整体主义为理念，以东方生态智慧为依归，以"选择/适应"理论为基石（胡庚申，2013：80-87），立足于翻译生态与自然生态的同构隐喻，是一种从生态视角综观翻译的研究范式。而奈达的翻译观是建构在语言学、社会语言学、社会符号学、文化人类学、词汇学、信息论等理论基础之上，针对《圣经》翻译之研究而萌发、发展及不断完善的。尽管这两大理论表面上是风马牛不相及，但在主要内容上如出一辙，在精神实质上有神似。

第一，生态翻译学的核心观点是翻译的适应选择论，具体而言就是："翻译过程是译者对以原文为典型要件的翻译生态环境的'适应'和以译者为典型要件的翻译生态环境对译文的'选择'。"（胡庚申，2013：86）胡庚申把第一部分简称为"天择"，即翻译生态环境选择译者，而把第二部分简称为"人择"，即译者接受了原文的生态环境之后，又以翻译生态环境的"身份"实施对最终行文的选择（同上：87）。翻译的适应选择论就是从"天择"到"人择"的转换过程。胡庚申以莎士比亚的十四行诗的翻译为例对"天择"进行说明，认为以原文为典型要件的翻译生态环境要选中的，应当是诗人译者，或者是对译诗有一定造诣的译者，否则，这个译者就难以被原文为典型要件的翻译生态环境所选中，或者说，在这一点上译者就有可能被淘汰掉。接着，胡庚申又以读者为对象对此进行论述，认为儿童文学作品的翻译生态环境选择的是儿童作家译者或是对翻译儿童作品有一定造诣的译者。如果被淘汰的或未被选中的这些译者硬要去翻译，其译品质量就会不尽如人意，可能免不了会受到翻译生态环境的"惩罚"（胡庚申，2004：121-122）。

关于翻译的生态环境选择译者，尽管奈达没有使用这一术语，但说过同样类似的话："对所译题材必须了解，既有一般的了解，又有特殊的了解，这也是对翻译工作者的一项基本要求。不论译者技艺多么高明，如果对所译题材的内涵意义无所知晓，必会铸成翻译大错。"（Waard & Nida，1986：58-59）他还指出，译者必须具备"移情"的本领，即能体会原作者的意图（转引自谭载喜，1999：237）。其实，对原作之了解及"移情"，就是译者适应原作，或原作翻译生态环境选择译者。倘若对原作不了解（包括一般了解及特殊了解），译者也不会去翻译此类文本材料，否则就达不到应有的翻译效果。不过，一个对译语能充分发挥优势的优秀翻译家也不局限于某一种文学题材的翻译，如诗人及翻译家徐迟深谙多种题材的翻译，包括诗歌、小说、散文等，冰心也是如此，既能翻译诗歌，又能翻译文学小说。从这点来说，原文生态环境选择译者这种说法有待于进一步论证。

我们再来看看"人择"，指的是以译者为典型要件的翻译生态环境对译文选择的阶段。至于怎么选择，胡庚申认为，总的原则是"择善而从——即译者为'求存'而'择优'"（胡庚申，2004：125）。即是说，只要译文能被译入语的翻译群落所接受，译者可以灵活运用多种翻译策略如直译/意译、异化/归化等，在具体的句式、语态等微观操作层面上也可适时而变。其实，这种"人择"的观点，与奈达所说的为使译文被译入语读者所接受而对原文做出灵活处理之说法如出一辙。奈达在他的《翻译新视角》一文中说过，翻译就是"译者要做出成千上万次的涉及选择与处理的决定，以顺应另一种文化，顺应另一种语言，顺应不同的编辑和出版商，最后还要顺应读者群"（Nida，2000：7）的过程。为了更好地适应译入语生态环境，译者须在翻译过程中费尽心思，采取各种灵活的策略，照顾到不同的阅读对象、赞助人因素等译入语翻译生态群落，而这一点，奈达给我们做出了很好的示范。在宏观上，他把翻译的过程划分为分析原文、信息传译、译文重组和译文检验四个过程，具有可操作性；而在具体的微观操作层面上，为了适应不同读者的解读能力及潜在的阅读兴趣，奈达认为可以把原文翻译成不同的译文：为儿童而翻译，或为初识文字者而翻译，或为成人识字者而翻译，抑或为专业人士而翻译等（Nida，2004：158）。此外，他还使用了"功能对等"这个总闸来协调原文与译文之间的平衡，在原理上也具科学性。

第二，生态翻译学上的翻译生态环境与奈达的"语境论"有着"异曲同工之妙"。翻译生态环境又称"译境"，是生态翻译学的一个关键概念，"指的是原文、原语和译语所呈现的'世界'，即语言、交际、文化、社会，以及作者、读者、委托者等（即'翻译群落'）互联互动的'整体'"（胡庚申，2013：90）。它既有大环境、中环境、小环境之分，又有外部环境与内部环境之别；既包括客观环境与主观环境，又包括物质环境与精神环境；等等。尽管生态翻译学中的翻译生态环境是一个新概念，令人耳目一新，给我们的译学研究带来新的契机或活力。然而，反观一下奈达对语境的阐述，我们发现前者已将生态翻译学中的生态环境囊括其中，尽管"貌离"，实则"神合"。例如，奈达把语境分为语言语境与非语言语境，语言语境又包括横组合语境、纵聚合语境、语篇语境等，非语言语境包括口头语境、交际语境、场景语境、受众语境以及文化语境等。而其中的文化语境主要指的是原文及目的语中整个的人文环境，而文化主要指物质文化、精神文化以及制度文化，所以说，奈达的文化语境可以说是囊括了一切人文环境。尽管两者异曲同工，但是奈达的语境论在分类上以及内容的阐述上比生态翻译学中的生态环境论要稍胜一筹。囿于篇幅，在此就不展开阐述，详情请参照3.2.2部分的论述。尽管胡庚申认为，生态翻译学中的"翻译生态环境"与"语境"有所不同，如，语境就不包括语言本身或语言使用（胡庚申，2013：89），然而，我们发现，奈达语境中的横组合语境与纵聚合语境就是一种语言的组合关系，是一种静态的语言搭配关系，应该属于语言本身或语言的使用语境。从这一点来看，奈达的语境论与"生态环境"也别无二致，实乃貌离神合。

第三，生态翻译学中的"译者中心论"或"译者主导论"在奈达的翻译观中也体现得淋漓尽致。生态翻译学的一大特色就是突显译者的作用，把译者从"原文—译者—译文"这三元关系的流程中抽离开来并加以浓化，把活生生的、感性的、富有创造性的译者推向译论的前台。而这一理念最终的落实则体现在两个层面："一个是在微观操作层面、在翻译过程中的'译者主导'；另一个是在宏观理性层面、在翻译伦理层面的'译者责任'。"（胡庚申，2013：221）其实，微观操作层面以及翻译过程中的译者主导，具体就是译者在与"翻译群落"其他成员的关系中起到主导作用，使译文最终在译文的生态环境中得以存活以及长期有效；此外，微观层面上的"译者主导"还体现在译者主体性在具体翻译实践过程中的充分施展。而这一点，奈达的翻译观均已触及，并进行了深入细致的阐述。例如，在微观的翻译操作层面上，奈达是在竭力调节原文作者与译文读者之间的关系，既要使原文作者的一切在译文中得以体现，又要照顾译文读者的接受力，还要照顾到目的语中其他角色的感受，如出版商、编辑等。在翻译的具体实践过程中，奈达的翻译思想可以说是充分发挥了译者的主体性。

我们知道，所谓译者的主体性指的是译者在翻译活动中表现出来的本质特征，即翻译主体能动地操作原本（客体）、转换原本，使其本质力量在翻译行为中外化的特征，一言以蔽之，指的就是译者的主观能动性（方梦之，2011：91）。译者的主体性这一点，在奈达实施翻译行为过程的分析、传译、重组和检验四个阶段得到了充分体现：在分析阶段，主张对原文做到体贴入微，竭力"达旨";在传译阶段,主张充分利用译入语的优势,寻找自然对等语;在重组阶段,主张为适应译入语的生态环境而进行修订或增补;而在检验阶段,注重"事后追惩[1]"制约机制的介入。这一切无不凝结了译者的主体性。而在宏观理性层面、在翻译伦理层面的"译者责任",奈达在其翻译观中也进行过更为严密且深入的阐述:

> 翻译工作者要想做出一流的译品,必须具备某些基本的条件。一个最重要的条件就是语言能力强,能够准确、清晰以及流畅地表达思想。翻译工作者必须才思敏捷、反应迅速,记忆力强。还必须具有语言创造力。……对所译题材必须十分了解,既有一般的了解,又有特殊的理解,这也是向翻译工作者提出的基本要求。……翻译工作者还必须心智诚实,具有译德。……翻译工作者必须能够与人共事,欢迎并接受别人的意见,否则不宜参与任何翻译项目。(Waard & Nida,1986:58-59)

第四,生态翻译学中"文本移植说"所牵涉的"三维转换"(语言、文化与交际)与奈达为取得"功能对等"而采取的对原文一系列之"改写",可谓是"志同道合"。生态翻译学认为,所谓翻译就是"文本移植","将一种语言生态系统里的文本移植到另一种语言生态系统中去"(胡庚申,2013:201)。由于每一文本都有着各自独特的语言生态及文化生态,有着固有的文本生态结构系统,所以,"当把文学作品从一种语言移植到另一种语言的时候,就像把植物或动物,从一个地方迁移到另一个地方,它们就像个人或民族的'适应'和成长那样,只有适应新的环境而有所改变才能生存下来"(Warren,1989:6;胡庚申,2013:200)。翻译生态学认为,而为了适应新的环境,并能在新的环境得以"求存、生效"(胡庚申,2004:42),或为了取得较高的"存活度"(胡庚申,2013:241),就得对原文进行"三维转换",即语言维、文化维、交际维上的转换。具体而言,翻译时,在语言层面上要关注文本的语言表达,把原文表达形式的输出以及接受语读者的接受力协

---

1 这是胡庚申生态翻译学中的一个专业术语,指的是"译事之后对译文的评判与处理"(胡庚申,2004:112)。

调好；在文化层面上要考虑翻译的语境效果，即接受语对"异域文化"的承受力，译文能否在接受语文化语境中得到接受；在交际层面上就是使原文的交际意图在译文中得以呈现。

其实，奈达的翻译观也是一种使原文在接受语中得以生效及存活的翻译观，与生态翻译观有异曲同工之妙。在语言表达上，一方面注重在接受语中寻找自然对等语，另一方面注重原文形式的保留，努力在两者之间寻找一种"生态平衡"，在文化维度上，奈达认为翻译家不应进行文化翻译，而应对原文文化给予保留，只有在三种情况之下才对文化或文化因素进行加工处理："（1）语篇可能引起读者的误解；（2）语篇在读者看来可能毫无意义；（3）译文'语义过载'而不能为一般读者所看懂。"（Nida，1969：110）但是，另一方面，奈达又要考虑到目的语读者的接受能力，所以，翻译时，又不得不对文化进行调和，最终使翻译达到一种较好的接受效果；至于交际层面，奈达论述得更为深刻，因为奈达主张"翻译就是一种交际"，"必须清晰地反映原文的意义和意图"（Nida，2004：166）。除此之外，奈达还讲究在其他层面上进行调整，如受众语境、及时交际语境等。总之，奈达的调整幅度及宽度[1]要比这"三维转换"要多些，真正做到了多维转换。

综上所述，生态翻译学中许多内容，甚或核心思想与奈达的翻译观存在很大程度的相似或类似之处，由于篇幅有限，对此就不一一进行比照阐述。此外，由于生态翻译观与奈达的翻译观是如此之"叠影重重、心心相印"，我们从中能领略到：奈达的翻译思想在现实的翻译研究中呈现出旺盛的生命力及强大的生存力，不仅如此，还对当下的热点译学"生态翻译学"之建设具有一定的借鉴或启迪作用。

5.3.3 对当下生态翻译学建设的几点思考

生态翻译学是一门利用生态理性特征、从生态学视角对翻译进行综观的整体性研究学科，给我们的翻译研究增添了新的"兴奋点"及"增长点"，刷新了人们对一些翻译研究现象的认识，拓宽了翻译研究的研究视域，产生了新的翻译研究范式。但是，通过生态翻译学与奈达翻译观之"面对面"，我们发现，生态翻

---

[1] 有关奈达对原文进行调整的论述，参见上海外语教育出版社2004年版《翻译科学探索》第226-240页。

译学有一些需要充实的地方，存在一定的提升空间。

第一，正如胡庚申所说，生态翻译学毕竟建构于翻译生态与自然生态系统特征之同构隐喻和概念类比基石之上，因而，生态翻译学的内容"喻指"的多，"实指"的少。如，在提到"翻译生态环境"时，其论述还是万变不离其"语境"，尽管胡庚申反复指出，"翻译生态环境"在内涵上比"语境"要宽，是一种"译境"，指原文、原语和译语所呈现的"世界"，是一种制约译者最佳适应和优化选择的多种因素的集合体。然而，这一定义其实是"语境"概念的泛化。另外，胡庚申在对"译境"进行分类时，只是把它分为大、中、小环境，或外部环境和内部环境，但是，这些细化的环境之具体所指也是语焉不详。而奈达在对语境进行分类时，不仅做到了细化，还进行了非常翔实的阐述。又如，在论述译者与翻译生态环境之间的互动关系时，胡庚申说道，适应选择包括以原文为要件对译者进行适应以及以译者为要件对译文的最终行文的选择，但其具体的论述显得空洞苍白。有关生态翻译学"实指"层面的内容，尤其是对语境进行分类等方面的"实指"，我们期待着胡庚申给我们呈现出更为精彩的界定或论述。

第二，在喻指的层面上，"本体"与"喻体"之间的契合度能否更为贴近。生态翻译学中的适应选择论是借用了达尔文进化论中的内容。达尔文在其适应选择论中提到，自然界中的物种对环境的适应以及环境对物种的选择是绝对的、"刚性"的。一旦大自然对某个物种进行了淘汰，就意味着该物种"绝迹""消失""灭绝"，如恐龙、南极狼等；而生态翻译环境对某个译品的适应选择则是相对的，某个译品在某个时期可能被"淘汰"，但是，随着时间的推移，该译品可能会被"激活"而深受人们的喜爱。例如，鲁迅主张硬译的译品在他那个时代可能被"淘汰"了，不过，现在主张异化的学者或读者对鲁迅的这种译品却"情有独钟"；此外，林纾的翻译作品也是如此，限于篇幅，在此就不展开阐述。总之，一个是"刚性"的喻体，而另一个是"柔性"的本体，如何把这两者进行更好地结合，或找到更好的契合度，是值得我们深思的问题。

第三，为生态翻译学多注入"特质"，增强本学科之"个性"。通过生态翻译学与奈达翻译观之比照可发现，生态翻译学几乎还没有跳出传统译论的窠臼，如"译者中心论或主导论"，"三位转换"之文化维、语言维和交际维，事后追惩中的读者反应等。"译者中心论或主导性"其实就是译者的主体性研究或翻译主体性研究。就国内对这两者的研究状况而言，段峰的《文化视野下文学翻译主体性研究》、葛校琴的《后现代性语境下的译者主体性研究》这两本专著把翻译主体性以及译者主体性谈得很透。至于生态翻译学中的"三位转换",其实质是顺应目的语的接受语境而进行一系列"改写",多少带有"顺应论"的影子,而顺应翻译论又是人们常谈的语用翻译的重要组成部分,也研究得很普遍;而对读者反应,无论是论述的深度还是广度,也很难出奈达之"右"。无可否认,就论述的视角而言,生态翻译学是从生态理性对以上问题进行审视的,能够刷新人们对以上概念的认识,增强人们对以上概念的感性认知,不过,这些认识只停留在"喻指"层面,建构在隐喻同构认知之上,至于"实质"层面的学科"个性",我们期待着有更多的养料不断填入,使这门新兴的学科不断得到丰满,不断走向成熟。

第四,圈定自己的研究"疆域",锁定本学科的研究焦点。我们主张不断地为本学科开疆拓域,丰富本学科的研究内容,但要有一定的界定,承认自己领域的有限性,否则就有"万金油"学科之嫌(陈水平,2014:71)。如果一门学科什么都研究,什么都研究不透,结果就会什么都不是。生态翻译认为其内涵丰富,是一个整体概念,其研究的具体内容是:

> 既可以指以生态视角综观翻译整体,也可以指以自然生态隐喻翻译生态;既可以指维护翻译语言和翻译文化的多样性,也可以指运用翻译促进生态环境保护和生态文明发展;既可以指以生态适应来选择翻译文本,也可以指以生态伦理来规范"翻译群落";当然也会包含以生态理念来选择生态翻译文本以及翻译生态自然世界,等等。如果单一地从文本角度来看,生态翻译也可以指基于原语生态和译语生态的"文本移植"。(胡庚申,2013:206)

从以上对生态翻译的论述,可推论出生态翻译学研究的内容可能包罗万象,囊括一切,只要带上"生态"的东西,都可以成为生态翻译研究的对象,这样,研究范畴就有点扩大化。倘若如此,生态翻译学就显得没有自己的学科"疆域"及研究焦点。另外,从生态翻译学研究对象的类别来看,即"宏观""中观""微观",生态翻译学的研究范畴也有点扩大化。

我们再来看看奈达的翻译观,其研究的焦点就是"功能对等",为了取得功能对等,奈达进行了全方位的分析,其整个理论体系也是围绕"功能对等"这个焦点而展开的,如提出"翻译就是交际"这个命题,谈文化翻译、翻译的过程论、读者反应论等，有理有据，研究理路严密、严谨，研究路径清晰，即由"点"到"面"而展开。一言以蔽之，生态翻译学应从奈达对其翻译思想的构筑中学会如何实实在在地限定或扩大本研究范式的论说范围，如何使本研究范式得以充实，获得成熟的思维方式。

　　生态翻译学是一门崭新的学科，"在中国学者提出之前是'世界上原本没有的东西'，可谓之'无中生有'"（胡庚申，2013：2），使国内译学界实现了译论生产之零突破，也为国际译学界奉献了自己的绵薄之力。不过，我们还是认为，目前生态翻译学研究的内容是散而不专，"引"而未"发"，阐述有余，建构不足，离一门真正成熟的研究学科还有一定的距离，存在一定的提升空间。用王宁的话来说，"生态翻译学还任重而道远，它距离一个成熟的翻译学子学科还有相当漫长的路要走"（王宁，2011：15）。"一门新学科的建立绝不是一朝一夕就可完成的，它只是几代学者共同努力的结果。"（李运兴，1999：61）我们期待今后的生态翻译学研究呈现出更多以及更好的成果，不断呈现出更鲜明的个性化特征，不断完善自己，最终走向成熟。

　　翻译的文化转向之后，翻译研究呈现出跨学科之性质，具有"杂合"之特征，出现了文化翻译、翻译伦理以及生态翻译学等新的翻译研究对象，这既为翻译研究增添了新的研究视角，拓宽了翻译研究的视域，也极大地推动了翻译研究的向前发展。通过以上对奈达翻译思想与这些新的翻译研究之比照，可以发现，这些新的译学理论所蕴含的译学思想不出奈达翻译思想之"右"，有些方面比奈达翻译思想略逊一筹，可见，奈达翻译思想不仅没有过时，在当下的翻译研究中还显示了旺盛的生命力及强大的生存力，给当下的译学研究和建设也提供了一定的启示或借鉴。

6

结 论

6 结 论

奈达是迄今美国翻译理论界最著名的代表，也是当代整个西方翻译理论界最具影响的人物之一，其翻译理论在当代美国以及整个西方翻译研究领域占有重要的位置，"在西方翻译理论历史上，不敢说'绝后'，但至少是'空前'的"（刘军平，2019：173）。由此，一些人把奈达称为"现代翻译之父"（Father of Modern Translating），甚至翻译界的"阿基米德"（the Archimedes）或"掌门人"（Patriarch）（Nida，2003：138）。然而，随着时间的推移，奈达的翻译理论为中外学者所诟病，在中国译学界尤为如此：总是先给奈达的理论冠以"结构主义"的帽子，便不屑一顾，然后弃若敝屣[1]，或"常常对奈达的一些核心理论横加批评，甚至彻底否定"（谭载喜，2011：4），或大有全盘否定之趋势。孔子曰："众好之，必察焉；众恶之，必察焉。"（《论语·卫灵公》）鉴于此，本书对奈达的翻译思想进行了全面系统的深入研究，现简要回顾和总结如下。

第一章对奈达的生平进行了较为翔实的介绍。孟子曰："颂其诗，读其书，不知其人，可乎？"翻译研究亦是如此，研究一个翻译家的思想，有必要对该翻译家的生平有所了解，职是之故，对奈达的生平做一介绍是非常必要的。考虑到以往学者对奈达曾做过一些介绍，本书将重点放在奈达的语言学家以及文化人类学家的背景之上，以及由此对奈达学术研究成就所带来的影响之上，尽力把一个丰满鲜活的奈达全景式地呈献给读者，目的是让读者对奈达及其翻译思想更为了解。

第二章理顺并阐释了奈达的翻译思想。本章首先对奈达提出的十大翻译悖论进行了梳理及阐释。接着对奈达的核心翻译思想——交际翻译理论进行了重点阐释，其内容主要围绕翻译过程、功能对等论以及该理论的合法性来展开。在阐述过程中特别指出，奈达对原文意义的分析不仅运用了语义学的相关知识，而且更

---

[1] 参见中国社会科学出版社2008年版《传承与超越：功能主义翻译目的论研究》"序"第8页。

多的是从认知语言学的视角去进行阐释，同时强调，奈达还运用了认知语言学中的象似性原理构筑了自己的功能对等论，这对我们认识奈达的翻译思想之构筑基础具有重大的意义。接着，对奈达所提出的翻译程序进行了阐述。最后，本章论述了奈达的文化人类学背景对其翻译思想所产生的影响，而这在以往对奈达翻译思想的研究中是缺失的。

第三章首先在以往学者研究的基础上，尝试性地提出奈达翻译思想的主体性质应为语用翻译，并初次较为系统地论述了奈达的语用翻译观。当下译学界尤其在中国译学界，很多学者认为奈达的翻译思想属于受索绪尔结构主义语言学影响下的结构主义译学思想，对其不屑一顾，弃若敝屣[1]。笔者认为，奈达的翻译思想受语用思想的影响很大，应为语用翻译观，奈达在书中多次提到维特根斯坦后期的语言哲学观以及莫里斯的语用观，而却并未提及索绪尔的语言观，在其主要翻译著作后面也没有有关索绪尔的参考文献。本章主要从语用意义观、语境观、功能对等论本身所蕴含的语用思想以及语用学的相关知识等层面论述了以上所提到的观点，说明了把奈达的翻译思想定为机械化、程式化、简单化的结构主义翻译观是不准确的，应将其定为灵活的语用翻译观。

第四章阐述了奈达翻译思想在中国的传播及误读。本章先简述了奈达翻译思想为什么能在20世纪80年代在中国得到广泛传播；接着分阶段把奈达翻译思想在中国的引介以及研究过程和特征进行了梳理、归类及总结，并做出相应的评述，让读者对奈达翻译思想在中国的传播得到全方位的了解。本章还指出，目前译学界，尤其是中国译学界对奈达翻译思想的认识还存在误区，对其翻译思想的了解还有待加强；最后撷选了几个典型的有关奈达翻译思想误译误读的实例进行了分析和考辨，目的是使中国译学界进一步增进对奈达翻译思想的认识和了解。

第五章主要从奈达翻译思想的视角对当下的译学研究"热点"如文化翻译、翻译伦理以及生态翻译学进行了重新审视，指出了这些研究热点的缺陷或不足，以及进一步发展的空间，同时认为奈达的翻译思想并没有过时，显示出强大的生命力，对当下的"热点"译学研究仍然具有参考和借鉴作用。

总之，本书对奈达的主体翻译思想诸如翻译悖论、翻译过程、翻译程序、功能对等论等进行了重新阐释；在以往学者研究的基础上，提出奈达翻译思想的

---

1 参见中国社会科学出版社2008年版《传承与超越：功能主义翻译目的论研究》"序"第8页。

6
结　论

语用性质，并初步对此进行了较为系统的阐述；对奈达翻译思想在中国的传播进行了梳理、归类及总结，并就国内对奈达翻译思想的一些争议之处谈了自己的一些刍荛之见；最后，还把奈达翻译思想与当下的译学研究进行了比照阐述，指出奈达翻译思想具有强大的生命力及生存力，对当下的译学研究具有借鉴和启示作用。

通过对奈达翻译思想的研究，我们发现奈达的主体翻译思想，尤其是功能对等论具有语用之性质，对我们的翻译实践具有很大的指导作用，有很大的实用性。用罗选民的话说，奈达的翻译思想主要"用于对翻译操作的指导，更多是实用性的"（罗选民，2002：93）。奈达对翻译过程（即分析原文、信息传译、译文重组以及译文检验）科学化之概念的提出，并孜孜以求地对其加以完善，是奈达翻译思想的一大特色及亮点，尽管存在种种缺陷或不足，但毕竟为翻译过程之研究增添了新的一维，为我们对翻译过程之研究增添了新的路径，丰富了对翻译过程研究的内涵。

不过，我们知道，在人类历史的长河中，任何学说都不可能是十全十美的，不可能解决人类社会的一切问题，更没有放之四海而皆准的绝对真理，"一种理论只代表一种思想体系，而不是所有的思想体系"（罗选民，2009：101）。奈达的翻译思想亦概莫能外，缺陷或不足也难以避免。

奈达提出了翻译科学这一概念，仅仅指对翻译过程的孜孜追求以及不断完善，使之科学化，并没有指涉翻译领域的其他方面；此外，其对翻译过程的研究也不是十全十美，忽略了文本外因素以及译者因素对翻译过程的影响等。其实，翻译科学或曰翻译学建构的是一个复杂的体系，研究范畴要广泛得多，不仅包括对翻译过程之研究，还包括其他方面的研究，如译文影响之研究（即译介学）、文本外因素对译文的影响等。用穆雷的话说，"只有系统、全面、科学地研究翻译过程、本质及规律等的学问，即翻译科学或翻译学，才是一门科学"（穆雷，1989：76）。除此之外，奈达对翻译中的语境分类也过于庞杂，缺乏分类机制，等等，不一而足。

不过，我们对于奈达及其翻译理论要进行全面的认识，不能求全责备，不要轻易全盘否定奈达翻译思想，因为：

> 任何一种理论，只要它能够自圆其说，并能产生较大的影响，就足以证明其存在的价值和意义，我们不应该因为某种理论得势，就将其视

为"放之四海而皆准的真理",也不应该因为某种理论失势而将其视为千疮百孔、一无是处的谬论。(卞建华,2008:220)

尽管取得了以上研究成果,但须指出的是,由于手头资料不足以及个人能力的局限性,本书也存在一些缺陷或不足。

第一,在以往学者研究的基础上对奈达语用翻译之性质的初步界定,以及尝试性地对之进行较为系统的阐述,显得"心有余而力不足",有待进一步拓展和深化。笔者试图运用跨学科的知识尝试性地对奈达的翻译思想之性质进行初步阐述,然而,由于跨学科知识不是很扎实,对这一部分的阐释显得捉襟见肘、左支右绌。

第二,由于对奈达有关人类学与翻译之关系的阐述之资料收集不足,笔者对这一部分的阐述显得苍白,有的解释比较模糊,有的单凭个人理解,主观性有点重。

第三,对奈达翻译思想在中国的传播所产生的争议以及该思想在"中国化"过程中出现的倾向性问题提出的自己的见解和主张,由于语料采集、论文篇幅以及能力的局限性,只是一家之言,仅供大家参考,还有待进一步深入探讨,若有不当之处,请多多包涵,加以批判及指正。

第四,由于有关奈达的资料未能全部收齐,尤其是缺失奈达在20世纪50年代在《实用人类学》这个期刊上发的文章,因而,笔者所做的只是在现阶段、现有条件下,利用现有资料来进行探讨,对奈达翻译思想的解读未免挂一漏万、失之偏颇。

总之,由于各种原因,本书存在不足及缺陷,只当抛砖引玉。另外,值得特别一提的是,谭载喜对奈达翻译思想的引介以及相关研究,为我们了解与认识奈达及其翻译思想做出了卓越的贡献。而在对奈达翻思想的具体研究之上,马会娟曾做过专门的研究,尤其在对奈达的功能对等论在文学翻译的适用性和局限性以及在西方研究的相应状况等方面研究得较为详细及深刻;同时,马会娟还对奈达的功能对等论与国内学者金隄提出的等效论进行了专门的对比研究,析出了两者的异同,加深了我们对奈达功能对等论的认识。如果没有谭载喜、马会娟等先前的研究成果做铺垫,本书的研究也不会进展得很顺利,更不会取得以上对奈达翻译思想的进一步认识,对此,笔者表示非常感谢!同时希望谭载喜、马会娟以及笔者的研究,能够共同推进对奈达翻译思想的研究,更加深化对奈达翻译思想的

6 结 论

认识与了解；也希冀各位学者、专家带着各自不同的"期待视野"，对本书提出宝贵的意见，只有这样，我们对奈达的翻译思想的认识才会集采众长，给予较为全面、深刻的评价，并由此促进中西译论的结合以及中国翻译研究的发展。

参考文献

白解红，2000. 语境与语用研究. 湖南师范大学学报：社会科学版（3）：88-92.

包惠南，2001. 文化语境与语言翻译. 北京：中国对外翻译出版公司.

包惠南，包昂，2000. 实用文化翻译学. 上海：上海科学普及出版社.

卞建华，2008. 功能主义翻译目的论研究：传承与超越. 北京：中国社会科学出版社.

卜玉坤，王晓岚，2009. 基于功能对等理论的中国文化专有项英译策略. 东北师大学报：哲学社会科学版（1）：85-89.

蔡平，2008. 文化翻译研究. 长沙：湖南师范大学.

蔡新乐，2005. 翻译的本体论研究：翻译研究的第三条道路、主体间性与人的元翻译的构成. 上海：上海译文出版社.

蔡毅，1995. 关于国外翻译理论的三大核心概念——翻译的实质、可译性和等值. 中国翻译（6）：7-10.

曹明伦，2005. 当代西方翻译理论引介过程中的误读倾向. 上海翻译（3）：4-9.

曹明伦，2013. 翻译之道：理论与实践. 修订版. 上海：上海外语教育出版社.

曹明伦，2009. 爱伦·坡作品在中国的译介——纪念爱伦·坡200周年诞辰. 中国翻译（1）：46-50，93.

曹明伦，2011. 以所有译其所无，以归化引进异质——对新世纪中国译坛异化归化大讨论的回顾与反思. 西南民族大学学报：人文社会科学版，（4）：114-119.

曹明伦，2013. 谈深度翻译与译者的历史文化素养. 中国翻译（3）：117-119.

曹明伦. 知其人·论其世·译其文.（2012-09-29）[2013-06-28]. http://blog.china.com.cn/sc_literature_translation/art/8540467.html.

曹青，1995. 奈达理论与跨文化翻译. 浙江大学学报：社会科学版（3）：98-103.

曹维源，1991. 当代社会科学概要. 北京：中国广播电视出版社.

曹曦颖，2007. 奈达与格特翻译理论比较研究. 四川师范大学学报：社会科学版（4）：86-90.

草婴，许均，1999. 老老实实做人，认认真真翻译. 译林（5）：209-214.

柴军，2003. 对翻译中读者反应理论的思考. 长安大学学报：社会科学版（3）：92-

93，97.

陈大亮，2005. 翻译研究：从主体性向主体间性转向. 中国翻译，2005（2）：3-9.

陈道明，1999. 翻译中的"部分功能对等"与"功能相似". 外国语（4）：63-68.

陈东成，2012. 文化视野下的广告翻译研究. 北京：中国社会科学出版社.

陈东东，吴道平，1987. 也谈深层结构与翻译问题. 外语学刊（2）：8-14.

陈福康，2011. 中国译学理论史稿. 上海：上海外语教育出版社.

陈刚，2004. 旅游翻译与涉外导游. 北京：中国对外翻译出版公司.

陈宏薇，2001. 从"奈达现象"看中国翻译研究走向成熟. 中国翻译（6）：46-49.

陈科芳，2010. 修辞格翻译的语用学探解. 上海：复旦大学出版社.

陈琳，1994. 尤金A. 奈达和彼得·纽马克翻译理论之比较. 湘潭大学学报：社会科学版（4）：87-91.

陈水平，2014. 生态翻译学的悖论——兼与胡庚申教授商榷. 中国翻译（2）：68-73.

陈伟，2012. 语言哲学意义理论的嬗变与翻译研究范式的变迁. 外语教学（4）：100-103.

陈卫斌，2004. 欠额翻译与超额翻译的界定及规避策略. 福州大学学报：哲学社会科学版（1）：34-36，112.

陈晓明，杨鹏，2011. 结构主义与后结构主义在中国. 2版. 北京：首都师范大学出版社.

陈亚丽，2000. 超越"直译"、"译意"之争——论奈达的"动态对等"理论在英汉互译中的意义. 北京第二外国语学院学报（2）：46-50.

陈永国，2005. 翻译与后现代性. 北京：中国人民大学出版社.

陈志杰，吕俊，2011. 译者的责任选择——对切斯特曼翻译伦理思想的反思. 外语与外语教学（1）：62-65.

成昭伟，2006. 简明翻译教程. 北京：国防工业出版社.

崔永禄，1999. 加强语言学翻译理论研究. 天津外国语学院学报（1）：13-18.

戴灿宇，1987. 论奈达翻译理论中的动态对等. 外语教学（3）：61-64.

党争胜，2008. 从解构主义译论看翻译教学中的归化与异化. 外语与外语教学（11）：60-62.

迪里索，利加恩克，科米尔，2004. 翻译研究关键词. 孙艺风，仲伟合，编译. 北京：外语教学与研究出版社.

刁克利，2012. 翻译学研究方法导论. 天津：南开大学出版社.

丁国旗，姜淑萱，2005. 也谈"对等"与"相当". 外语研究（6）：68-70，79.

董史良，1997. 对当前翻译研究的思考. 中国翻译（6）：2-5.

杜玉生，何三宁，2010. 复杂性思维与翻译理论创新. 湖北大学学报：哲学社会科学版（3）：119-122.

段峰，2006. 深度描写、新历史主义及深度翻译——文化人类学视域中的翻译研究. 西华师范大学学报：哲学社会科学版（2）：90-93.

段峰，2021. 文化视野下文学翻译主体性研究. 2版. 成都：四川大学出版社.

段峰，2013. 文化翻译与作为翻译的文化——凯特·思特奇民族志翻译观评析. 当代文坛（3）：152-155.

范文芳，1992. 文化翻译与读者. 上海科技翻译（3）：11-13.

范祥涛，2006. 奈达"读者反应论"的源流及其评价. 外语教学（6）：86-88.

方梦之，2003. 20世纪下半叶我国翻译研究的量化分析. 外语研究（3）：50-56，60，80.

方梦之，2004. 译学辞典. 上海：上海外语教育出版社.

方梦之，2011. 中国译学大辞典. 上海：上海外语教育出版社.

方梦之，2019. 应用翻译研究：原理、策略与技巧. 修订版. 上海：上海外语教育出版社.

方薇，2012. 忠实之后：翻译伦理探索. 上海：上海外国语大学.

冯庆华，陈科芳，2008. 汉英翻译基础研究. 北京：高等教育出版社.

葛校琴，2006. 后现代语境下的译者主体性研究. 上海：上海译文出版社.

龚晓斌，2009. 中国文化视野中翻译的归化和异化取向. 国外理论动态（2）：70-73.

辜正坤，2004. 互构语言文化学原理. 北京：清华大学出版社.

辜正坤，2010. 中西诗比较鉴赏与翻译理论. 2版. 北京：清华大学出版社.

关朝峰，1997. 试论翻译语言学理论的局限. 天津外国语学院学报（1）：1-5.

郭建中，1983. 译文如何重现原著风格——从《傻瓜吉姆佩尔》的三种译本谈起. 中国翻译（11）：38-42.

郭建中，2000a. 当代美国翻译理论. 武汉：湖北教育出版社.

郭建中，2000b. 翻译中的文化因素：异化与归化//郭建中. 文化与翻译. 北京：中国对外出版公司：271-285.

郭建中，2008. 韦努蒂访谈录. 中国翻译（3）：43-46.

郭秀梅，1982. 谈英文《圣经》"钦定本". 外语教学与研究（4）：10-19，59.

韩普，赵世开，1962. 美国描写语言学的研究近况. 语言学资料（10）：6，11-12.

韩子满，1999. 翻译等值论探幽. 解放军外国语学院学报（2）：68-70.

何怀宏，2008. 伦理学是什么？北京：北京大学出版社.

何慧刚，2000. 等值翻译理论及其在英汉翻译中的运用. 山东外语教学（2）：46-48，53.

何立芳，2008. 论中西译学理论的互补性. 西南民族大学学报：人文社科版（9）：266-267.

何瑞清，2005. "对等"？"相当"？"对应"？上海翻译（4）：77-78.

何兆熊，1987. 语用、意义和语境. 外国语（5）：8-12.

何兆熊，2000. 新编语用学概要. 上海：上海外语教育出版社.

何自然，1987. 什么是语用学. 外语教学与研究（4）：20-25.

何自然，1997. 语用学与英语学习. 上海：上海外语教育出版社.

何自然，2007. 语用三论：关联论·顺应论·模因论. 上海：上海外语教育出版社.

何自然，冉永平，2009. 新编语用学概论. 北京：北京大学出版社.

衡孝军，1995. 等值翻译理论在汉英成语和谚语词典编纂中的应用. 中国翻译（6）：16-18.

侯国金，2008. 语用学大是非和语用翻译学之路. 成都：四川大学出版社.

侯向群，1994. 接受理论与翻译探讨. 山东外语教学（1）：19-22.

候世达，1996. 哥德尔、艾舍尔、巴赫——集异璧之大成. 郭维德，译. 北京：商务印书馆.

胡庚申，2004. 翻译适应选择论. 武汉：湖北教育出版社.

胡庚申，2011. 生态翻译学的研究焦点与理论视角. 中国翻译（2）：5-9，95.

胡庚申，2013. 生态翻译学：建构与诠释. 北京：商务印书馆.

黄国文，2001. 语篇分析的理论与实践——广告语篇研究. 上海：上海外语教育出版社.

黄娟，1999. 意义与翻译. 山东外语教学（3）：22-26.

黄龙，1988. 翻译学. 南京：江苏教育出版社.

黄天源，1991. "似"也是一种"忠实"——兼论"忠实"作为翻译标准. 语言与翻译（4）：26-29.

黄远鹏，2010. 再论奈达翻译理论中的"功能对等". 西安外国语学院学报（4）：101-104.

黄远鹏，范敏，2011. 关于应用翻译理论解释现象的思考——基于对格特的关联翻译理论与奈达的对等理论之比较. 西安外国语学院学报（3）：65-68，72.

黄振定，1999. 翻译学是一门人文科学. 外语与外语教学（2）：33-35.

黄忠廉，2009. 文化翻译层次论. 中国俄语教学（2）：73-77.

霍克斯，1987. 结构主义和符号学. 瞿铁鹏，译. 上海：上海译文出版社.

季羡林，1997. 序//林煌天. 中国翻译词典. 武汉：湖北教育出版社.

季羡林，2007. 季羡林谈翻译. 北京：当代中国出版社.

贾文波，2012. 应用翻译功能论. 2版. 北京：中国对外翻译出版公司.

姜海清，2004. 言语行为理论与翻译. 苏州大学学报：哲学社会科学版（1）：77-80.

蒋磊，1994. 谈商业广告的翻译. 中国翻译（5）：38-41.

蒋童，2008. 从异化翻译的确立到存异伦理的解构：劳伦斯·韦努蒂翻译理论研究. 北京：首都师范大学.

蒋骁华，2002. 印度的翻译：从文化输出到文化抗衡. 中国翻译（2）：75-77.

蒋骁华，宋志平，孟凡君，2011. 生态翻译学理论的新探索——首届国际生态翻译学研讨会综述. 中国翻译（1）：34-36.

金隄，1998. 等效翻译探索（增订版）. 北京：中国对外翻译出版公司.

柯平，1992. 英汉与汉英翻译教程. 北京：北京大学出版社.

劳陇，1983. "雅"义新释. 中国翻译（10）：13-16.

劳陇，1984. 望文生义——试谈深层结构分析与翻译. 外国语（2）：54-57.

劳陇，1989. 从奈达翻译理论的发展谈直译和译意问题. 中国翻译（3）：3-6.

劳陇，1990. "殊途同归"——试论严复、奈达和纽马克翻译理论的一致性. 外国语（5）：50-52，62.

劳陇，1994. 试论现代翻译理论研究的探索途径——兼评《中国现代翻译理论的任务》文. 外国语（4）：29-35，80.

劳陇，1996. 丢掉幻想 联系实践. 中国翻译（2）：38-41.

乐眉云，1989. 语言学与翻译理论. 外国语（5）：27，36-41.

黎永泰，黎伟，2004. 全球化中文化共性与个性的共时扩大. 四川大学学报：哲学社会科学版（6）：15-19.

李锛，2011. 商务英语翻译与文化信息等值研究. 广东外语外贸大学学报（6）：77-80.

李传伟，1999. 翻译的最高境界——"得意忘言". 湘潭大学学报：哲学社会科学版（1）：117-118.

李大刚，1994. 从乔姆斯基的语言观再论奈达的翻译思想. 山西大学学报：哲学社会科学版（1）：74-77.

李红梅，2007. 奈达"功能对等"理论在品牌翻译中的应用. 齐齐哈尔大学学报：哲学社会科学（7）：134-135.

李坚，1987.《翻译研究论文集》读后.上海科技翻译（5）：37-38.

李菁，2009.翻译研究的语用学转向.上海：上海译文出版社.

李泰然，1988.翻译——文化的移植.中国翻译（2）：28-30.

李田心，2001.再读《必须建立翻译学》有感——与谭载喜教授商榷.福建外语（1）：44-48，72.

李田心，2004.谈奈达翻译理论中几个基本概念词的误读和误译.上海科技翻译（4）：60.

李田心，2005a.不能用"等效"原则解读奈达的翻译理论.外语学刊（2）：72-74.

李田心，2005b.谈译名"功能对等"及由此造成的负面影响.上海翻译（3）：10-13.

李文革，2004.西方翻译理论流派研究.北京：中国社会科学出版社.

李胥森，1985.乔姆斯基的深层、表层结构对翻译的意义.外语教学（1）：59-64.

李运兴，1988.试评奈达的逆转换翻译程序模式.外语学刊（3）：51-55，59.

李运兴，1999.翻译研究中的跨学科移植.外国语（1）：55-61.

廖玲，2006.从动态对等到新著《语言迷》——浅评尤金·奈达翻译理论转变及其指导作用.语言与翻译（4）：48-51.

廖七一，2000.当代西方翻译理论探索.南京：译林出版社.

廖七一，2004.当代英国翻译理论.武汉：湖北教育出版社.

林克难，1988."动态对等"译论的意义与不足.福建外语（Z1）：69-73.

林克难，1992.奈达与纽马克翻译理论比较.中国翻译（6）：2-5.

林克难，1996.奈达翻译理论的一次实践.中国翻译（4）：6-9，16.

林克难，2003.严复——奈达——严复？天津外国语学院学报（4）：1-5.

林克难，2005."喜新"不必"厌旧"——试评翻译理论学习中的一种值得注意的现象.上海翻译（S1）：22-24.

林克难，2006.从对意义认识之嬗变看翻译研究之发展.四川外语学院学报（1）：91-94，116.

林克难，2008.从翻译"世乒"到翻译"奥运"——兼评实用翻译理论十余年的发展.中国翻译（1）：57-60.

林克难，2012.论读者反应在奈达理论中的地位与作用.解放军外国语学院学报（2）：81-85，128.

林书武，1981.奈达的翻译理论简介.国外语言学（2）：1-7，14.

林玉霞，2000. 语境中的横组合与纵聚合关系与翻译. 外语教学（2）：32-35.

刘会英，2008. 试从语用用意和语用功能角度看实用文体翻译. 广西社会科学（6）：170-174.

刘锦明，2003. CULTURE与"文化"的等值翻译. 上海科技翻译（1）：51-54.

刘靖之，1994. 翻译与生活. 香港：法住出版社.

刘军平，1996. 现代翻译科学的构筑：从乔姆斯基到奈达. 外国语（2）：29-32.

刘军平，2019. 西方翻译理论通史. 2版. 武汉：武汉大学出版社.

刘宓庆，1989. 西方翻译理论概评. 中国翻译（2）：2-6.

刘宓庆，1999. 文化翻译论纲. 武汉：湖北教育出版社.

刘宓庆，2005. 中西翻译思想比较研究. 北京：中国对外翻译出版公司.

刘四龙，2001. 重新认识翻译理论的作用——对奈达翻译思想转变的反思. 中国翻译（2）：9-11，16.

刘卫东，2011. 翻译伦理重构之路. 上海：上海外国语大学.

刘小玲，2006. 巴斯内特"文化翻译观"与奈达"读者反应论"比较. 语言与翻译（汉文）（1）：57-60.

刘艳芬，2008. 功能对等原则在文化因素翻译中的作用. 宁夏大学学报：人文社会科学版（6）：147-150.

刘英凯，1987. 归化——翻译的歧路. 现代外语（2）：57，58-64.

刘英凯，1997. 试论奈达"读者反应"论在中国的负面作用. 上海科技翻译（1）：1-6.

刘云虹，1998. 可译与等值. 上海科技翻译（3）：1-3.

刘峥，1991. 论翻译标准的多元化——从接受理论谈起. 外语研究（3）：53-56.

刘祖培，2000. 翻译等值辩. 中国科技翻译（2）：1-4.

刘祖慰，1986. 现代语言学与翻译理论. 上海科技翻译（1）：4-11.

陆扬，2006. 文化定义辨析. 吉首大学学报：社会科学版（1）：151-154.

卢玉卿，温秀颖，2009. 语言学派翻译研究的意义观——一个历时的视角. 外语教学（1）：104-108.

卢振飞，1994. 论翻译的等值问题. 山东外语教学（2）：31-34.

鲁迅，2005. 鲁迅全集（第8卷）. 北京：人民文学出版社.

罗宾斯，1997. 简明语言学史. 徐德宝，等译. 北京：中国社会科学出版社.

罗承丽，2009. 操纵与构建：苏珊·巴斯奈特"文化翻译"研究. 北京：北京语言大学.

罗进德，1988. 略论符号学的翻译观. 中国翻译（1）：6-9.

罗新璋，1994. 中外翻译观之似与等//杨自俭，刘学云. 翻译新论. 武汉：湖北教育出版社：361-370.

罗新璋，陈应年，2009. 翻译论集. 修订版. 北京：商务印书馆.

罗选民，1990. 话语层翻译标准初探. 中国翻译（2）：2-8.

罗选民，2002. 解构"信、达、雅"：翻译理论后起的生命——评叶维廉《破信、达、雅：翻译后起的生命》. 清华大学学报：哲学社会科学版（1）：90-93.

罗选民，2004. 论文化/语言层面的异化/归化翻译. 外语学刊（1）：102-106，112.

罗选民，2009. 谈我国翻译理论研究的几个基本问题. 中国外语（6）：1，100-105.

罗益民，2004. 等效天平上的"内在语法"结构——接受美学理论与诗歌翻译的归化问题兼评汉译莎士比亚十四行诗. 中国翻译（3）：26-30.

骆贤凤，2012. 后现代语境下的译者伦理研究. 长沙：湖南师范大学.

吕俊，1998. 翻译：从文本出发——对等效翻译论的反思. 外国语（3）：34-39.

吕俊，2007. 吕俊翻译学选论. 上海：复旦大学出版社.

吕俊，侯向群，2006. 翻译学——一个建构主义的视角. 上海：上海外语教育出版社.

马会娟，1999. 对奈达的等效翻译理论的再思考. 外语学刊（3）：74-79.

马会娟，2001. 翻译学论争根源之我见——兼谈奈达的"翻译科学". 外语与外语教学（9）：53-55.

马建忠，2009. 拟设翻译书院议//罗新璋，陈应年. 翻译论集（修订本）. 北京：商务印书馆：192-195.

马凌诺斯基，2002. 文化论. 费孝通，译. 北京：华夏出版社.

蒙兴灿，2009. 后解构主义时代的翻译研究：从双峰对峙走向融合共生. 外语教学（5）：109-112.

孟国华，1991. 翻译定义面面观. 解放军外语学院学报（4）：69-73.

苗力田，2006. 关于亚里士多德著作的汉译//许钧. 翻译思考录. 2版. 武汉：湖北教育出版社：21-25.

莫爱屏，2010. 话语与翻译. 武汉：武汉大学出版社.

穆雷，1989. 关于翻译学的问题. 外语教学（3）：75-79.

穆雷，2011. 翻译研究方法概论. 北京：外语教学与研究出版社.

穆雷，2012. 也论翻译研究之用. 中国翻译（2）：5-11.

奈达，1991. 同构关系和等效翻译. 徐丹，译. 上海科技翻译（4）：38-40.

奈达，1998. 懂英语. 北京：外语教学与研究出版社.

奈达, 1999. 语际交流中的社会语言学. 严久生, 译. 呼和浩特：内蒙古大学出版社.

奈达, 1999b. 语言文化与翻译. 严久生, 译. 呼和浩特：内蒙古大学出版社.

奈达, 2005. 语言学和计算机对《圣经》翻译的贡献. 穆雷, 译. 外国语言文学研究（1）：87-92.

倪万辉, 2004. 从翻译的文化本质看奈达"功能对等"理论之实用性. 西安外国语学院学报（6）：34-36.

潘珺, 2005. 功能对等与交际翻译之交汇点：交际对等. 江苏大学学报：社会科学版（5）：69-72.

潘文国, 2002. 当代西方的翻译学研究. 中国翻译（1）：31-34.

彭红, 1999. 结构调整和语义调整——信息有效重组的保证——以奈达信息传译理论析《科技英语惯用结构》中汉译文的一些失误. 四川外语学院学报（3）：107-112.

彭利元, 2008. 翻译语境化论稿. 长沙：湖南人民出版社.

彭萍, 2013. 翻译伦理学. 北京：中央编译出版社.

钱冠连, 2001. 语用学在中国：起步与展望//束定芳. 中国语用学研究论文精选（修订本）. 上海：上海外语教育出版社：55-65.

钱霖生, 1988. 读者的反应能作为评价译文的标准吗？——向金堤、奈达两位学者请教. 中国翻译（2）：42-44.

秦洪武, 1999. 论读者反应在翻译理论和翻译实践中的意义. 外国语（1）：48-54.

邱懋如, 1984. 翻译的过程——尤金·奈达的翻译理论简介. 外国语（2）：58-60.

冉永平, 2012. 词汇语用探新. 北京：外语教学与研究出版社.

任东升, 2007. 圣经汉译文化研究. 武汉：湖北教育出版社.

桑思民, 1992. 翻译等值与文化差异. 外语与外语教学（6）：39-43.

莎日娜, 2011. 奈达的功能对等理论运用于广告翻译的可行性探讨. 内蒙古师范大学学报：哲学社会科学版（6）：130-133.

邵红杰, 2007. 翻译的等值理论与不可译现象. 中州学刊（2）：248-250.

邵璐, 2006. 评误读论者之误读——与李田心先生谈Nida"翻译理论中几个基本概念词"的理解与翻译. 外国语言文学（4）：259-264.

邵璐, 2007. 误译·无意·故意——评关于奈达翻译理论的若干争议. 外语研究（2）：62-65.

邵巍, 2009. 功能对等理论对电影字幕翻译的启示. 西安外国语大学学报（6）：89-91.

邵志洪，2007. 翻译理论、实践与评析. 上海：华东理工大学出版社.

申丹，1997. 论翻译中的形式对等. 外语教学与研究（2）：34-39，80.

申迎丽，2008. 理解与接受中意义的建构：文学翻译中"误读"现象研究. 上海：上海译文出版社.

沈苏儒，1998. 论信达雅：严复翻译理论研究. 北京：商务印书馆.

石淑芳，1999. 意图性原则——在语篇水平上翻译的一个重要原则. 上海科技翻译（3）：5-7.

时和平，1987. 功能翻译理论的补充与发展——介绍奈达近作《从一种语言到另一种语言》. 中国翻译（3）：42-44.

思果，2001. 翻译研究. 北京：中国对外翻译出版公司.

斯泰恩，2007. 文以载道——奈达对圣经翻译的贡献. 黄锡木，编译. 香港：道风书社.

宋志平，2008. 翻译研究：从教学到译论. 长春：吉林大学出版社.

苏文秀，1998. 奈达与纽马克翻译理论比较. 四川外语学院学报（3）：88-95.

苏瑜，侯广旭，2007. 翻译中意义的多层次、多方位转换——以《阿Q正传》杨宪益、戴乃迭英译本为例. 中州大学学报（3）：78-80.

孙会军，2005. 普遍与差异. 上海：上海译文出版社.

孙会军，2012. 语言学与翻译研究导引. 南京：南京大学出版社.

孙建民，贾晓英，2006. 翻译可以既"忠"又"美"——以奈达的"对等"理论看勃朗宁《深夜幽会》的汉译. 河北师范大学学报：哲学社会科学版（3）：154-157.

孙圣勇，2010. 西方翻译研究的文化取向、文化初识与文化转向. 外语学刊（4）：135-138.

孙艺风，2004. 视角·阐释·文化：文学翻译与翻译理论. 北京：清华大学出版社.

孙迎春，1989. 剩余信息理论与英汉翻译中的增、减词技巧. 郑州大学学报（1）：71-76.

孙迎春，2002. 永远的奈达：一个paradox. 山东师大外国语学院学报（1）：73-77.

孙玉，1994. 奈达的《语言，文化与翻译》评介. 中国翻译（3）：45-47.

孙致礼，1997. 关于我国翻译理论建设的几点思考. 中国翻译（2）：10-12.

孙致礼，1999. 文化与翻译. 外语与外语教学（11）：41-42，46.

孙致礼，2002. 中国的文学翻译：从归化趋向异化. 中国翻译（1）：40-44.

索绪尔，1980. 普通语言学教程. 高名凯，译. 北京：商务印书馆.

泰勒，1992. 原始文化. 连树声，译. 北京：上海文艺出版社.

谭理（谭载喜），1982. 英美现代翻译理论侧记. 国外语言学（2）：10-14.

谭载喜, 1982. 翻译是一门科学——评介奈达著《翻译科学探索》. 中国翻译（4）: 4-11.

谭载喜, 1983. 奈达论翻译的性质. 中国翻译（9）: 37-39.

谭载喜, 1984. 奈达论翻译. 北京: 中国对外翻译出版公司.

谭载喜, 1985. 西方翻译史浅谈. 中国翻译（7）: 36-39.

谭载喜, 1987. 必须建立翻译学. 中国翻译（3）: 2-7.

谭载喜, 1989. 奈达和他的翻译理论. 外国语（5）: 28-35, 49.

谭载喜, 1991. 西方翻译简史. 北京: 商务印书馆.

谭载喜, 1995. 中西现代翻译学概评. 外国语（3）: 12-16.

谭载喜, 1999. 新编奈达论翻译. 北京: 中国对外翻译出版公司.

谭载喜, 2004. 西方翻译简史. 增订版. 北京: 商务印书馆.

谭载喜, 2011. 当代译苑的恒久之光——追忆一代宗师奈达. 东方翻译（6）: 4-14.

谭载喜, 2012. 翻译与翻译研究概论——认知·视角·课题. 北京: 中国对外翻译出版公司.

唐正秋, 1991. 土耳其挂毯的另一面——论翻译的对等原则及其在实践中的应用. 中国翻译（1）: 21-23, 27.

涂兵兰, 2011. 清末译者的翻译伦理模式. 外国语文（6）: 117-120.

涂兵兰, 2013. 清末译者的翻译伦理研究（1898—1911）. 长沙: 湖南人民出版社.

屠国元, 廖晶, 2001. 翻译等值概念述评. 中国科技翻译（2）: 40-43.

屠国元, 肖锦银, 2000. 西方现代翻译理论在中国的传播与接受. 中国翻译（5）: 15-19.

万莉, 2011. 译者主体性论析——从奈达的"功能对等"理论到勒费弗尔的改写理论. 东北师大学报: 哲学社会科学版（3）: 260-261.

万兆元, 2012. 翻译程序之为用大矣：以第23届韩素音青年翻译奖汉译英一等奖译文为例. 中国翻译（3）: 113-116.

王秉钦, 1991. 略谈双关语与"等效翻译". 外语学刊（6）: 54-57.

王秉钦, 2007. 文化翻译学. 2版. 天津: 南开大学出版社.

王秉钦, 2011. 反思翻译界的"奈达现象"——从"冥王星"被除名想到的……. 中国科技翻译（3）: 58-59, 64.

王大智, 2005. 关于展开翻译伦理研究的思考. 外语与外语教学（12）: 44-47.

王大智, 2012. 翻译与翻译伦理——基于中国传统翻译伦理思想的思考. 北京: 北京大学出版社.

王丹斌, 2002. 试论影视翻译的方法. 上海师范大学学报: 哲学社会科学版 (6): 106-110.

王东风, 2000. 文化差异与读者反应——评Nida的读者同等反应论//郭建中. 文化与翻译. 北京: 中国对外翻译出版公司: 198-215.

王东风, 2002. 归化与异化: 矛与盾的交锋？中国翻译 (5): 24-26.

王东风, 2004. 解构"忠实"——翻译神话的终结. 中国翻译 (6): 3-9.

王东风, 2007. 功能语言学与后解构主义时代的翻译研究. 中国翻译 (3): 6-9.

王东风, 2010. 论误译对中国五四新诗运动与英美意象主义诗歌运动的影响. 外语教学与研究 (6): 459-464, 481.

王恩科, 2013. 翻译研究"文化转向"反思之反思. 外国语文 (1): 96-99.

王国敏, 陈加飞, 2013. "战"、"抠"、"磨"、"黏"——关于社会科学类研究生学术成长的点滴心得. 研究生教育研究 (2): 68-72.

王海明, 2009. 伦理学原理. 3版. 北京: 北京大学出版社.

王宏印, 2006. 文学翻译批评论稿. 上海: 上海外语教育出版社.

王宏志, 2007. 重释"信、达、雅"——20世纪中国翻译研究. 北京: 清华大学出版社.

王洪涛, 2003. 启发与警示: 奈达理论之于译学建设. 天津外国语学院学报 (1): 50-55.

王洪涛, 2008. 翻译学的学科建构与文化转向. 上海: 上海译文出版社.

王黎, 2003. 关于英语儿童诗歌的翻译. 山东师范大学外国语学院学报 (2): 63-66.

王宁, 2011. 生态文学与生态翻译学: 解构与建构. 中国翻译 (2): 10-15, 95.

王守仁, 1992. 论译者是创造者. 中国翻译 (3): 45-48.

王宪, 1989. 科技英语翻译中的功能对等. 上海科技翻译 (3): 5-8.

王向远, 陈言, 2006. 二十世纪中国文学翻译之争. 南昌: 百花洲文艺出版社.

王晓菊, 2011. 奈达"功能对等"理论在电影片名翻译中的应用. 辽宁师范大学学报: 社会科学版 (3): 143-144.

王寅, 2005. 认知语言学探索. 重庆: 重庆出版社.

王岳川, 2011. 当代西方最新文论教程. 上海: 复旦大学出版社.

王正文, 2005. 是合理的变通还是"意义"的流失——谈文学翻译中的"随意"现象. 南京师大学报: 社会科学版 (5): 157-160.

王佐良, 1989. 翻译: 思考与试笔. 北京: 外语教学与研究出版社.

韦努蒂, 2001. 翻译与文化身份的塑造. 查正贤, 译//袁伟, 许宝强. 语言与翻译的政治.北京：中央编译出版社：358-382.

魏在江，2005.语篇连贯的元语用探析.外语教学（6）：19-24.

魏在江，2011."孩奴"的语用预设意义及其认知理据.当代外语研究（7）：13-16，60.

吴景荣，1986.中国古典诗歌的翻译.外交学院学报（2）：5-17.

吴义诚，1994.对翻译等值问题的思考.中国翻译（1）：2-4.

吴义诚，1997.关于翻译学论争的思考.外国语（5）：66-73.

伍铁平，1999.模糊语言学.上海：上海外语教育出版社.

肖辉，张柏然，2001.翻译过程模式论断想.外语与外语教学（11）：33-36.

肖娴，2007.从符号美学看语义冗余和等效原则的悖论.广东外语外贸大学学报（4）：60-64.

谢天振，2008a.当代国外翻译理论导读.天津：南开大学出版社.

谢天振，2008b.翻译本体研究与翻译研究本体.中国翻译（5）：6-10.

谢天振，2009.中西翻译简史.北京：外语教学与研究出版社.

刑福义，2000.文化语言学.武汉：湖北教育出版社.

熊兵，2003.文化交流翻译的归化与异化.中国科技翻译，2003（3）：5-9.

熊学亮，1996.语用学和认知语境.外语学刊（3）：1-7.

徐岚，2005.论译者的主体地位.中国科技翻译（3）：56-59.

徐普，2011.安托瓦纳·贝尔曼翻译理论中的"伦理"问题.法国研究（2）：67-75.

徐文保，1982.对翻译工作者的基本要求.中国翻译（6）：56-57.

徐晓艳，2001.奈达翻译观评介.华中科技大学学报：社会科学版（3）：124-126.

徐艳利，2022.翻译与"移情"：共产主义视角下的翻译主体建构.北京：中国社会科学出版社.

许建忠，2009.翻译生态学.北京：中国三峡出版社.

许钧，1992.文学翻译批评的基本方法//许钧.文学翻译批评研究.南京：译林出版社：43-55.

许钧，2003.翻译论.武汉：湖北教育出版社.

许钧，2009.翻译概论.北京：外语教学与研究出版社.

许钧，2010.文学翻译的理论与实践：翻译对话录.增订本.南京：译林出版社.

薛宁地，2009.与周开鑫先生商榷对奈达的"动态对等"论的评价.中北大学学报：社会科学版（5）：45-48.

薛雁，戴炜华，2003.语用视野下的翻译.外语与外语教学（11）：45-47，52.

257

杨光慈，1983. 用乔姆斯基的理论分析翻译中的某些问题. 外语教学与研究（3）：7-13.

杨俊峰，2012. 动态等值理论的顺应论解读. 外语学刊（3）：100-103.

杨莉藜，1998. 系统翻译功能引论. 外语与外语教学（3）：31-34.

杨柳，2006. 西方翻译对等论在中国的接受效果——一个文化的检讨. 中国翻译（3）：3-9.

杨柳，2009. 20世纪西方翻译理论在中国的接受史. 上海：上海外语教育出版社.

杨明星，2008. 论外交语言翻译的"政治等效"——以邓小平外交理念"韬光养晦"的译法为例. 解放军外国语学院学报（5）：90-94.

杨仕章，2004. 科米萨罗夫的翻译语用学思想. 中国俄语教学（4）：18-22.

杨喜娥，1999. 语用等值与翻译. 天津外国语学院学报（3）：27-32.

杨晓斌，2011. 别样的语境　多样的阐释——从解释学视角探究翻译理解中的多样性. 外国语文（3）：105-107.

杨晓荣，1996. 翻译理论研究的调整期. 中国翻译（6）：8-11.

杨晓荣，2012. 二元·多元·综合：翻译本质与翻译标准. 上海：上海外语教育出版社.

杨振源，2013. 翻译伦理研究. 上海：上海译文出版社.

杨忠，李清和，1995. 意·义·译——议等值翻译的层次性和相对性. 中国翻译（5）：10-13.

杨自俭，2002. 译学新探. 青岛：青岛出版社.

叶苗，1998. 关于"语用翻译学"的思考. 中国翻译（5）：10-13.

叶邵宁，2007. 从等效原则看翻译中的信息转换. 语言与翻译（2）：47-50.

叶子南，2011. 碎影流年忆奈达. 中国翻译（5）：86-87.

尹衍桐，2001. 读者反应与文学翻译——驳读者中心论. 山东师大外国语学院学报（4）：53-56.

尹衍桐，2005. 语境制约与国内的归化/异化论——西方译论在中国的个案分析. 外语研究（2）：61-65.

余光中，2002. 余光中谈翻译. 北京：中国对外翻译出版公司.

余中先，1997. 重译在法国. 外国文学动态（5）：4-8.

俞东明，2011. 什么是语用学. 上海：上海外语教育出版社.

袁建军，梁道华，2010. 论广告语言中的语用预设及其翻译. 语言与翻译（汉文）（3）：43-47.

袁仁国，何同裕，王素华，1998. 茅台国酒文化城. 贵阳：贵州省对外宣传品制作传播中心.

袁式亮，2011. 合作原则在旅游文本翻译中的应用. 东北师大学报：哲学社会科学版（4）：164-166.

袁晓宁，2010. 对归化和异化的再思考：兼谈韦努蒂在归化和异化问题上观念的转变. 东南大学学报：哲学社会科学版（4）：84-88.

袁晓宁，2013. 论外宣英译策略的二元共存. 中国翻译（1）：93-97.

苑耀凯，1995. 全面等效——再谈"等效论"和"神似论". 天津外国语学院学报（3）：21-27，37.

臧仲伦，1987. 翻译模式和翻译层次. 中国翻译（1）：5-8.

曾文雄，2006. 翻译学"语用学转向"："语言学转向"与"文化转向"的终结. 社会科学家（5）：193-197.

曾文雄，2007. 语用学翻译研究. 武汉：武汉大学出版社.

张冲，1997. 论译者在作为信息转递的翻译过程中的地位——兼评奈达的翻译检验模式. 中国翻译（2）：17-20.

张春柏，1998. 从语言哲学到翻译的功能——关于等值翻译理论的一点思考. 华东师范大学学报：哲学社会科学版（4）：89-96.

张丁周，1995. "信"与"等值"——奈达与鲁迅的翻译原则之比较. 上海师范大学学报：哲学社会科学版（2）：89-92.

张今，张宁，2005. 文学翻译原理. 修订版. 北京：清华大学出版社.

张经浩，1998. 奈达究竟怎样看待翻译与翻译理论. 上海科技翻译（4）：5-7.

张经浩，2000. 与奈达的一次翻译笔谈. 中国翻译（5）：28-33.

张经浩，2005. 谈谈对奈达的所知和理解——兼介绍奈达新著《语言迷》. 外语与外语教学（2）：59-63.

张经浩，2006. 主次颠倒的翻译研究和翻译理论. 中国翻译（5）：59-61.

张景华，2009. 翻译伦理：韦努蒂翻译思想研究. 上海：上海交通大学出版社.

张景华，2010. 韦努蒂的异化翻译与直译有何联系和区别？——兼与张经浩教授商榷. 英语研究（2）：54-60.

张美芳，1999. 从语境分析看动态对等论的局限性. 上海科技翻译（4）：10-13.

张美芳，2007. 翻译研究领域的"功能"概念. 中国翻译（3）：10-16，93.

张明林，1995. 奈达与严复的翻译原则比较. 外语与外语教学（5）：38-42，52.

张南峰，1995. 走出死胡同，建立翻译学. 外国语（3）：1-3，80.

张南峰,1999.从奈达等效原则的接受看中国译论研究中的价值判断.外国语(5):44-51.

张瑞卿,张慧琴,2001.对翻译的科学性和艺术性的思考——谈奈达的"Towards a Science of Translating".山西大学学报:哲学社会科学版(2):85-87.

张蔚,2002.奈达等效翻译论在翻译研究中的重要性.西安外国语学院学报(2):112-113.

张志清,2013.异化翻译思想探究.长沙:湖南师范大学.

张智中,2005.异化·归化·等化·恶化.四川外语学院学报(6):41,122-124.

章和升,1996.西方翻译理论研究纵横谈.外语教学(4):44-47.

赵辉辉,2009.人物塑造之维小说翻译的得与失.湖北社会科学(12):143-145.

赵明,1999.言语行为理论与等效翻译原则.中国矿业大学学报:社会科学版(10):149-153.

赵朋,2007.语言模式中的副语言暗示手段及其翻译策略.广西师范大学学报:哲学社会科学版(6):61-64.

赵彦春,2005.翻译学归结论.上海:上海外语教育出版社.

赵艳,2007.结构主义语言学:诠释与批判.外语学刊(4):64-66.

郑海凌,吕萍,2006.等值观念与对等理论.外语学刊(6):83-86.

郑海凌,2000.文学翻译学.郑州:文心出版社.

郑海凌,2001.译语的异化与优化.中国翻译(3):3-7.

郑海凌,2003.论"复译".外国文学动态(4):41-42.

郑敏宇,2012.翻译伦理对误译评价的启示.中国比较文学(3):88-97.

郑伟波,1987.美国著名翻译理论家——奈达.语言与翻译(3):47-50.

郑伟波,1988.从符号学角度看翻译等值的限度.中国翻译(1):20-21.

中国社会科学院语言研究所词典编辑室,2019.现代汉语词典.7版.北京:商务印书馆.

周继麟,1999.等值翻译及其局限性.华南师范大学学报:社会科学版(1):120-122,126.

周开鑫,2007.奈达翻译理论中的尴尬.重庆交通大学学报:社会科学(5):111-114,119.

周领顺,2010.两则经典"翻译"定义的汉译与两种译评观——译者行为研究(其二).上海翻译(2):6-11.

周流溪,2007.两点说明.外国语言文学(1):67.

周仪，罗平，2005. 翻译与批评. 2版. 武汉：湖北教育出版社.

朱安博，2007. 归化与异化：中国文学翻译研究的百年流变. 苏州：苏州大学.

朱光潜，1997. 诗论. 合肥：安徽教育出版社.

朱浩彤，2006. "目的论"与"功能对等论"比较. 江西师范大学学报：哲学社会科学版（4）：112-116.

朱立元，2005. 当代西方文艺理论. 2版，增补版. 上海：华东师范大学出版社.

朱树飏，1988. 谈圣经翻译. 外语研究（3）：69-75.

朱晓菁，杨方应，2006. 当代西方翻译理论中的二分法——以奈达、纽马克、诺德及韦努蒂为例. 解放军外国语学院学报（5）：78-81, 111.

朱益平，白辉，2010. 论AIDA原则在商标翻译中的适用性. 西北大学学报：哲学社会科学版（2）：162-164.

朱永生，1996. 系统功能语言学与语用学的互补性. 外语教学与研究（1）：6-10, 80.

朱永生，2005. 语境动态研究. 北京：北京大学出版社.

朱志瑜，2001. 中国传统翻译思想："神化说（前期）". 中国翻译（2）：3-8.

祝朝伟，2002. 浅论戏剧的翻译. 四川外语学院学报（1）：110-112.

庄恩平，章琦，2007. 评论异化翻译的跨文化价值. 上海翻译（1）：52-55.

庄起敏，2005. 试论新闻词汇翻译中的"功能对等"原则. 上海翻译（3）：32-34.

庄绎传，1982. 《圣经》的新译本与关于翻译的新概念. 外语教学与研究（2）：8-15, 61.

AKMAJIAN A, DEMER R, HARNISH R M, 1979. *Linguistics, an Introduction to Language and Communication.* Mass: The MIT Press.

BAKER M, 2010. *Routledge Encyclopedia of Translation Studies (Second edition).* Shanghai: Shanghai Foreign Language Education Press.

BASSNETT S, 2010. *Translation Studies (Third Edition).* Shanghai: Shanghai Foreign Language Education Press.

BASSNETT S, LEFEVERE A, 1990. *Translation, History and Culture.* London and New York: Pinter Publishers.

BASSNETT S, LEFEVERE A, 2001. *Constructing Cultures: Essay on Literary Translation.* Shanghai: Shanghai Foreign Language Education Press.

BELL R T, 1991. *Translation and Translating: Theory and Practice.* London/New York: Longman.

BERMAN A, 1984. *L'épreuve de L'étranger: Culture et Traduction Dans l'Allemagne Romantique.* Paris: Galimard.

BERMAN A, 2000. "Translation and the Trials of the Foreign." *The Translation Studies Reader.* Ed. VENUTI L. London & New York: Routledge: 284-297.

CHESTERMAN A, 1997. *Memes of Translation: The Spread of Ideas in Translation Theory.* Amsterdam/Philadelphia: John Benjamins Publishing Company.

CHESTERMAN A, 2001. "Proposal for a Hieronymic Oath." *The Translator* (2): 139-154.

DELISLE J, 1988. *Translation: An Interpretive Approach.* Trans. LOGAN P, CREERY M. Ottawa: University of Ottawa Press.

FIRTH J R, 1968. *Selected Papers of J.R.Firth 1952-1959.* Ed. Palmer F R. London, Longman and Bloomington: Indiana University Press.

GENTZLER E, 2004. *Contemporary Translation Theories (Revised Second Edition).* Shanghai: Shanghai Foreign Language Education Press.

GRICE H P, 1975. "Logic and Conversation." *Syntax and Semantics 3: Speech Acts.* Ed. COLE P, MORGAN J. New York: Academic Press: 41-58.

HATIM B, 2005. *Teaching and Researching Translation.* Shanghai: Shanghai Foreign Language Education Press.

HATIM B, MASON I, 2001. *Discourse and the Translator.* Shanghai: Shanghai Foreign Language Education Press.

HATIM B, MUNDAY J, 2010. *Translation—An Advanced Resource Book.* Shanghai: Shanghai Foreign Language Education Press.

HOFSTADTER D R, 1980. *Goidel, Escher, Bach: An Eternal Golden Braid.* New York: Vintage Books.

HOLMES J S, 2007. *Translated! Papers on Literary and Translation Studies.* Beijing: Foreign Language Teaching and Research Press.

JFL Correspondent, 1998. "An Interview with Dr. Eugene Nida." *Journal of Foreign Languages* (2): 1-5.

LEDERER M, 1994. *La traduction aujourd'hui: le modele interpretatif.* Paris: Hachette Livre S. A.

LEECH G, 1981. *Semantics.* London: Penguin.

LEVINSON S C, 2001. *Pragmatics.* Beijing: Foreign Language Teaching and Research Press.

LEVY J, 2000. "Translation as a Decision Process." *The Translation Studies Reader.* Ed. VENUTI L. London & New York: Routledge: 148-159.

MA H, 2003. *A Study on Nida's Translation Theory.* Beijing: Foreign Language Teaching and Research Press.

MALINOWSKY B, 1935. *Coral Gardens and Their Magic, Vol. 2.* London: Routledge.

MEY J L, 2001. *Pragmatics: An Introduction.* Beijing: Foreign Language Teaching and Research Press.

MUNDAY J, 2001. *Introducing Translation Studies: Theories and Applications.* London and New York: Routledge.

NEWMARK P, 2001. *A Textbook of Translation.* Shanghai: Shanghai Foreign Language Education Press.

NEWMARK P, 2001. *Approaches to Translation.* Shanghai: Shanghai Foreign Language Education Press.

NIDA E A, 1945. "Linguistics and Ethnology in Translation." *Word* (2): 194-208.

NIDA E A, 1959. "Principles of Translation as Exemplified by Bible Translating." *Language Structure and Translation.* Ed. DIL A S, 1975. Standford: Standford University Press: 24-46.

NIDA E A, 1964. *Language in Culture and Society.* Dell Hymes: Allied Publishers pvt., Ltd.

NIDA E A, 1969. "Science of Translation." *Language Structure and Translation.* Ed. DIL A S, 1975. Standford: Standford University Press: 79-101.

NIDA E A, 1972. "Implications of Contemporary Linguistics for Biblical Scholarship." *Language Structure and Translation.* Ed. DIL A S, 1975. Standford: Standford University Press: 248-270.

NIDA E A, 1972. "Semantic Structures." *Language Structure and Translation.* Ed. DIL A S, 1975. Standford: Standford University Press: 102-130.

NIDA E A, 1975. *Componential Analysis of Meaning.* The Hague: Mouton.

NIDA E A, 1984. "Approaches to Translating in the Western World." *Foreign Language Teaching and Research* (2): 9-15.

NIDA E A, 1986. "A Functional Approach to Problems of Translating." *Foreign Language Teaching and Research* (3): 25-31.

NIDA E A, 1988. "My Pilgrimage in Mission." *International Bulletin of Missionary*

Research (12): 62-65.

NIDA E A, 1989. "Theories of Translation." *Journal of Foreign Languages* (6): 2-8, 72.

NIDA E A, 1993. *Language, Culture and Translating*. Shanghai: Shanghai Foreign Language Education Press.

NIDA E A, 1995. "Socialinguistics in Interlingual Communication." *Journal of Foreign Languages* (1): 5-10.

NIDA E A, 1998. "Language, Culture, and Translation." *Journal of Foreign Languages* (1): 29-33.

NIDA E A, 2000. "A Fresh Look at Translation." *Investigating Translation: Selected Papers from the 4th International Congress on Translation*. Ed. BEEBY A, ENSINGER D, PRESAS M. Amsterdam/Philadelphia: John Benjamins Publishing Company: 1-12.

NIDA E A, 2001. *Language and Culture—Contexts in Translating*. Shanghai: Shanghai Foreign Language Education Press.

NIDA E A, 2003. *Fascinated by Languages*. Amsterdam/Philadelphia: John Benjamins Publishing Company.

NIDA E A, 2004. *Toward a Science of Translating*. Shanghai: Shanghai Foreign Language Education Press.

NIDA E A, TABER C R, 1969. *The Theory and Practice of Translation*. Leiden: Brill.

NIDA E A, LIAO Qiyi, 2000. "Translation and Translation Studies: An Interview with Dr. Eugene Nida." *Journal of Foreign Languages* (3): 48-52.

NIRANJANA T, 1992. *Sitting Translation: History, Post-structuralism, and the Colonial Context*. Berkeley and Los Angeles: University of California Press.

NORD C, 2001. *Translating as a Purposeful Activity: Functional Approaches Explained*. Shanghai: Shanghai Foreign Language Education Press.

PYM A, 2007. "Philosophy and Translation." *A Companion to Translation*. Ed. KUHIWCZAK P, LITTAU K. Clevedon/Buffalo/Toronto: Multilingual Matters LTD: 24-44.

QIU M, 1989. "Equivalence VS. Translation Equivalence as Translation Theory and Its Application to English-Chinese Translation." *Journal of Foreign Languages* (4): 27-32.

QIU M, 1989. "Equivalence VS. Translation Equivalence as Translation Theory and Its Application to English-Chinese Translation." *Journal of Foreign Languages* (5): 22-27.

QIU M, 1989. "Equivalence VS. Translation Equivalence as Translation Theory and Its

Application to English-Chinese Translation." *Journal of Foreign Languages* (6): 14-22.

ROBINSON D, 2006. *The Translator's Turn*. Beijing: Foreign Language Teaching and Press.

ROBINSON D, 2006. *Western Translation Theory: From Herodotus to Nietzsche*. Beijing: Foreign Language Teaching and Research Press.

SCHÄFFNER C, 1995. *Cultural Functions of Translation*. Clevedon: Multilingual Matters.

SCHLEIERMACHER A, 1992. "On the Different Methods of Translating." *Theories of Translation: An Anthology of Essays from Dryden to Derrida*. Ed. SCHULTE R, BIGUENET J. Chicago and London: The University of Chicago Press.

SHUTTLEWORTH M, COWIE M, 2004. *Dictionary of Translation Studies*. Shanghai: Shanghai Foreign Language Education Press.

SNELL-HORNBY M, 2001. *Translation Studies: An Integrated Approach*. Shanghai: Shanghai Foreign Language Education Press.

STALNAKER R G, 1972. "Pragmatics." *Semantics of Natural Language*. Ed. DAVISON D, HARMAN G. Holland: Reidel Publishing Company: 380-397.

STEINER G, 2001. *After Babel: Aspects of Language and Translation*. Shanghai: Shanghai Foreign Language Education Press.

STEVEN H, 1999. *Doorway to the World: The Mexico Years: The Memoirs of W. Cameron Townsend, 1934-1947*. Wheaton, IL: Shaw.

THIROUX J P, 2005. *Ethics: Theory and Practice*. Beijing: Peking University Press.

TYSON L, 1999. *Critical Theory Today: A User-friendly Guide*. New York & London: Garland Publishing, Inc.

VENUTI L, 1995. "Translation and the Formation of Cultural Identity." *Cultural Functions of Translation*. Ed. SCHÄFFNER C, KELLY-HOMLMES H. Clevedon: Multilingual Matters: 9-25.

VENUTI L, 2004. *The Translator's Invisibility: A History of Translation*. Shanghai: Shanghai Foreign Language Education Press.

VENUTI L, 2005. "Local Contingencies: Translation and National Identities." *Nation, Language and Ethics of Translation*. Ed. BERMAN S, WOOD M. Princeton: Princeton University Press.

VENUTI L, 2008. *The Translator's Invisibility: A History of Translation (Second Edition)*. London and New York: Routledge.

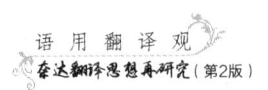

VERSCHUEREN J, 2000. *Understanding Pragmatics*. Beijing: Foreign Language and Research Press.

WAARD J D, NIDA E A, 1986. *From One Language to Another: Functional Equivalence in Bible Translating*. Nashville: Thomas Nelson, Inc.

WARREN R, 1989. *The Art of Translation: Voices from the Field*. Boston: Northeastern University Press.

WILLIAM J, CHESTERMAN A, 2004. *The Map: A Beginner's Guide to Doing Research in Translation Studies*. Shanghai: Shanghai Foreign Language Education Press.

WILSS W, 2001. *The Science of Translation: Problem and Method*. Shanghai: Shanghai Foreign Language Education Press.

YULE G, 2000. *Pragmatics*. Shanghai: Shanghai Foreign Language Education Press.